数据法学

（第四卷）

李玉华　主编
吴才毓　执行主编

中国人民公安大学出版社
·北　京·

图书在版编目（CIP）数据

数据法学．第四卷/李玉华主编．—北京：中国人民公安大学出版社，2023.5

ISBN 978-7-5653-4692-7

Ⅰ.①数…　Ⅱ.①李…　Ⅲ.①计算机网络—数据管理—法规—研究—中国　Ⅳ.①D922.174

中国国家版本馆 CIP 数据核字（2023）第 077602 号

数据法学（第四卷）

李玉华　主编

出版发行：中国人民公安大学出版社
地　　址：北京市西城区木樨地南里
邮政编码：100038
经　　销：新华书店
印　　刷：涿州市新华印刷有限公司

版　　次：2023 年 5 月第 1 版
印　　次：2023 年 5 月第 1 次
印　　张：13.75
开　　本：787 毫米×1092 毫米　1/16
字　　数：218 千字

书　　号：ISBN 978-7-5653-4692-7
定　　价：45.00 元

网　　址：www.cppsup.com.cn　www.porclub.com.cn
电子邮箱：zbs@cppsup.com　zbs@cppsu.edu.cn

营销中心电话：010-83903991
读者服务部电话（门市）：010-83903257
警官读者俱乐部电话（网购、邮购）：010-83901775
法律图书分社电话：010-83905745

《数据法学》编委会

《数据法学》（第四卷）

目　录

专　论

Contents

Articles

特　　稿

《个人信息保护法》背景下侵犯公民个人信息行为的罪与非罪认定标准分析

洪延青*

（北京理工大学法学院，北京　100081）

摘　要：为保护公民个人合法权益，惩治个人信息犯罪，我国《刑法》通过两次刑法修正案及相关司法解释，为处理侵犯公民个人信息行为的定罪量刑问题提供了立法依据。但因侵犯公民个人信息罪的部分构成要件在判断标准上仍稍显宽泛，导致司法实务中侵犯公民个人信息行为的罪与非罪的边界仍较为模糊，在大数据时代背景下难以满足我国高科技行业的发展诉求。对于侵犯公民个人信息罪构成要件中的“国家有关规定”和“情节严重”的解释，应从法秩序统一性出发，立足我国社会经济发展实际，合理界定国家有关规定的范畴；同时，宜注重与个人信息保护的行政监管制度和国际通行监管手段的衔接，借鉴和导入个人信息保护监管领域的成熟规则，以构建更为科学的情节严重认定标准体系。

关键词：大数据；个人信息犯罪；入罪标准；爬虫

一、引言

近年来，大数据、人工智能以及深度学习等新兴信息技术飞速发展，推动了金融、制造业等多产业的信息化升级发展，对我国的科技实力与社会经济的促进作用引人注目。海量个人信息如同发动机的燃料，为信息技术的发展提供了源源不断的动力。在此意义上，大数据、人工智能等信息技术的发

* 洪延青，北京理工大学法学院教授。

展离不开对个人信息的挖掘与利用。与此同时，因个人信息被泄露、盗用而引发的犯罪问题也引发了社会的强烈关注。在此背景下，我国《个人信息保护法》历经多年酝酿，终于在 2021 年 11 月 1 日生效。这部法律非常系统地设定了个人信息处理者的行为规范，并对违法行为设定了较高的行政责任，①以期遏制违法行为。当然，自 2009 年以来，刑法及其相关司法解释也对个人信息的相关犯罪问题作了回应，但到目前为止，侵犯公民个人信息行为罪与非罪的边界仍较为模糊，《个人信息保护法》也基本没有涉及此问题。② 在《个人信息保护法》生效的背景下，信息行业高度关注侵犯公民个人信息行为罪与非罪的判断标准。因此，这个问题需在新形势下通过司法审判实务在适用相关司法解释时予以澄清，清晰划定合法利用个人信息与构成侵犯公民个人信息罪的边界，为相关技术的发展营造良好的司法环境，以鼓励我国新兴信息技术发展，扩大与国际领先国家在大数据、人工智能等技术领域的竞争优势。

二、侵犯公民个人信息罪的立法状况

随着社会经济的发展，人们开始关注个人信息保护及相关犯罪的问题，对侵犯个人信息行为予以规制也越发必要。我国对侵犯公民个人信息罪的刑事规制始于 2009 年，《刑法修正案（七）》正式将出售、非法提供公民个人信息罪与非法获取公民个人信息罪纳入刑事立法。此后，2015 年的《刑法修正案（九）》将该两项罪名合并成“侵犯公民个人信息罪”，并对行为人的主体身份、客观行为手段等犯罪构成以及刑罚作了明确规范。但《刑法修正案（九）》的重要修改仍未能避免徐玉玉案的发生。在《网络安全法》及其配套办法正式实施的新时代背景下，最高人民法院和最高人民检察院于 2017 年联合发布《关于办理侵犯公民个人信息刑事案件适用法律若干问题的解释》（以下简称《司法解释》），该司法解释首次界定了“公民个人信息”的含义，并对定罪量刑的相关问题作了更为详细的规定。总体看来，刑事立法对

① 例如，“处五千万元以下或者上一年度营业额百分之五以下罚款”，或“对直接负责的主管人员和其他直接责任人员处十万元以上一百万元以下罚款，并可以决定禁止其在一定期限内担任相关企业的董事、监事、高级管理人员和个人信息保护负责人”等。

② 《个人信息保护法》第 71 条规定，“违反本法规定，构成违反治安管理行为的，依法给予治安管理处罚；构成犯罪的，依法追究刑事责任”。该条是唯一的例外。

侵犯公民个人信息犯罪的规制呈现趋严的态势。

结合法律规定与刑法理论，侵犯公民个人信息罪的构成要件是：（1）行为违反国家有关规定；（2）以出售、提供、窃取或其他非法方式；（3）侵犯公民的个人信息；[①]（4）符合“情节严重”的要求；（5）责任形式为故意，过失不构成本罪；（6）本罪既可由单位构成，也可由自然人构成。上述构成要件（1）和构成要件（4），在实践中具有一定的模糊性。目前《司法解释》对相关问题进行了一定程度的明确。针对构成要件（1），提出违反法律、行政法规、部门规章有关公民个人信息保护规定的，均应当认定为“违反国家有关规定”；针对构成要件（4），则通过列举的方式阐明了“情节严重”的多种情形。[②] 但目前的判断标准仍稍显宽泛，亟需在适用《司法解释》的过程中予以进一步细化。本文希望通过对该二项重要犯罪构成的判断标准的讨论，为司法实务妥当界定侵犯公民个人信息行为的罪与非罪提供有益参照。

三、关于“国家有关规定”范围的界定

《刑法修正案（九）》将侵犯公民个人信息罪的违法性前置规定调整为“违反国家有关规定”。但在该修正案出台之前，关于非法获取公民个人信息罪和出售、非法提供公民个人信息罪的违法性前置规定的表述则为“违反国家规定”。根据《司法解释》的规定，“违反国家有关规定”包括违反法律、行政法规、部门规章有关公民个人信息保护的规定。但相比之下，《刑法》第

---

① 按照《司法解释》的规定，公民个人信息是指以电子或者其他方式记录的能够单独或者与其他信息结合识别特定自然人身份或者反映特定自然人活动情况的各种信息，包括姓名、身份证件号码、通信通讯联系方式、住址、账号密码、财产状况、行踪轨迹等。

② 根据《司法解释》第5条的规定，非法获取、出售或者提供公民个人信息，具有下列情形之一的，应当认定为《刑法》第253条之一规定的“情节严重”：“（一）出售或者提供行踪轨迹信息，被他人用于犯罪的；（二）知道或者应当知道他人利用公民个人信息实施犯罪，向其出售或者提供的；（三）非法获取、出售或者提供行踪轨迹信息、通信内容、征信信息、财产信息五十条以上的；（四）非法获取、出售或者提供住宿信息、通信记录、健康生理信息、交易信息等其他可能影响人身、财产安全的公民个人信息五百条以上的；（五）非法获取、出售或者提供第三项、第四项规定以外的公民个人信息五千条以上的；（六）数量未达到第三项至第五项规定标准，但是按相应比例合计达到有关数量标准的；（七）违法所得五千元以上的；（八）将在履行职责或者提供服务过程中获得的公民个人信息出售或者提供给他人，数量或者数额达到第三项至第七项规定标准一半以上的；（九）曾因侵犯公民个人信息受过刑事处罚或者二年内受过行政处罚，又非法获取、出售或者提供公民个人信息的；（十）其他情节严重的情形。”

96条则规定“违反国家规定”只是指违反全国人民代表大会及其常务委员会制定的法律和决定，国务院制定的行政法规、规定的行政措施、发布的决定和命令，并未将“部门规章”纳入“国家有关规定”的范畴。

（一）对“国家有关规定”外延界定问题相关理论的讨论

就“国家有关规定”的界定问题，实务中存在两种不同的看法。有观点认为，“国家有关规定”概念背后的考量无外乎是在个人信息被非法使用、权益受侵害日趋严重的社会环境下，由于个人信息保护专门立法缺位，立法者迫切希望通过扩张刑事规制范围来遏制相关不法行为，以“更好地实现对个人信息的法定保护”。① 最高人民法院喻海松法官认为，“违反国家有关规定”的范围比“违反国家规定”更加宽泛，除法律法规之外，还应该涵盖国家层面的部门规章。② 也有观点认为，从结合不同监管领域的特点、有针对性地对公民个人信息进行保护的角度出发，结合《刑法修正案（九）》和《司法解释》的规定，可以将所有具有法律效力的规范性文件作为行为违法性的判断依据，因此，应该将部门规章、地方性法规以及地方政府规章等包括在内。③ 但也有学者认为，根据罪刑法定原则的要求，作为空白罪状的补充必须达到一定的效力位阶，符合《刑法》第96条的规定，部门规章不能作为补充规范。④ 该观点进一步指出，因“国家规定”是大概念，“国家有关规定”是小概念，小概念只能在大概念划定的补充范围内限缩而不能扩张，将“违反国家规定”修改为“违反国家有关规定”，从某种程度上打击了犯罪，保障了国民的生活，但这种做法对刑法逻辑表述上的违反是值得警惕的。⑤ 不仅如此，还有学者明确指出，“部门规章种类繁多，各个部门制定的规章可能在内容上发生冲突。直接以部门规章作为空白刑法的补充性规范可能引起刑法明确性

---

① 王秀哲：《“侵犯公民个人信息罪”司法解释之局限性及其破解》，载《河南大学学报（社会科学版）》2018年第5期。

② 喻海松：《网络犯罪的立法扩张与司法适用》，载《法律适用》2016年第9期。

③ 高贺、刘科：《侵犯公民个人信息犯罪中的三个问题》，载赵秉志、莫洪宪、齐文远主编：《中国刑法改革与适用研究》（上卷），中国人民公安大学出版社2016年版，第528页。

④ 罗翔：《空白罪状中刑事不法与行政不法的规范关联》，载《国家检察官学院学报》2021年第4期。

⑤ 罗翔：《空白罪状中刑事不法与行政不法的规范关联》，载《国家检察官学院学报》2021年第4期。

的危机”。[①] 在反对的观点看来，将部门规章纳入“国家有关规定”的范围，并作为判断构成本罪的前置违法性的法律规范依据，不仅不利于刑法体系的建设，还会导致犯罪圈的不当扩大。鉴于此，有必要通过合理界定“国家有关规定”的外延，以实现对侵犯公民个人信息犯罪的精准打击，充分保障信息行业处理个人信息活动的合法有序开展。

（二）“国家有关规定”的合理界定

本文认为，关于“国家有关规定”范围的界定，一方面，应当注意法秩序统一性的要求；另一方面，还应当充分考虑信息时代发展的新特点和立法目的，慎重适用部分与公民个人信息保护的规范目的无关联的既有立法规范。

1. 从法秩序统一性角度出发，应将“国家有关规定”严格限定为国家层面的相关规范

根据《立法法》第80条第2款的规定，部门规章规定的事项应当属于执行法律或者国务院的行政法规、决定、命令的事项。国务院各部门可以根据既存的个人信息保护相关法律，如《个人信息保护法》，来制定相应规章，这并不意味着部门规章必然具有设定权利义务的权限。换言之，部门规章的具体规定仍应遵循作为其上位法的法律、行政法规等的基本精神，如上位法对保护个人信息的相关规定存在缺位，一般应慎重考虑通过另外纳入部门规章等下位法来解决违法性依据空白的问题。至于是否将地方性法规、地方政府规章也纳入“国家有关规定”的范畴，本文认为，从法秩序统一性的角度出发，对刑法条文规定的解释和适用宜参照《刑法》总则中的“国家规定”的基本内涵，将“国家有关规定”的具体范围严格限定在国家层面的相关规范。虽然根据《司法解释》的描述，似乎未排除违反地方性法规和地方政府规章的规定也构成“违反国家有关规定”的可能，但地方规章不仅数量繁多，不少内容甚至相互矛盾，这将使得审判者在判断个案时无从下手。从刑法体系内部协调统一性的角度，有必要将地方性法规和地方政府规章排除在“国家有关规定”之外。

另外，对“国家有关规定”的界定还应当放在整个法秩序统一体中进行权衡。刑罚作为最严厉的规制手段，也是保护公民个人权益的最后手段。受

---

① 邓毅丞：《拒绝新冠病毒防控措施的行为定性》，载《法律适用·司法案例》2020年第6期。

刑法谦抑性的约束，一般仅在其他规制手段保障力度不足时，才会考虑动用刑罚进行制裁。因此，刑法的特殊属性决定了仅在明确违反了民法、行政法等前置法规定的情况下，才有可能构成刑法上的犯罪。换言之，就法定犯的定罪量刑问题，在作为前置法的民法和行政法均未作明确规定的情况下，一般人很难具有违法性预测的现实可能，此时将行为人实施的行为认定为刑事犯罪行为不免过于苛刻。在此意义上，于本罪而言，《民法典》《网络安全法》及《个人信息保护法》对于个人信息外延的框定，为定罪提供支撑，同时成为刑法保护个人信息的最大边界。[①] 因此，在"国家有关规定"的范围界定问题上，不宜脱离民法、行政法等前置法而单独作判断。[②]

2. 对"国家有关规定"的界定宜立足我国信息行业发展的实际状况，对援引一些并非旨在规范个人信息处理、使用活动的既有规定来证明被告人构成本罪保持审慎态度

据统计，在《个人信息保护法》出台前，关于公民个人信息保护，在《商业银行法》《护照法》《反洗钱法》《消费者保护法》等多部法律法规中均有相关规定。其中，因制定背景的特殊性、规制目的的特殊考量等，部分条文对个人信息的定义及其收集、处理规则作了特别的规定，目前看来并不一定与《个人信息保护法》的立法精神保持一致。如仅因为目前的个人信息犯罪形势而将违反这些法律法规乃至规章的行为纳入刑法规制范畴，难免会与如今信息技术行业发展的合理化需求相左，导致司法实务处理结果有失妥当。

这样的担忧并非无稽之谈。在"陈某霖侵犯公民个人信息、诈骗案"中，[③] 辩方指出网络域名是一种虚拟信息，而非法律意义上的财产信息，不认可公诉机关对被告人侵犯公民个人信息的指控。法院则认为，根据工信部《互联网域名管理办法》的规定，域名的注册遵循先申请先注册原则，其具有专属性和唯一性，因此，被告人陈某霖非法持有的域名属于公民个人信息。但实际上，非经必要的解析，通过公开渠道并无法获取域名所有人的相关信

① 周光权：《侵犯公民个人信息罪的行为对象》，载《清华法学》2021 年第 3 期。

② 例如，要讨论利用个人信息行为的合法合规问题，就需要判断利用个人信息的一方是否有获取和利用的权限。为此，一般而言不宜抛开《个人信息保护法》《网络安全法》以及国家互联网信息办公室等四部门发布的《常见类型移动互联网应用程序必要个人信息范围规定》等前置法律法规及相关规范而单独适用刑法的规定。

③ 参见江苏省丰县人民法院（2018）苏 0321 刑初 33 号刑事判决书。

息。换言之，即便被告人希望通过查明域名所对应的 IP 地址来定位到具体个人，在缺乏域名注册和解析服务提供方（通常为域名注册机构）的帮助的情况下，也很难实现。因此，该案法官是在未充分论证网络域名是否具备可识别性的情况下，直接援引《互联网域名管理办法》认定网络域名属于公民个人信息，进而判定被告人成立侵犯公民个人信息犯罪。此外，2021 年 9 月 27 日中国人民银行《征信业务管理办法》第 3 条规定，信用信息是指依法采集，为金融等活动提供服务，用于识别企业和个人信用状况的基本信息、借贷信息、其他相关信息，以及基于前述信息形成的分析评价信息。仅从文义解释的角度来看，如采用广义解释，信用信息几乎包括一切商业与社会生活中有关个人的信息评估、咨询活动产生的信息。而根据《司法解释》的规定，违反国家规定，购买、收受或交换征信信息达 50 条以上的，即可满足构成本罪的情节要求。但是从合理性角度出发，关于信用信息的定义不宜作如此宽泛的认定，相关监管机构仍应结合信用信息的特点及其适用场景，来适当认定其边界范围。在目前人民银行未对此进行具体界定的情况下，鉴于信用信息在侵害公民个人信息犯罪中的敏感性，如法院在相关案件中径直套用该办法的规定，在判断涉案个人信息的入罪数量标准上不免会产生不当扩大之嫌，从而导致偏离罪责刑相适应的基本原则。

在司法实务中，还不乏法官依据一些无关个人信息保护的相关规范认定被告人违反国家有关规定的情况。在“丁某 2 侵犯公民个人信息案”中，[①] 被告人丁某 2 为牟取非法利益，通过其在市不动产登记中心工作，拥有办公系统平台登录、查询房产信息的权限之便，为他人查询提供公民个人的不动产抵押信息、不动产产权、房屋所有人的电话号码等个人信息。该案审理法官指出，被告丁某 2 违反《不动产登记暂行条例》和《不动产登记资料查询暂行办法》等规定及保密义务，给翟某某、刘某等人提供个人信息，属于违反国家有关规定，其在履行职责过程中将获取的公民个人信息出售或者提供给他人的行为已构成侵犯公民个人信息罪。但是，《不动产登记暂行条例》和《不动产登记资料查询暂行办法》旨在整合不动产登记职责、规范登记行为，与保护公民个人信息并无直接关联，保护公民个人信息也并非该等规范的本

① 参见江苏省无锡市惠山区人民法院（2019）苏 0206 刑初 658 号刑事判决书。

意。将规范工作人员登记行为的规定用于判断工作人员是否存在违反侵犯公民个人信息罪的“国家有关规定”的禁止性规定，在逻辑上存在疑问。

类似的，在“郑某等侵犯公民个人信息案”中，[①] 被告人为推销某品牌奶粉，授意公司员工通过支付好处费等手段，多次从某医院数个医务人员手中获取多名住院孕妇及新生儿的个人信息。该案审理法官认为，被告人违反《母婴代用品销售管理办法》、卫生部办公厅相关通知及《母婴保健法》关于禁止销售者、医务人员向孕产妇赠送奶粉，医务人员也不得为生产、经营企业推销产品而获利的规定，其通过赠送奶粉、贿买医务人员的方式获得公民个人信息属于非法获取。在此，同样难以回避的疑问是，该案法官援引的管理办法、相关通知乃至法律的规范目的在于对母婴代用品生产和经营活动进行管理，与侵犯公民个人信息罪中“国家有关规定”并无关联，因为本罪中的“国家有关规定”目的在于实现个人信息获取、处理及使用活动的规范化，以保护相关主体的个人信息权益。通过与个人信息保护无关的法律规范来说明获取公民个人信息行为的前置违法性，并不能合理消除其在逻辑上存在的问题。

《司法解释》将部门规章纳入“国家有关规定”的范围，也许有利于强化打击侵犯公民个人信息犯罪，遏制侵犯公民个人信息犯罪态势。但在实际运作中也引发对不当扩大个人信息的范围的争议。在部分裁判中，法官为证明被告人的活动行为的前置违法性而援引一些无关个人信息保护的法律规范，也体现出《司法解释》带来的负面激励效应。如果忽视本罪“有关国家规定”针对规范个人信息处理活动、保护个人信息权益的核心内涵，会不当扩大本罪的处罚范围，最终恐将有违罪刑法定原则的要求。同时，进入了个人信息保护的专门立法化时代，对个人信息的立法保护已经达成了一些宝贵的共识，强调本罪“国家有关规定”应为专门规范公民个人信息处理、使用活动的法律规范，也就是要求此类有关规定不应与这些个人信息保护共识的基本内涵相抵牾。在《民法典》《个人信息保护法》等法律正式生效实施后，部分在过往被视为个人信息而受法律保护的信息，也逐渐被排除在个人信息相关前置法的保护范围之外。例如，已公开的企业信息中相关自然人的身份

① 参见甘肃省兰州市城关区人民法院（2016）甘 0102 刑初 605 号刑事判决书。

信息即不再属于个人信息，行为人获取或合理处理该等信息的，不承担民事责任。鉴于《个人信息保护法》属于个人信息保护的专门立法，个人信息保护的部分既往“国家有关规定”与此存在相反规定的，宜以新的专门立法的规定为准。否则，一味依据既往的立法，将专门立法已不作特别保护的已公开信息中的“个人信息”作为本罪对象处理的结果，不免有不当扩大打击面之嫌。[①] 另外，是否将部分法律法规等纳入“国家有关规范”的范围，还需要考虑设置侵犯公民个人信息罪的立法目的，以符合将部分法律法规等作为认定侵犯公民个人信息罪的违法性依据的正当性要求。根据全国人大常委会法制工作委员会在《刑法修正案（七）（草案）》中的说明，增设本罪的立法目的，在于防止公民个人信息被非法泄露，对于严重威胁公民的人身、财产安全和个人隐私且情节严重的行为，应予以刑事处罚。[②] 因此，对于部分明显无关保护个人信息以防止发生公民人身、财产安全以及无关保护个人隐私的既往立法，就不宜作为“国家有关规范”的一部分在认定侵犯公民个人罪时予以援引。

四、关于“情节严重”的理解与适用

在侵犯公民个人信息罪的构成要件中，除符合“违反国家有关规定”的条件外，还需要符合“情节严重”的要求。关于“情节严重”“情节特别严重”的认定，《司法解释》通过列举的方式，为司法审判实务提供了多种具有重要指导意义的情形，但《司法解释》未明言其所列举的各种情形背后的标准与逻辑。结合《司法解释》的规定和刑法理论，本文从认定标准与逻辑层面，对正确理解和适用《司法解释》所规定的“情节严重”进行论述。

（一）《司法解释》的“情节严重”判断标准所体现的逻辑

从《司法解释》的相关规定可以发现，构成本罪“情节严重”的具体情形主要体现为：（1）侵犯公民个人信息的数量或违法所得的大小，如《司法解释》第 5 条第 3 项、第 4 项、第 5 项所列情形；（2）个人信息的具体用途或行为人的目的，如《司法解释》第 5 条第 1 项、第 2 项所列情形。从中可

① 周光权：《侵犯公民个人信息罪的行为对象》，载《清华法学》2021 年第 3 期。

② 《刑法修正案（七）草案全文及说明》，载中国人大网，http：//www. npc. gov. cn/npc/c8196/200808/4a8eb727a98340d4ae68b069b698949c. shtml，2020 年 12 月 29 日访问。

以提炼的三个要素为：（1）将个人信息用于实施犯罪的，即属于情节严重；（2）致使公民个人权益遭受严重影响的，如严重危及公民个人的生活安宁，严重损害其人身或财产安全等；（3）在以上要素（1）和要素（2）均无法认定的情况下，则根据出售、提供或者非法获取个人信息的数量、违法所得的金额、所采用手段的恶劣程度等多方面作综合判断。具体而言：（1）通过出售、提供或非法获取的公民个人信息用于实施违法犯罪活动的情形，是考虑到实践中部分行为人为了一般的商事业务拓展而出售、提供或非法获取公民个人信息的情形，与为了进行犯罪活动的目的相比，二者在主观恶性方面存在实质性差异。因此，将以实施违法犯罪活动为目的而出售、提供或非法获取公民个人信息的行为认定为情节严重，应无异议。（2）出售、提供或非法获取个人信息致使公民个人权益遭受严重影响，或者致其个人权益处于极大风险境地的情形，包括造成公民个人的重大财产损失，导致其身体严重损害，严重侵扰其基本生活、工作和学习，应当认定相关行为符合情节严重的规定。（3）出售、提供或非法获取个人信息符合一定数量要求，或利用相关个人信息违法获利达到一定金额的，并结合相关行为的方式，如组织性、集团性、规模化作案，或以欺诈、胁迫等恶劣手段实施侵犯公民个人信息行为等。

（二）关于《司法解释》中的数量判断标准的理解与适用

1. 适用数量标准认定“情节严重”时应注意的问题

现行《司法解释》对“情节严重”进行了列举式说明，如针对部分敏感个人信息，《司法解释》规定非法获取、出售或者提供数量达50条以上的，应当认为构成本罪的“情节严重”。考虑到我国司法裁判的实际情况，在《司法解释》中将犯罪认定标准明确化，以指导地方法院进行裁判，具有实务上的合理性，这在一定程度上可以减轻地方法院在适用侵犯公民个人信息罪时所面临的困难，也可以避免不同法院对“情节严重”各执一词、同案裁判结果差异过大甚至相互矛盾。但是，数量标准本身存在局限，如果僵硬地理解适用《司法解释》的规定，简单因个人信息的数量（数额）认定相关行为属于“情节严重”，可能产生不合理的裁判结果。按照《司法解释》的规定，达到“情节严重”的10倍以上即属于“情节特别严重”，而在司法实践中处理的侵犯公民个人信息案所涉及的个人信息数量达到数百万条甚至数千万条的并不少见，信息行业的数据分析企业处理的个人信息更是以亿计算。照此理解，该等案件都满足了“情节特别严重”的要求，均可按照本罪最高档法定刑来定罪量刑，该罪法定刑的区分度和适应性明显降低。[①] 例如，在“邹某隆等侵犯公民个人信息案”中，[②] “2012 年 11 月至 2017 年初，被告人邹某隆在互联网架设‘中国黑防联盟’（××）社工库论坛网站，并在该网站发布其非法获取的公民个人信息数据供网站注册会员免费下载。2016 年 2 月，被告人邹某隆以牟利为目的，开通充值付费服务，并将公民个人信息数据存放在其百度云盘 sho×××@hkc5.com、adm×××@hkc5.com 和小鸟云盘 www.haina99.com 内，供网民下载，同时建立‘黑防联盟’VIP QQ 群（群号：58898××××），在该‘群文件共享’中存放公民个人信息数据下载链接供网民下载。公安机关从被告人邹某隆处扣押的 4TB 的公民个人信息数据约 10×××000 条。被告人邹某隆通过‘中国黑防联盟’论坛网站出售公民个人信息，非法获利人民币 71091 元”。同案案情显示，“被告人黄某强为个人所需，多次登录‘中国黑防联盟’论坛网站（××），以回帖、签到的方式获取该论坛‘黑币’，并使用该‘黑币’非法获取公民个人信息。包括车辆信息 288000 条（含车牌照、汽车品牌、型号、颜色、车辆类型、所有人姓名、身份证号码、电话、地址等财产信息）；电视购物快递信息 50044 条（含订单号、客户姓名、电话、地址、邮编、产品名称、送货方式、价格、订单时间等交易信息）；其他涉及公民姓名、身份证号码、住址、手机号码、单位信息、网络虚拟账号、密码数据 1500000 条”。“被告人杨某为个人所需，多次登录‘中国黑防联盟’论坛网站（××），以人民币充值的方式获取该论坛‘黑币’，并使用该‘黑币’非法获取公民个人信息。包括广西壮族自治区车辆信息 24701 条（含车牌照、汽车品牌、型号、颜色、车辆类型、是否抵押情况、购买时间、所有人姓名、身份证号码、电话、地址等财产信息）；其他涉及公民姓名、身份证号码、住址、手机号码、单位信息、网络虚拟账号、密码数据 100000 条；银行卡带密数据 2860 条（含姓名、卡号、身份证、手机号码），××银行信用卡信息 3103 条（含邮箱、姓名、住址、电话）。”在该案中，邹某隆侵犯公民个人信息数量超过 1 亿条，黄某强与杨某则分别约

---

① 李振林：《非法利用个人金融信息行为刑法规制强化论》，载《华东政法大学学报》2019 年第 1 期。

② 参见江苏省扬州市邗江区（县）人民法院（2017）苏 1003 刑初 684 号刑事判决书。

180 万条与 13 万条，三人在数量上有巨大差异。但法官最终判处邹某隆有期徒刑 4 年，并处罚金 30 万元；判处黄某强有期徒刑 3 年，并处罚金 1 万元；对被告人杨某则判处有期徒刑 2 年 6 个月，并处罚金 1 万元。三人所获刑期相差不大，且黄某强与杨某各获罚金刑并无差别。该案法官对同案三被告人的裁判处理结果显示，在适用《司法解释》的数量标准认定情节时仍有进一步讨论和完善的空间。同时，当前司法实务上宜谨慎采用单纯的数量标准判断相关行为的情节严重程度。在一些情况下，虽然非法出售的公民信息在数量和违法所得方面未满足《司法解释》的要求，但综合考虑案件的全部情况，在具有其他严重情节的前提下，也可以认定为侵犯公民个人信息“情节严重”。反过来，在满足《司法解释》的数量规定的情况下，也不排除有部分行为因不具备其他从重情节，或者综合全案情况可认为其危害不大，仍可以考虑出罪处理。

2. “情节严重”的认定宜以公民个人合法权益受侵犯程度为核心，构建包含个人信息的用途等多种因素的综合判定标准

从侵犯公民个人信息罪所保护法益出发，虽有观点认为该罪所保护的是公民的人格尊严和个人自由，[①] 也有学者认为是公民的隐私权，[②] 但从立法者对公民个人信息罪的定位来看，因该罪规定在《刑法》第二编第四章“侵犯公民人身权利、民主权利罪”中，其所强调的应当是对公民个人法益的保护。因此，对情节严重的认定离不开对公民个人合法权益受侵犯程度的判断。从《司法解释》和相关司法实践的立场来看，对公民合法权益的影响的判断一般是多维度综合判定的过程。《司法解释》从个人信息的类型、受侵犯的个人信息数量、违法所得、危害结果等多方面对情节严重的具体情形作了明确规定，在一定程度上也体现出不拘泥于具体的数额判断标准，为构建合理的法益侵害判断标准体系提供了有益指导。在司法实务中，仅依靠犯罪金额标准并不能准确判断行为人侵害法益的真实程度，还应将行为人行为方式、采用的手段、产生的社会危害结果等作为定罪量刑的重要考量因素。在“吴某涉嫌侵犯公民个人信息罪”一案中，被告人吴某在天眼查等网站下载公开的各地企

---

① 高富平、王文祥：《出售或提供公民个人信息入罪的边界——以侵犯公民个人信息罪所保护的法益为视角》，载《政治与法律》2017 年第 2 期。

② 张军主编：《刑法分则及配套规定新释新解》，人民法院出版社 2016 年版，第 1094 页。

业工商登记信息梳理分类后出售获利，涉案个人信息约为 1.8 万条，获利约 1 万元。[①] 检察机关认为，根据 2017 年《司法解释》，吴某行为属于提供公民个人信息，且满足情节严重要求，应认定涉嫌侵犯公民个人信息罪。但在 2021 年《民法典》实施后，检察机关据此认为，因缺乏证据证实行为人出售合法公开的行为遭到权利人拒绝或侵害其重大利益，不应认定行为人构成本罪，并建议公安机关撤案处理。这说明在该案中，检察机关在办案过程中并不单纯以数额判断标准为依据，而是谨慎考虑将行为人的涉案行为对个人权益的实质性危害作为认定行为人是否符合情节严重，从而是否适用本罪的因素，对此值得肯定。

综合上述分析，应该认为，在大数据技术和信息化迅速发展的社会环境下，相关企业与个人对个人信息进行大规模收集和处理已成为常态。通过构建多维度综合法益侵害判断标准体系，从信息的具体用途、手段、危害结果等多因素进行判定，不局限于数量或违法所得金额标准，由此得出的公民个人权益影响评估结果一般而言更为科学、合理，对司法实务的定罪量刑也更具借鉴意义。

3. 构建多维度法益侵害判断标准体系应注意的问题

就相关行为对个人权益的影响评估，根据《司法解释》，可考虑的因素包括对公民正常生活秩序、人身和财产安全所造成的影响等，但《司法解释》无法做到事无巨细，对各种评估细则做一一规定。《司法解释》提供了一种对个人权益受影响程度进行评估的指导性思路，司法实务就系争行为对个人权益的影响评估具体要求，也不宜突破《司法解释》的指导性思路所体现的基本精神。同时也应该注意到，个人信息保护的相关行业监管实践的成熟经验可为构建刑法上的法益侵害判断标准提供重要借鉴。近年来，随着个人信息行政保护制度的逐渐完善和监管实践经验的长期积累，就违法违规收集、获取或使用个人信息对个人权益造成的影响，一般会纳入个人信息的用途、个人信息主体的授权、目的和动机等多种因素进行评估，形成了一系列较为成熟的安全影响评估规则，在监管实践中收获了良好的效果。例如，在目前个人信息的行政保护制度中，对个人信息进行安全评估的要求在《网络安全法》

---

① 卢志坚、白翼轩、田竞：《出卖公开的企业信息谋利：检察机关认定行为人不构成犯罪》，载《检察日报》2021 年 1 月 20 日第 1 版。

《个人信息保护法》中均有所规定。[①] 此外，《个人信息安全影响评估指南》等国家和行业标准则作为相关法律法规落地的重要配套规则，还进一步从“限制个人自主决定权”“人身财产受损”等多种维度进行区分，并形成不同风险等级。又如，在个人金融信息的监管保护领域，由人民银行发布的《金融消费者权益保护实施办法》《个人金融信息保护技术规范》等一系列规范性文件和标准均具体规定了对个人金融信息主体合法权益造成损害的各种风险的影响评估要求，还提供了共享、转让等不同场景的相应安全影响评估要求和细则，可供刑事实务在对相关场景下的问题进行处理时予以参照。

上述与个人信息监管实践良性互动的提议在处理侵犯公民个人信息犯罪的司法实务中也得到了一定程度的印证。在 2019 年审结的“吴某怡等侵犯公民个人信息案”中，[②] 被告人吴某怡将包含企业名称、法人代表、注册地址、电话号码等在内的涉及公民个人信息的新办企业数据卖给邮箱为 173×××@qq. com 的人（另案处理）进行非法获利共计 7000 余条。其辩护人主张，其买卖的是企业向社会公众完全公开的企业信息，不属于刑法意义上的公民个人信息，进而不构成侵犯公民个人信息罪。法院驳回辩护人的意见，认为本案的企业信息中法定代表人的姓名、电话号码等内容均属于行为人非自愿公开或者非主动公开的公民个人信息，属于刑法意义上的“公民个人信息”，且应受到刑法保护。但随着个人信息保护理论的演变以及监管实践的不断发展，对公开信息的合理使用划定了较为清晰的边界，《个人信息保护法》《民法典》《个人信息安全规范》等法律法规、国家行业标准也对此予以肯定与吸收。在前述 2021 年 1 月 7 日被撤案处理的“吴某涉嫌侵犯公民个人信息罪”一案中，检察机关根据《民法典》的规定，认为行为人出卖公开的企业信息牟利的，在未对个人信息主体的法益造成侵害的情况下，不构成侵害公民个人信息罪。应当认为，结合个人信息保护的理论发展和监管实践经验，更有利于准确把握侵犯公民个人信息罪所欲打击的违法处理使用个人信息活动的范围，对于妥善处理侵犯公民个人信息行为罪与非罪问题也大有裨益。

对个人信息处理行为进行综合安全评估是国际上通常采用的监管手段。

---

① 参见《网络安全法》第 37 条，《个人信息保护法》第 55 条、第 56 条等相关规定。

② 参见浙江省台州市中级人民法院（2018）浙 10 刑终 748 号刑事判决书。

由国际标准化组织、国际电工委员会发布的ISO/IEC 29134：2017《隐私影响评估指南》就规定了隐私影响评估（Privacy Impact Assessment，PIA）的评估过程、评估要素和评估报告的结构等相关内容。在欧盟，《通用数据保护条例》（GDPR）也专门规定了数据保护影响评估的具体要求（DPIA）。① 在日本，则通过特定个人信息保护评估制度对个人权益可能产生的影响以及其他事态的风险进行详细评估。② 因此，针对本罪中的情节严重的判断，宜参照相关监管行业相对成熟的规则和国际通用的监管手段，以对信息主体个人的安全影响评估为核心，构建包括个人信息用途在内的多维度法益侵害判断标准体系，以求更加契合个人信息保护的刑法规范的目标及信息行业发展的合理需要。

五、《司法解释》在实务中的理解与适用——以魔蝎案的裁判分析为例

在以上对相关《司法解释》的理解与适用的论述中，本文提出：（1）宜在满足法秩序统一性的要求、立足信息行业发展实际以及本罪立法目的的基础上，妥当界定“国家有关规定”的范畴；（2）对“情节严重”的理解与适用，则宜纳入个人信息的用途、手段和目的动机等多因素来构建多维度综合判断的标准体系。当前司法实务对部分侵犯公民个人信息行为的处理也遵循了类似的思路。以2019年的魔蝎案为例，审理法院对侵犯公民个人信息行为的审判处理思路与本文对《司法解释》的理解与适用的相关论述不谋而合。不过在具体构成要件的符合性方面，本文希望通过指出其论证分析上存在的部分缺陷，以达到给司法实务合理合法处理类案提供有益参考的目的。

（一）魔蝎案的基本案情及判决结果

该案一审判决书显示，本案被告袁某负责编写爬虫程序与设计，并在贷款用户使用的贷款平台的App中插入魔蝎科技提供的前端插件，经贷款用户授权，魔蝎科技的爬虫程序代替贷款用户使用账号和密码登录上述网站的用

---

① 根据GDPR第35条的规定，数据控制者在进行数据处理之前，如基于数据处理的性质、范围、内容及目的判断活动可能对个人权利和自由构成高风险时，则应实施DPIA。

② 参见2018年由日本个人信息保护委员会发布的《特定個人情報保護評価指針の解説》（《对特定个人数据保护评估指南的评注》）的相关规定。

户个人账户，爬取贷款用户本人的社保、公积金等各类数据。在此期间，魔蝎科技在和贷款用户签订的《数据采集服务协议》中明确告知用户“不会保存用户账号密码，仅在用户每次单独授权的情况下采集信息”，但其未经用户许可仍采用技术手段长期保存用户各类账号和密码在其租用的云服务器上。截至2019年9月案发时，魔蝎科技的云服务器中还非法存有各类明文形式的个人贷款用户账号和密码超过2100万条，其中大部分账号密码，如淘宝、京东等，无法二次使用，仅有邮箱等部分账号密码存在未经用户授权被魔蝎科技二次使用的情况。法院认为，魔蝎科技以其他方法非法获取公民个人信息，情节特别严重，其行为已构成侵犯公民个人信息罪。①

（二）魔蝎案相关裁判中值得注意的要点分析

1. 关于魔蝎科技获取公民个人信息行为违法性的分析

在本案中，法院认为，对被告人获取公民个人信息的行为应适用侵犯公民个人信息罪，而非按照非法获取计算机信息系统数据罪进行处理。其中，被告人的爬取行为不具有非法性，难以满足成立非法获取计算机信息系统数据罪之“侵入性”的要求。因为法院对被告人通过爬虫获取用户个人信息的行为未作评价，即便认为法院对该问题进行了回避，但至少可以认为法院并不认为利用爬虫技术爬取用户个人信息的行为直接与违法行为挂钩。分析法院作出的上述判断，以《网络安全法》为核心的个人信息有关规定及其背后的个人信息监管保护理念进一步得到揭示，对今后的类案裁判处理也更具有参考意义。

在本案中，魔蝎科技使用爬虫登录在各大平台的账户爬取个人信息，实际上未获得相关互联网平台公司的授权。侦查机关据此认为，魔蝎科技的行为涉嫌非法获取计算机信息系统数据罪。侦查机关的观点有一定的道理：鉴于涉案支付宝芝麻分、花呗、京东小白信用分等数据是相关互联网平台加工处理后形成的数据统计分析结果，魔蝎科技未经相关平台授权擅自爬取平台数据，可能涉嫌侵害后者在数据上的商业利益。但在其非法性的证明上，因魔蝎科技使用的是网贷用户的真实账户密码登录京东、淘宝、社保平台等系统，其行为明显不具有侵入性，难以与非法性画等号。而在数据爬虫诉讼纠

① 参见浙江省杭州市西湖区法院（2020）浙0106刑初437号刑事判决书。

纷的解决及规制上，目前更多的是以反不正当竞争的方式，通过侵权法或反不正当竞争法来解决，而不宜认为构成非法获取计算机信息系统数据罪。① 再者，在刑事领域，虽然也存在部分裁判案例对通过模拟登录方式爬取数据行为认定为“非法获取计算机信息系统数据罪”，② 但在涉及个人信息的情况下，考虑到《网络安全法》《个人信息安全规范》等法律规范和标准的落地实施以及监管实践的不断发展，对数据的获取、处理和使用的原则逐渐明确，侵犯公民个人信息罪的刑法评价体系也更多逐渐开始采纳合法性、正当性及必要性等评价因素。而个人信息主体的授权作为数据获取的合法性的重要一环，在刑事违法性评价体系中应尤为突出。在此意义上，魔蝎科技爬取用户个人信息的行为也就难以被认定为“违反国家有关规定”，不将该等行为作为侵犯公民个人信息的犯罪行为处理也具有相当的合理性。

不过，仍需指出的是，在该案判决结论上，法院认为未经信息主体授权同意，留存合法获取的个人信息的，属于《司法解释》所规定的“以其他方式非法获取”，并据此判处被告人以其他方式非法获取公民个人信息，成立本罪。这样的裁判结果是有疑问的。根据《司法解释》，本罪所谓“其他方式非法获取”，是指违反国家有关规定，通过购买、收受、交换等方式获取公民个人信息，或者在履行职责、提供服务过程中收集公民个人信息的行为。但在《网络安全法》等个人信息保护相关法律规范开始实施后，如上文所分析，被告人合法获取个人信息，但在无业务上的存储必要而未及时删除的，在本案被认为构成侵犯公民个人信息罪。在《网络安全法》等个人信息保护法律规范未对如何规制违规（或者说违约）存储的行为作明确规定的情况下，法院

---

① 比较近年来发生的一系列反不正当竞争纠纷案件，如淘宝诉美景［（2018）浙01民终7312号民事判决书］、百度诉大众点评［（2015）浦民三（知）初字第528号民事判决书］等，均属于未获得平台授权而被法院认定为实施了“非法获取行为”。但就个人信息数量及对企业数据利益的侵害程度而言，与这一系列民事纠纷案件相比，本案似乎未呈现出显著的恶劣程度。作为比较，鉴于侵犯公民个人信息行为的显著恶劣性，法院对以下刑事案件适用本罪处理的结果一般无争议。行为人利用系统漏洞爬取受害公司的客户资料，通过爬虫程序将数据导出，并通过暗网交易变卖获利，其行为构成侵犯公民个人信息罪［（2020）粤0305刑初1037号刑事判决书］。被告人为获取被害人更多的个人信息，利用爬虫技术非法获取他人个人信息，该行为的违法性直接指向了对借款人亲友个人信息权益的侵犯，已明显超出借款人的授权，超出了正常的借贷行为所需要的信息范围，不具有正当性、合理性，构成侵犯公民个人信息罪［（2020）鲁1723刑初260号刑事判决书］。

② 参见南京同享网络科技有限公司非法获取计算机信息系统数据罪案［（2015）杨刑初字第232号刑事判决书］。

未具体论述该行为如何背离数据处理时的合法性、正当性及必要性进而违反了个人信息保护相关法律规范的规定，而是径直将违规储存扩张解释为非法获取。但是，“无论是从一般人对‘获取’这一词义理解的角度，还是从相关法律用语习惯的角度，对数据的存储显然属于数据获取后的处理行为，与数据的采集分属不同的环节”。[①] 在此意义上，法院在本案中认为超越用户授权存储个人信息的行为“违反国家有关规定”，难以认为其符合侵犯公民个人信息罪的立法本意，判决的最终处理结果也有违反罪刑法定原则之嫌。

2. 关于非法获取公民个人信息的“情节严重”之认定及分析

审理法院对被告人情节严重的认定在一定程度上遵循了多维度法益侵害的判断标准体系的逻辑。审理法院在认定被告涉案行为的情节严重程度时综合考虑了涉案的个人信息的类型、数量、违法所得金额、所采用的手段等多方面情况，通过多维度的判断标准体系对公民个人权益受侵害程度作出了判定，其审判分析思路总体上值得肯定。具体而言，本案对于情节严重程度的判断如下，魔蝎科技缺乏用户有效授权，非法留存超过 2100 万条用户账户和密码并非法使用了部分有效的账户密码，涉案个人信息体量巨大。从本案涉及的个人信息类型敏感程度考虑，因用户的账户名及其密码属于敏感度较高的信息，如经个人信息安全影响评估，在明文存储的情况下发生信息泄露，可能严重影响用户的人身与财产安全的，认定为“情节特别严重”，一般当无异议。结合非法获取个人信息违法所得 3000 万元人民币的事实，审理法院最终认定，魔蝎科技非法获取公民个人信息的行为属于“情节特别严重”，构成侵犯公民个人信息罪。但稍显不足的是，审理法院未提及被二次使用的个人信息的确切数量，在非法存储行为以及超越用户授权对部分个人信息二次使用对个人用户的个人合法权益造成的严重危害的相当性上，其论证也缺乏具体分析。如上所述，并非所有违反约定、超越授权范围存储个人信息的不当行为都应该通过刑法进行规制。“例如未按约定形式或存储要求存储数据或未采用约定的形式进行数据销毁操作等行为，这些行为并未对数据的保密性造成侵害，因此不具备值得科处刑罚的社会危害性。”[②] 在本案中，在具体运用多维度判断标准体系对涉案行为进行是否“情节严重”的判断时，考虑到魔

① 刘宪权、石雄：《网络数据犯罪刑法规制体系的构建》，载《法治研究》2021 年第 6 期。
② 刘宪权、石雄：《网络数据犯罪刑法规制体系的构建》，载《法治研究》2021 年第 6 期。

蝎科技的主观恶性不大，其经营目的并不必然违法，且其对涉案个人信息的最初获取手段亦为合法。在此情况下，被告人“非法获取”个人信息的行为如何满足司法解释对“情节特别严重”之规定，“邮箱等部分账号密码存在未经用户授权被魔蝎公司二次使用的情况”，该部分数量是否超过5万条？其计算标准为何？如何体现出对公民人身或财产权益的严重侵害的同质性？审理法院对此般疑问未作出有针对性的回应。

采用单纯的数量或数额标准对被告人涉嫌侵犯公民个人信息的行为进行情节严重程度判断，似乎可以推断出本案被告人非法存储用户个人信息且二次使用部分个人信息的行为适用《司法解释》关于“情节特别严重”的规定。但是综合全案情况来看，无论是从魔蝎科技非法存储用户个人信息的数据泄露导致的安全风险大小，还是从魔蝎科技的商业经营的动机考虑，其行为的危害性可能相当有限，因而并非必然能够达到“情节特别严重”的危害程度。[①] 虽然从法院的量刑处理结果来看，本案的量刑以财产法为主，人身罚也主要适用了缓刑，在一定程度上体现了法院为新兴的大数据产业留有发展空间所作的考虑。但从犯罪构成之适用的妥当性来看，该案的最终处理结果可能还需要进一步的考量。如结合参照本案侦办时已经生效实施的《网络安全法》、个人信息保护的行政监管实践经验，以及生效的《个人信息保护法》等一系列规范，对本案是否构成本罪“情节特别严重”的要件，进而是否需要动用刑罚来予以规制，最终案件的处理可能呈现不同的结果。而就本案而言，在审判时适用《网络安全法》关于侵害个人信息依法应受保护的权利的相关规定，足以实现对个人信息的监管保护目标。

六、结语

在大数据、人工智能等信息技术飞速发展和数据价值日益凸显的今天，司法实务在侵犯公民个人信息行为的罪与非罪的认定标准上还存在一定分歧，尤其是在违反国家有关规定以及“情节严重”等构成要件的判断上，对于如何理解和适用《司法解释》的规定，相关争议一直持续不断，相关信息行业

---

① 对魔蝎科技而言，其留存的体量巨大的用户账号密码等个人信息的商业价值相当有限，是因为其获利的商业模式主要是基于对用户的账号密码的二次使用，以及将所获取的支付宝花呗、京东、学信网、征信中心等平台数据再次提供给合作的网贷平台。

对清晰划定合法利用个人信息与构成侵犯公民个人信息罪的边界的诉求仍未获得全面回应。

本文认为，结合大数据时代以大规模个人信息处理为常态的特点，为了更好地维护公民个人权益、网络环境安全和信息行业的稳定发展，在侵犯公民个人信息行为的定罪量刑问题上，就“国家有关规定”的范围宜作必要限定，不仅要注意法秩序统一性对刑罚规制的补充性、保障性的要求，也应注意立足于新的社会经济形势，慎重适用立法目的已难以满足社会实际发展需求的部分特定历史时代背景下的立法规定；就本罪中“情节严重”的认定，则宜采用多维度的法益侵害综合判断标准体系，不宜仅依据数量等单一标准作论断，以寻求对相关行为情节的合理判断。在大数据时代背景下侵犯公民个人信息行为罪与非罪的认定标准问题上，审理法院对魔蝎案的裁判处理结果总体而言是对妥善处理相关案件的合理回应，本文希望通过以上讨论，为今后司法实务处理类似案件时更好地理解与适用相关刑法规定及《司法解释》提供启发。

“数字货币的法律规制”专题

论法定数字货币权利变动中的交付

徐　文[*]　李思奇[**]

（西南科技大学法学院，四川绵阳　621010）

摘　要：法定数字货币基于其无体物样态、相关规则的规定，乃至人们的认知难以归类为物的范畴，而从其自身属性上看更应当被认定为准物权。通过观察法定数字货币的流通过程可以发现，原本法定数字货币基于准占有关系仅需达成合意即可使权利归属发生改变，但这将使得权利变动过程与事实不符，还在交易中埋下诸多隐患。因此可以基于《民法典》第115条的规定准用《民法典》第224条的交付原则，并基于其特殊性而在合理范围内扩张其内涵，不仅可以应对新技术应用带来的交易风险，还可以使法定数字货币的交易与现行《民法典》体系相融，更好地发挥交易中公示的效用。而在具体判定标准上，应当以自主占有的取得为判定标准，以更为准确地考察交付的各个环节。

关键词：法定数字货币；交付；准占有关系

一、问题的提出

在我国，法定数字货币也称“数字人民币”（e-CNY），是指由指定机构参与运营，以广义账户体系为基础，支持银行账户松耦合功能，与实物人民

---

* 徐文，西南科技大学硕士研究生导师。

** 李思奇，西南科技大学硕士研究生。

币等价，具有价值特征和法偿性的货币。① 作为数字化的货币，法定数字货币与实体化的人民币具有同等价值，并以替代实体货币流通为目的。其虽不同于私人数字货币以去中心化为特征，但仍具有小额交易的匿名性、可编程性，也通过密码学算法实现安全上的验证。② 在区块链、近域通信等技术的应用下，法定数字货币不仅可以通过“钱包”实现日常零售交易，而且可以与智能合约相链接，共同构建新型的货币支付方式、应用环境等。③

法定数字货币的产生通常受经济和技术的双重推动。一方面，在经济上，各国央行长期都以自身信用为基础发行、流通信用货币；但是，此种信用货币的弊端在于：没有实物作为价值基础，币值本身会因为该国政府的货币政策、产业政策、发展状况等产生较大的波动，同时信用货币也受实体属性、交易自由度等因素所累。这使得以互联网跨国公司为主的市场主体拟发行自己控制下的数字货币，如比特币、Libra 等，④ 以此建立一个更大范围的自己主导的交易市场。各国为了维护、强化自身发行、管理货币的权力，需要开启法定数字货币的研发与推广。具体到我国，法定数字货币的研究与推广，不仅可以应对可能发生的第三方支付基于其市场垄断地位对人民币的挤压与挑战，还可以将老年人群体纳入数字货币的使用范畴以避免“数字鸿沟”。⑤ 另一方面，在技术上，各国都进行了长期的技术储备与试验，并由此开展了一系列试点工作，如欧洲央行通过 Stella 项目的试验已经完成对数字欧元的基础研究，于 2021 年开启“数字欧元”的试验项目；⑥ 美国也以普惠金融、政府主导以及代币化和双层架构的方式推进美元数字化。⑦ 而我国也自 2014 年

① 中国人民银行数字人民币研发工作组：《中国数字人民币发展白皮书》，载中国人民银行网，http://www.pbc.gov.cn/goutongjiaoliu/113456/113469/4293590/index.html，2022 年 4 月 25 日访问。

② 杨延超：《论数字货币的法律属性》，载《中国社会科学》2020 年第 1 期。

③ 景欣：《法定数字货币中的智能合约的构造与规制》，载《现代经济探讨》2021 年第 10 期。

④ 比特币与 Libra 虽然都属于增值币，但与比特币不同的是，Libra 等仍然与稳定币的价值锚定，相对而言，Libra（现名为“DIEM”）在发行时表明将与美元锚定，使得此种货币更加具有价值上的稳定性。

⑤ 吴心弘：《法定数字货币：理论基础、运行机制与政策效应》，载《苏州大学学报（哲学社会科学版）》2022 年第 2 期。

⑥ 刘凯、李育、郭明旭：《主要经济体央行数字货币的研发进展及其对经济系统的影响研究：一个文献综述》，载《国际金融研究》2021 年第 6 期。

⑦ 钟红、彭雅哲：《美国央行数字货币发展态势》，载《中国金融》2021 年第 9 期。

开始逐步、有序地开展了法定数字货币的研究与试点工作,[①] 且 2022 年 1 月国务院发布的《“十四五”数字经济发展规划》中也提出了数字经济发展的目标。由此可知，对法定数字货币的研究有其必要性。近年来，国内外学者对法定数字货币的研究已经产出不少有意义的成果。国内学者多着眼于法定数字货币的基本属性与具体发行、应用等问题，如杨延超[②]、柯达[③]、吴桐[④]等学者即是如此。而国外学者则更多地着眼于法定数字货币的发展、具体应用、可能遇见的问题，以及对传统货币在应用上如何有体系地完成替代等问题，如 Jason Hsu[⑤]、James K. Smith[⑥]、Joshua J. Doguet[⑦] 等学者也是如此。以上成果虽然较为完整地揭示了法定数字货币存在较好的发展前景、基本属性，以及发行策略等问题，但是，大多数问题并未达成一致，且法定数字货币的推广已经开始，不应止步于基础属性问题，新型货币正是为交易而生，因此更应当进一步考量法定数字货币的权利变动问题，以及与《民法典》体系相容等问题。借由此，笔者拟从法定数字货币的定位与流通过程的观察出发，进一步从民法学的角度尝试探讨法定数字货币权利变动中准用“交付”的必要性、效用、与现行规范衔接以及判定标准等问题。

---

① 《中国数字人民币发展白皮书》发布的数据显示：截至 2021 年 12 月 31 日，数字人民币试点场景已超过 808. 51 万个，累计开立个人钱包 2. 61 亿个，交易金额 875. 65 亿元。并且于 2022 年 4 月起开展了第三批法定数字货币的试点工作，包括北京、天津、河北（张家口、雄安新区）、大连、上海、苏州、浙江（杭州、宁波、温州、湖州、绍兴、金华等）、福建（福州、厦门等）、青岛、长沙、广东（广州、深圳）、海南、重庆、成都、西安。

② 杨延超：《论数字货币的法律属性》，载《中国社会科学》2020 年第 1 期。

③ 柯达：《论我国法定数字货币的法律属性》，载《科技与法律》2019 年第 4 期。

④ 吴桐、李佳琪、陈梦愉：《法定数字货币的理论基础与运行机制》，载《贵州社会科学》2020 年第 3 期。

⑤ Jason Hsu & Lindy Tsai, *An Alternative Monetary System Reimagined: The Case for Central Bank Digital Currency*, California Western International Law Journal, Vol. 51: 327 (2020).

⑥ James K. Smith & Judith Hora, *State and Local Tax Concerns regarding Digital Currency*, Journal of State Taxation, Vol. 33: 29 (2014).

⑦ Joshua J. Doguet, *The Nature of the Form: Legal ad Regulatory Issues Surrounding the Bitcoin Digital Currency System*, Louisiana Law Review, Vol. 73: 1119 (2012).

二、讨论前提：法定数字货币的静与动

（一）静的前提：法定数字货币宜界定为准物权

法定数字货币的法律属性是对其法本质的检视，也是构建整个法定数字货币流通体系的基础。但目前而言，学界对法定数字货币是什么这一问题并无定论，存在诸如债权说、特别债权说、物权说等争议。但笔者认为，法定数字货币应当归入“准物权”的分类。准物权是以债权、知识产权等为主的无体财产权，[①] 属于广义的财产权。

1. 法定数字货币的定性理由

其一，从形态上看；法定数字货币显然超越了一般意义上“有体物”的内涵，并且即使通过法律解释也难以包含其存在。通常认为的物，往往强调需要独立于人体之外、能为人所支配、可满足人的需要，以及属于有体物或自然力，[②] 可见有体性是作为物的重要条件之一。《德国民法典》第 90 条规定：本法所称的物者，仅谓有体物。[③] 在进行法律解释时，通常要求在寻求规范意旨时，不能超越文义所能包含的最大范围；[④] 而法定数字货币显然超出了有体物的范畴，虽然可以为人所感知，但如果使用者仅从数字面板看到具体的货币数额与一般所认知的“有体物”相差甚大，故不应纳入物权的范畴。

其二，准物权既是权利的客体，也是处分的客体，从权利流转的角度看，在流转过程中并无规则适用的问题。《民法典》第 115 条第二句规定：法律规定权利作为物权客体的，依照其规定。该规定使得准物权在进行权利变动等场景下，可参照适用物权的规定。

其三，2020 年 10 月发布的《中国人民银行法（修订草案征求意见稿）》第 19 条第 2 款指出：人民币包括实物形式和数字形式。可见，立法者也认为法定数字货币不同于一般意义上的物，不应当归入物的类别，而应与实体人民币相区分。

---

① 王泽鉴：《民法物权》，北京大学出版社 2010 年版，第 63 页。

② 王泽鉴：《民法总则》，北京大学出版社 2022 年版，第 212 页。

③ 台湾大学法律学院、台湾大学基金会编译：《德国民法典》，北京大学出版社 2017 年版，第 90 页。

④ ［奥］恩斯特・A. 克莱默：《法律方法论》，周万里译，法律出版社 2019 年版，第 31—33 页。

其四，法定数字货币是货币权利的无形载体，而在信用货币中，货币权利作为财产权利来源于国家信用的价值背书，也通过这一价值实现满足人的需求作为物的条件。因此。将法定数字货币归入准物权，是去除实物外观下以虚拟形态表示真实权利的映照。

2. 法定数字货币区别于电子存款货币

法定数字货币不同于电子存款货币，不同之处在于：其一，法定数字货币是作为 M0 而存在的，储存在钱包中并不产生孳息。① 而电子存款货币作为持有人将实体货币储存于商业银行，在具体形态上是以电子数据的形式通过商业银行所发行的权利标识；② 通常是作为 M1 或 M2 存在并产生孳息。由此，电子存款货币实际上是对银行的债权。其二，从权利流转的角度来看，法定数字货币的移转依靠钱包，通过近域通信技术可以在无网络支持的环境下运行，是以类似于物权的方式流转的；而电子存款货币的移转更接近于债权让与模式，其依赖于特定设备与网络环境的支持，通过网络传输实现《民法典》第 546 条中的"通知"债务人，从而改变双方的清偿关系。

3. 法定数字货币是特殊的虚拟财产

法定数字货币不同于一般的虚拟财产，《民法典》第 127 条将数据与虚拟财产分别列出，足以表明二者的不同；《数据安全法》第 3 条第 1 款也规定：数据，是指任何以电子或者其他方式对信息的记录。但二者的界限并非泾渭分明，如在于某雷、中国联通长春分公司电信服务合同案中，法院认为数据、手机号码等均属于虚拟财产，③ 是将虚拟财产作为数据的上位概念看待。有学者认为，二者的区别在于价值来源，数据价值源于数据本身，而虚拟财产的价值则源于人的主观需求。④ 但虚拟财产中通常会包含匿名或者不匿名的数据，并无必要强行区分。

笔者认为，法定数字货币属于虚拟财产，但又不同于一般的虚拟财产。

---

① 中国人民银行数字人民币研发工作组：《中国数字人民币发展白皮书》，载中国人民银行网，http://www.pbc.gov.cn/goutongjiaoliu/113456/113469/4293590/index.html，2022 年 4 月 25 日访问。

② 李思奇、徐文：《限制的边界：论法定数字货币的法偿性设置》，载《宜宾学院学报》2022 年第 2 期。

③ 参见吉林省高级人民法院（2021）吉民申第 1736 号民事裁定书。

④ 齐爱民、张哲：《论数字货币的概念与法律性质》，载《法律科技（西北政法大学学报）》2021 年第 2 期。

其不仅包含数据中的信息属性，又与本身作为货币权利载体的价值属性相融。因为为了监管上的便利，法定数字货币的移转皆在央行后台的数据库中进行备案，[①] 其间必然包含对交易信息的记录。同时，持有人一旦移转了法定数字货币，即失去了对货币的控制，这也不同于其他虚拟财产中对标的物进行复制再交易，而不丧失本权的操作。

总之，鉴于法定数字货币在设定、形态和认知上的特殊性，将其归入准物权更为合适，既体现其作为财产权的基本属性，又可在权利变动等问题上准用物权规则，使其融入现有民法典体系。

（二）动的前提：法定数字货币的流转路径

就目前的试点工作而言，法定数字货币在设计上虽分为四种基础类别，但实质上仅是通过额度区分了零售型与非零售型。笔者认为，即使是二类钱包单笔支付上限达到了 5 万元也可以归入零售型，仅一类钱包可归入非零售型。并且，法定数字货币的构建正是为了零售结算的便利，因此在论述时也应当以零售型为主要思考模型。在以零售为主的交易中，不同于大宗货物交易，其属于一种较为简便、快速的短线交易模型。总体来看，在流转过程中，仍应当符合一般人所认知的交易模式，即先就买卖达成合意，再负有清偿义务，最终通过钱包清偿债务，由此完成了法定数字货币的移转。

1. 法定数字货币流转的表层架构

如图 1 所示，法定数字货币的权利流转架构基于其准物权定位，仍可参照物权的流动方式设定。同时，作为广义的财产权仍是可以处分的客体。双方当事人就交易达成合意之后，债务人可以通过钱包将储存在其中的货币经由近域通信技术移转至债权人的钱包中，而当债权人的钱包中显示出新增的货币时，法定数字货币的移转即宣告完成。这属于标的物的直接让与，在双方当事人作出行为后立即生效，具有即时效应；而并不是当事人达成合意后如一般的债权让与，无须任何操作即可产生效力，也并不需要如转账一般存在一定的延时，或者需要通过互联网传输于银行或货币的其他管理机构，由该机构完成“划拨”行为。

---

① 中国人民银行数字人民币研发工作组：《中国数字人民币发展白皮书》，载中国人民银行网，http://www.pbc.gov.cn/goutongjiaoliu/113456/113469/4293590/index.html，2022 年 4 月 25 日访问。

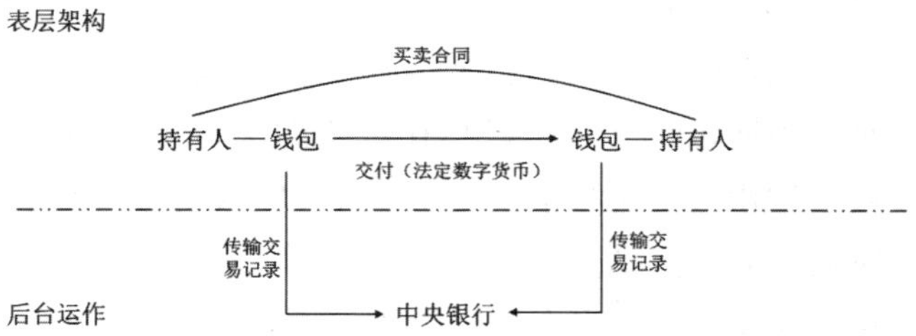

图 1　法定数字货币的流转过程

2. 法定数字货币流转的后台运作

在我国，法定数字货币作为中心化的货币，发生流动时虽然无须依赖于网络，但仍会通过一定形式记录交易过程，并将交易信息传输至中央银行或其他负责记录的后台。笔者认为，即使在可控匿名的背景下，这种信息的记录仍然是存在的，否则将违背中央银行为便利监管、防洗钱等，而发行法定数字货币的意旨。这种行为可以被认为属于清算行为，但并不决定货币是否已经产生权利变动，仅仅是对已经发生的交易进行记录，因为双方当事人在使用，除非中央银行在钱包中提前设置，否则达到一定数额的交易需经过审批才能发生变动，而双方当事人交易的数额达到了限制。此处的匿名仅是对其他主体而言，但就中央银行而言，应当是需要达到某种较高的条件，中央银行才可出于监管的必要性而查看、披露交易信息。

三、问题核心：法定数字货币权利流转中的交付

（一）法定数字货币流转中明确“交付”概念的必要性

通过观察法定数字货币的权利流转过程可以发现，仅仅将法定数字货币定位为准物权仍然存在诸多问题。首先，难以对流转过程作出完整的诠释。其次，法定数字货币的交付依赖于 NFC 技术实现，但在其中仍存在因技术本身的不稳定性导致的交易风险。再次，传统民法体系建构了以货币作为特殊类别的物权体系，虽然法定数字货币的形式发生了改变，但引入交付原则后，使得法定数字货币可以经由解释、准用相应规范等融入原有体系内，以免发生未知的风险。最后，使得法定数字货币的权利变动具备了公示效力。因此，在法定数字货币流转的过程中引入交付概念有其必要性。

1. 完善对流转过程的诠释

法定数字货币流转的核心是，债务人通过近域通信技术将自己钱包中的货币移转到相对人的钱包中。这一过程在传统的交易模式中，属于交付货币的过程。法定数字货币经过数字化、虚拟化，以准物权的形式呈现，原则上无须适用交付原则。但笔者认为，若不在此明确交付概念则难以完整诠释流转过程，也无法有效保障交易安全。

若在此处准用交付原则，就可以解释当事人通过钱包将自己支配下的货币移转至相对人控制下这一行为和过程。同样作为准物权的债权在转让过程中，双方当事人达成合意即可使债权归属发生变动，而法定数字货币则不可如此。如果说合意就可以使货币权利发生变动，那么将会产生如操作钱包的行为应当如何解释、定性以及是否是交易所必需等一系列问题。同时，若仅以合意即可变动货币权利，也不符合一般交易参与人的交易习惯和认知。

2. 应对 NFC 技术在支付中的不确定状态

近域通信技术（Near Field Communication，NFC）又称近场通信技术，是运用在近距离设备之间，通过双向高频无线通信技术实现数据的非解除式交换的技术,① 也是作为我国法定数字货币钱包、交易而应用的技术。因为具备使用距离较短、一次仅在一对设备中连接等特点，所以具有一定的保密性和安全性。虽然自 2014 年开始，中国人民银行就已经开始鼓励、发展 NFC 支付软件和硬件以替代二维码技术，但是，当 NFC 技术应用到支付活动中时，也并非可以完美适配。在运行过程中，其仍然存在诸如应用安全威胁、通信安全威胁、系统安全威胁、终端安全威胁等问题。②

其中，应用安全、通信安全、终端安全以及系统安全上的威胁大多来自技术本身的缺陷或者第三方恶意的攻击，想要完全解决这些问题，需要依靠技术本身的改进，或者针对不同的安全威胁一一设定解决方法。③ 我国在设定上以手机作为 NFC 技术的载体，并通过手机的连接实现货币的支付，保留了之前人们使用手机支付的习惯。但手机本身并不是专供 NFC 技术使用的载体，

---

① Coskun V，Ozdenizci B & Ok K，*A Survey on Near Field Communication（NFC）Technology*，Wireless Personal Communications，Vol. 71：2259（2013）.

② 张玉清：《近场通信技术的安全研究进展与发展趋势》，载《计算机科学》2016 年第 6 期。

③ 贾凡、佟鑫：《NFC 手机支付的安全威胁建模》，载《清华大学学报（自然科学版）》2012 年第 10 期。

且不同的人使用的手机在功能上也参差不齐，同时，NFC 技术也不似蓝牙技术那样可以更为安全、稳定地建立一对一的连接，因此反而可能增加交易的风险。

仅从结果上来看，当安全威胁产生时通常都会导致当事人支付失败，或者钱包中的货币、信息等被窃取。笔者认为，为避免错误结果的发生误导当事人进行下一步的交易，通过准用交付原则，以交付完成作为债务人完成清偿的时点，即当事人通过钱包向相对人支付相应的价款，自己钱包中显示的相应数额减少、对方钱包中显示的数额增加，交付即宣告完成。这种设置虽然不能直接解决 NFC 技术本身带来的问题，但是，可以使得原本难以确定的支付过程走向确定的状态，从而减少争议。须知，若无交付原则，法定数字货币作为准物权则难以确定权利变动时点，其他准物权如债权在合意达成时完成让与、在知识产权登记时发生变动，但法定数字货币并不需要进行登记，双方在达成合意后也需完成一定操作才可使得钱包上的数额发生变动。同时，若钱包之间通过 NFC 技术进行支付时发生上述安全威胁致使支付结果未发生，如一方当事人进行了支付但相对人并未收到，则可据此认定交付并未完成而进行抗辩，而不至于双方之间长期处于支付结果难以确定的状态，进而产生更大的交易风险。

3. 融入原有的货币权利变动体系

在传统民法体系中，实体货币通常是作为特殊的物而存在的，也是金钱之债的标的。法定数字货币要顺利完成发行、流通等活动，离不开融入原有体系的问题。

其中，最重要的设定在于：货币基于其同质性，即一定单位的同种信用货币之间不存在个体差异，[①] 使得货币一旦为人所占有则难以与其原本的货币相区分，即“占有即所有”。同时，货币本身就是无体的，尤其是在信用货币时代，作为载体的现钞仅仅是货币的证券化凭证，“物”也仅仅是货币的外壳。[②] 货币财产本就不依靠于物的特性，具有独特的法律属性，也独立自成体系，仅在部分规则上沿用物权的逻辑，因此将其与一般意义上的物相区分。而法定数字货币以无形财产的样态呈现，实则并不影响其真正的价值，因此

① 刘少军、王一轲：《货币财产（权）论》，中国政法大学出版社 2009 年版，第 85—86 页。
② 刘少军、王一轲：《货币财产（权）论》，中国政法大学出版社 2009 年版，第 90—91 页。

将其定位为准物权并无不妥之处。通过准用交付原则也使得法定数字货币的权利变动形式更加接近实体货币的形式。一方面，符合人们日常使用货币的交易习惯，无须因为货币类型发生改变而适应新的交易规则；另一方面，还可以连通占有制度与公示原则，使得法定数字货币的持有人重新融入原有对实体货币的设定中，如占有即所有，持有人通过钱包可以控制并完成法定数字货币的移转，当收到他人给付的数字货币后，即与本就存在的货币相混同，难以辨认；即使出现错误支付等情况，也使得对原本货币的追及难以实现，持有人即通过混同取得货币权利。在法定数字货币的权利变动中，也可以视作基于《民法典》第115条的规定，准用《民法典》第322条关于标的物混合的规定，[①] 使得持有人通过准占有关系以及事实上的控制力实现对货币权利的取得。并且，还可以通过交付原则判定法定数字货币的法偿效力。因为清偿的效力来源于债务人的给付行为或给付结果，而当判定交付完成时即发生消灭金钱之债的效力。[②]

4. 具备公示效力

我国《民法典》第208条规定了公示原则，即动产通过交付使外部其他人认知权利发生变动的效果，以及产生推知持有人为权利主体的效果。[③] 实体货币作为动产，自然应当适用交付规则，从而在交付过程中产生公示效力；而法定数字货币脱离了有体物的属性，使得其继续适用原有规则不那么当然。但是笔者以为，并不能仅仅因为法定数字货币作为权利凭证的样态发生变化，就认为在权利变动中不再需要公示效力。正因如此，才使得在法定数字货币的权利变动中准用交付原则更加具有必要性。其实，在物权变动体系中，实体货币适用公示原则也在间接意义上表明，货币权利的变动以及对权利的推定效力对于货币权利而言是具有意义的。其意义不仅仅停留在占有即所有上，同时也表现在有多方参与且需要完成给付的合同中，如利益第三人合同等情形。

---

① 朱晓喆：《存款货币的权利归属与返还请求权——反思民法上货币“占有即所有”法则的司法运用》，载《法学研究》2018年第2期。

② 陈自强：《契约法讲义Ⅱ：契约之内容与消灭》，台北元照出版有限公司2018年版，第302—303页。

③ ［德］鲍尔、施蒂尔纳：《德国物权法》（上册），张双根译，法律出版社2004年版，第57—59页。

我国《民法典》第522条第1款规定了利益第三人合同的履行方式，即债务人应当向第三人履行债务，同时债权人和第三人都享有履行请求权。此时，若履行的债务是给付法定数字货币则产生一个问题，即如何使得债权人知悉债务人已经履行了债务。在原本实体货币的权利变动体系中，债务人自然可以因交付货币而产生公示效力，使债权人不再享有履行请求权，因此法定数字货币权利变动的公示有其必要性。而通过准用交付原则，法定数字货币在交付的过程中自然就产生了公示效力，可以使得债权人的履行请求权消灭，也使得若其负有在后履行的义务时需要及时履行。具体的表现形式为当事人控制的钱包上所显示的数额变化，从而使得自己与他人知悉变动完成的结果。

（二）法定数字货币流转中“交付”的样态

在目前的设计中，法定数字货币的支付以零售型为主，同时是作为M0而存在的。可以预见，即使开放大额支付，由于钱包中的货币并不产生法定孳息，因此或许较少有人会通过钱包持有大额法定数字货币。而仅从零售端可以发现，具体交付样态大致包括两种类型：

其一，双方当事人在较近的距离之间，通过手机或可以使用钱包的其他设备开启钱包，由一方当事人输入具体的数额并确认，双方钱包中的数额发生变化即完成交付。其交付与公示的效果则通过钱包所承载的介质来体现。

其二，交易的一方当事人通过特定的设备预先设定交易金额，另一方只需开启自己的钱包进入特定界面再靠近或接触该设备即可。交付完成后该设备通常会通过提示音的方式通知双方当事人，不仅可以告知当事人交付完成，而且可以起到对外公示的作用，达到使人周知的目的。

由于法定数字货币是中心化的运行方式，因此中央银行会收集法定数字货币的交易信息。但笔者认为，中央银行对交易信息的收集行为并不同于以往支付宝、微信等电子存款货币中服务器在判定权利变动时类似于“确认”的行为，而更类似于在交付完成后对货币流通方向的记录、备案。央行的管理并不会直接阻碍交易的进行，但是并不能排除以后为了监管的需要，央行会对一定额度以上的交易采取限制的可能性。此种类似于“审批”的行为并不足以影响法定数字货币的基本定位，相关规则也更接近于纯粹的秩序规定。

（三）法定数字货币流转中“交付”的特殊性

我国《民法典》中的交付原则原本仅适用于动产，虽然《民法典》第115条表明相关准物权可以准用《民法典》物权编的相关规定，但并未言明可以具体准用哪一个规定。笔者认为，通过上文中的论述可知，法定数字货币的权利变动准用动产的交付原则既存在事实上的依据，也符合货币权利变动的内在要求。但是，法定数字货币流转中的“交付”不同于动产意义上的交付，其内涵因准占有关系、权利属性、内容的变化而有所扩大化，但是并不能盲目地扩大，仍应当遵从解释学的要求，概念的语义也始终存在边界。

1. 法定数字货币的准占有关系

我国《民法典》第458条表明，我国民法上的占有仅指对动产和不动产的占有，法定数字货币等虚拟财产显然超出了这一范畴。但在传统民法理论中，占有的范畴并不止于此。萨维尼认为，人们一直隐含地假设占有的客体仅指有体物，但自罗马法开始，针对债权、用益权等无体物、权利也与占有存在联系，即法律上的准占有关系。① 其间产生了类似于间接占有中法律上的控制力。笔者认为，虚拟财产等虽没有具体的形态，但权利人可以在事实与法律上支配、控制、保有该财产，不仅具有准占有中的法律上的控制力，还可通过特定设备如钱包等，在事实上进行控制。因此，可以准用关于占有上的规定，而基于对法定数字货币准物权的定位，自然也应当包含在内。

法律上的准占有，如我国“台湾地区民法”第966条前句的规定：“财产权，不因物之占有而成立者，行使其财产权之人，为准占有人。”其“立法理由书”上也强调，关于准占有的相关条款系专门为如地役权、抵押权等无体物、权利而设定。由此可以发现，准占有相较于占有更强调当事人对财产权在法律上的控制力，以及通常以无形财产作为财产权利的客体。

而持有人对法定数字货币控制正是一种间接意义上的控制，也可以认为属于法律上的控制力，即通过手机或其他特定介质等作为钱包的载体进入某一特定的账户操作、读取法定数字货币。换言之，是对占有本身所包含的权利推定效力在准占有关系上的体现。只是具体的表现形式发生了变化，如知识产权、抵押权等体现在登记簿上，而法定数字货币则通过钱包显示的数额

① ［德］萨维尼：《论占有》，朱虎、刘智慧译，法律出版社2007年版，第136—140页。

表现，持有人可以通过钱包来实现对法定数字货币的控制，这种控制力并不局限于法律上的控制力，相较于所有权人对质物、留置物等的控制力，其具有更强、更为直接的在法律上和事实上的控制力。因为其中间因素不是其他人，而仅仅是作为媒介的物，即钱包。其不同之处仅在于，缺乏现实意义上的载体承载观念上的权利，但在债权让与中，即使没有债权凭证的存在，仅仅因为在观念上达成了债权让与的合意，就可以引起债权归属的变化，其在事实上的控制力并不强。因此，笔者认为，控制力的强弱并不是否认准占有关系存在与否的依据。

而且，准占有所带来的效果并不止于此，准占有的效力还在于基于权利本身而准用为其他类似权利的规则。[①] 法定数字货币与实体货币本就同为国家信用的载体，这更使得准用交付原则具有正当性。

2. 法定数字货币流转中交付概念的扩张

我国《民法典》第224条、第208条后句以及《德国民法典》第929条第一句都强调，交付是所有权的变动形式。而论及交付的地位，在债权形式主义下，订立买卖合同后，有处分权的当事人基于交付即可使物权变动发生；[②] 在物权形式主义下，交付是物权行为的生效要件之一。[③] 可见，交付在观念上通常是与所有权深度绑定的，同时交付也是各个学说的权利变动部分的核心。交付原则的内涵，原指当事人有意识地取得占有和丧失占有的事实行为。[④] 但是，货币权利本身并不同于所有权，即使是实体货币，当事人之间虽然在形式上交付的是作为价值载体的货币，实际上需求的是背后可供偿付的货币权利。

货币权利，尤其是信用货币的权利，作为表征的物本身与其实际价值是远远不等值的。正如作品与著作权的区别一样，作品是著作权的载体，但作品不能代表著作权，作品可以代表著作权的内容，也可以多次复制，作品、相关财产权、邻接权的总和就组成了著作权的价值；货币也是如此，货币是基于国家信用产生的，央行发行的货币的总和就组成了国家信用的价值。因

① 谢在全：《民法物权论》（下册），中国政法大学出版社2010年版，第1245页。

② 崔建远：《物权：规范与学说——以中国物权法的解释论为中心》（上册）（第2版），清华大学出版社2021年版，第99页。

③ 王泽鉴：《民法物权》，北京大学出版社2010年版，第95页。

④ ［德］维尔纳·弗卢梅：《法律行为论》，迟颖译，法律出版社2013年版，第128页。

此，货币财产的价值就已经决定了，它是独立于其他物的独特财产类型，[①] 货币长期以来只是寄生在物权制度之下的独立的权利而已。

既然如此，那么是否可以认为，人们虽然长期以来直接占有实体货币，但在进行交易时实际交付的是其通过实体货币而间接占有的货币权利。进而可以认为，在使用法定数字货币进行交易时，实际交付的仍然是当事人通过钱包占有的法定数字货币，法定数字货币就是货币权利的新形态。也就是说，交付的对象仍是货币权利，交付的内涵也从一般意义上的直接占有的移转扩大为准占有关系的移转。

我国对交付概念的理解更加偏向于日常生活的交付行为，但这样不仅因循守旧，还限制了概念的发展。庄加园教授认为："分工日益显著的背景下，当事人借助他人来参与交易已成常态，应当扩大交付的概念，使得诸如借助辅助人、间接占有人等移转直接占有的行为包含其中。"[②] 而在法定数字货币的权利移转过程中，当事人自身通过钱包即可完成，钱包相较于辅助人具有更强的工具属性，更容易贯彻当事人的意思、实现当事人的目的，因此更应当被包含在使交付概念扩大化后的范围之内。

而且，即使在一般物权的变动中，也存在交付扩大化的理念。例如，双方当事人采取合意的方式，标的物本身不发生物理上的移动，使得具体、直观的交付被基于合意、隐蔽的交付取代。[③] 此即认可了交付的概念应当从直接占有的移转扩展至间接占有的移转。法定数字货币的权利变动事实上也类似于此，人们基于合意而操作钱包使得其中的数值发生了变化，以合意+较为隐蔽的操作方式完成了权利变动。因此，法定数字货币的流转准用交付原则更有其合理性。即使站在第三人的角度观察正常交易秩序下的交易过程，也会认可实际控制人控制自己占有下的权利，哪怕是数字货币，移转于他人的行为属于交付，[④] 更何况是在此种并无第三人介入且有如此直接的管领力下的控

---

① 刘少军、王一轲：《货币财产（权）论》，中国政法大学出版社2009年版，第97—98页。

② 庄加园：《民法典体系下的动产所有权变动：占有取得与所有权让与》，法律出版社2020年版，第61页。

③ 庄加园：《民法典体系下的动产所有权变动：占有取得与所有权让与》，法律出版社2020年版，第63页。

④ 刘家安：《论动产所有权移转下的交付——若干重要概念及观念的澄清与重构》，载《法学》2019年第1期。

制了。

3. 交付概念扩张的限制

随着数字贸易的逐渐扩大，以数字货币为首的众多虚拟财产也面临数字交付等一系列问题。但笔者认为虚拟财产与虚拟财产之间存在重大差别，并不能一概而论，交付的概念也不能盲目扩张。

前已言之，法定数字货币并不同于一般意义上的虚拟财产，法定数字货币是适格的处分客体，而大多数虚拟财产、数据等并不是如此。数字交付中更加强调的是数字产品的电子传输，① 电子传输的虚拟财产、数据等通过移转并非都会使得原文件或者原权利消灭，其移转的过程更接近于复制。显然，复制这一概念超出了交付文义所能包含的最大范围。同时，交付是占有移转的上位概念，是处分行为的生效要件，这意味着交付的对象也是可供权利人减损的权利，复制显然并不使权利人的权利产生减损。即使不承认处分行为，也需承认交付本身的意义，其在于使占有关系发生变化，复制显然超出这一内涵。因此，即使是虚拟财产中也并非所有的虚拟财产都可以囊括在内，而法定数字货币的移转恰好可以包含在交付的内涵之下。

四、解决进路：法定数字货币流转中“交付”的判定标准（框架）

（一）以“自主占有的取得”作为判定标准

对于交付的判定标准存在不同的认识，根据诸如法律行为说、事实行为说等观点产生了不同的结论，但究其本质仍在于把握“移转占有”。而在我国民法理论中，对于交付是否完成的判定标准通常存在两种：一是通过事实上的控制力而取得，二是以自主占有的意思占有标的物。前者将交付划分为两个环节，让与人先放弃对动产的直接占有，再由受让人基于让与人的意思并以自身事实上之力而取得占有。② 后者则更加侧重受让人以自身的自主占有替代让与人的自主占有，其核心在于受让人获得自主占有。③

① 谭观福：《国际贸易法视域下数字贸易的归类》，载《中国社会科学院研究生院学报》2021 年第 5 期。

② 杨代雄主编：《袖珍民法典评注》，中国民主法制出版社 2022 年版，第 200 页。

③ 庄加园：《民法典体系下的动产所有权变动：占有取得与所有权让与》，法律出版社 2020 年版，第 64—67 页。

笔者认为，既然法定数字货币的交付需基于《民法典》第115条准用第224条的交付原则，那么在交付是否完成的具体判定标准上也应当参考动产交付的判定方式。而以上两种标准，笔者更赞同后者，即将“以自主占有的意思取得标的物即为完成交付”作为法定数字货币交付完成的判定标准。主要表现为：交易双方就占有移转达成合意，让与人放弃对货币的自主占有地位，并通过操作钱包移转，使受让人收到并以自主占有的意思开始占有；最终，以受让人的自主占有替代让与人的自主占有，现实表现为钱包或设备上数值的变化。

具体来说，第一，强调自主占有的取得也并未忽视事实上的控制力，在自主占有的内涵中往往可以包含事实上的控制力。对于事实上控制力的强调，更多地偏向于当事人对于标的物更为直接的事实上管领力的变更，再由受让人管领、支配；[①] 自主占有则更加强调将该物当作自己所有那样占有，而不取决于是否实际控制该物，[②] 更为重要的是其更为强调对于标的物的“保有”，也是一种对于控制力的强调，但不是对于“即时控制”意义上的控制力，这也使权利人与物之间达成一个较为稳定的使用与被使用的关系，也存在现在保有以供将来使用的意思。这里的使用还可以包含诸如储存、收益、处分等意思，乃至附加了对于占有人心素的考察，似有回归罗马法中“自主占有”传统的意思，同时强调占有的体素与心素。[③] 从这个意义上来看，强调自主占有超越了事实上的控制力，事实上的控制力局限于对体素的强调，而自主占有不仅强调了占有的心素，还将所有权移转的意思与占有移转的意思相区分。[④]

第二，自主占有这一概念可以包含法定数字货币交付的具体情形。既然自主占有的取得并不强调对于标的物在即时意义上的控制，那么就更适合于解释法定数字货币的交付；持有人对于法定数字货币的控制是通过钱包等工具借由NFC技术来完成的，这种通过工具上的控制力较当事人直接控制物本

---

① 郑冠宇：《民法物权》，台湾新学林出版股份有限公司2011年版，第80页。

② 庄加园：《民法典体系下的动产所有权变动：占有取得与所有权让与》，法律出版社2020年版，第65页。

③ 周枏：《罗马法原论》（上），商务印书馆2017年版，第467页。

④ 刘家安：《论动产所有权移转下的交付——若干重要概念及观念的澄清与重构》，载《法学》2019年第1期。

身具有一定的不稳定性，不稳定主要来源于前述所言的 NFC 技术本身带来的缺陷。同时，持有人对于法定数字货币的控制并非是对于钱包中各个数据单元的控制，而是对这些数据单元所能反映的货币价值权利的控制。若采用自主占有作为判定标准，则以持有人保有货币来解释持有人对于钱包中货币控制力不足或者仅具有控制的可能性的状态更为合适。即使钱包本身出现技术问题，使得持有人一时难以实现对钱包中的货币进行操作，也不能认为持有人因此丧失了控制力，此种状态可以解释为“持有人保有货币以供将来使用”。虽然因为技术原因致使持有人暂时无法作出具体的操作行为，但货币仍处于钱包之中，而钱包为持有人直接控制，持有的状态不变。

第三，因为法定数字货币的交付与动产交付也存在一定的区别，使得心素在法定数字货币的交付中具有更加重要的地位。这种区别主要源自法定数字货币本身的虚拟属性以及货币属性，货币权利与货币本身具有更高的依存度，并不似一般动产可以将占有的现实状态与所有权相分离。从外观上看，取得货币本身的人自然就取得了货币权利，但其实取得的原因并不同。这也使得在考察持有人对于所持有的货币是否具有正当性这一问题上，更需要考察当事人的心素，同时可以基于心素使得占有移转行为更具有正当性，从而排除不当得利、侵权等债务发生的情形。一般而言，持有人通常可以在两种情形下取得货币权利：其一，以自己的自主占有地位取代原持有人的自主占有；其二，如发生盗窃、侵占等情形，通过货币之间的混合而取得，但产生相应的债务。在第二种情形下，双方缺乏了占有移转的合意，才致使债务的发生。同时，法定数字货币的占有人借由钱包中的数据单元难以区分的特点，更容易因为混合而取得货币，此时强调占有的“自主性”就更具有意义。这也使得在法定数字货币的交付中难以存在，诸如简易交付等情形。因此，要完成交付则必须要体现让与人和受让人的共同意愿，这种合意可以是仅是让与人具有促成受让人取得占有的意思，[①] 而这种意思无须被认定为意思表示才可，属于自然意思也可以表示当事人的真意，同时也可以使无行为能力人具备交付的能力。[②] 这也是私法自治赋予当事人处分自己权利行为正当性的

① 刘家安：《论动产所有权移转下的交付——若干重要概念及观念的澄清与重构》，载《法学》2019 年第 1 期。

② ［德］M. 沃尔夫：《物权法》，吴越、李大雪译，法律出版社 2004 年版，第 75 页。

体现。

由此，就准用我国《民法典》第224条交付原则而言，以自主占有的取得作为法定数字货币交付的判定标准，既与动产的交付制度相衔接，又更适配于法定数字货币交付的判定，实现更为全面的考察与理解。

（二）“自主占有取得”标准下的考察要素

通过以上理由确定了法定数字货币的交付判定标准为“自主占有的取得”后，关于具体意义上需要考察的因素、各个环节、顺序等问题仍需讨论。以便在嗣后检查时，应对其中发现的交付过程中所存在的不足，或者因为其他原因导致的交付结果未能实现等情形，从而构建起法定数字货币流转时交付判定的框架。

1. 双方达成占有移转的合意

我国《民法典》虽然没有明确要求占有的移转需要存在占有的意识，但是通过观察《民法典》第459条以下可以发现，规范中对善意占有与恶意占有作出了区分，实际上也可以认为，在立法者眼中，以何种心态占有标的物是具有区分价值的。而其对于这种占有的意识并没有设定过高的要求，仅仅以占有人的自然状态就可以作出确定。

具体来看，在双方当事人进行交付的过程中，往往最先产生的就是占有移转的合意，这种合意才是主导占有移转进行的因素，因为交付本身并不是偶然发生的。尤其是在法定数字货币的交付中，若当事人不是有意开启钱包或者特定设备，即使存在NFC技术，且并未出现技术故障等情形，相对人也无法接受或者支付货币。因此，可以说交付本身就是有意识的活动，这种移转意思的目的仅在于引起一种事实上控制力变化的后果。也有学者认为，占有移转的意思应当是双方的意思表示。[①] 但正如前文所述，这种意思并不需要像意思表示一样受到各个因素的限制，同时还需要考虑的是，支付行为本身是一种较为普遍且为日常交易习惯所认可的行为，即使是幼童也存在帮助父母买东西的经历，如果说买卖本身尚且可以认为是父母所代理的，但无论将其视为被代理人还是辅助人交付这一占有移转行为均是自身所为，若考察要求过高则在以零售型交易为主的法定数字货币支付中是难以进行的，因此认

---

① 谢在全：《民法物权论》（下册），中国政法大学出版社2010年版，第1168页。

为是一种自然意思更为合理。

即使从表述上来看，出让人所表明的是“我把钱包里的钱转给你”，仅从字面上来看并没有受该意思所拘束，相对人难以仅仅通过这种表示就要求出让人必须完成支付。而从意思表示的构成要件看，出让人往往只具有外部行为与行为意识即可实现标的的交付。[①]

在这一过程中，占有移转的合意通常包含：一是让与人放弃自主占有地位的意愿，或者说促成受让人成为占有人的意愿；二是受让人以自身自主占有地位替代的意识；三是二者行为连接而组成的共同意愿。从整体流转过程来看这三种意思必不可少，如果没有占有意思上的变化与合意，而仅仅是控制力上的转移，尚不足以使占有的事实状态、权利等发生变化。

2. 让与人放弃自主占有地位

对于出让人而言，双方当事人对占有移转达成合意也是对具体交易金额的确定，其后，出让人再通过外观可见的具体操作开始占有移转行为，通常表现为：现实上管领力的变化；这种事实上之力的变化对于出让人而言，是不留有丝毫控制力残余的全面、永久地放弃。[②] 其实，这也可以理解为排除他人干扰的因素，让与人从排除自己干扰开始。[③] 这在法定数字货币的交付中表现得更为明显，受让人可以不负担任何债务地取得货币权利需要“合意+让与人放弃占有+放弃占有的意思”共同组成，若三者缺一，即使取得了货币也需要负担债务。不过通常而言，只要是在让与人自主控制下进行的交付都属于完全的交付，通过控制机器完成交付似乎解决了交付残余的问题。如果当事人作出通过操作钱包而进行支付的行为，就已经事实上放弃了对货币权利的控制力。但这并不能表明交付已经完成，还需要受让人确实取得了货币权利，并不能排除中途出现因为钱包本身等原因而阻碍控制力变化的情形发生。不过，仅仅从行为上来说，让与人已经完成了占有移转过程中所需要完成的。

让与人放弃自主占有地位不仅体现在事实上控制力移转的行为层面，还

---

① 庄加园：《民法典体系下的动产所有权变动：占有取得与所有权让与》，法律出版社 2020 年版，第 46 页。

② ［德］鲍尔、施蒂尔纳：《德国物权法》（下），申卫星、王洪亮译，法律出版社 2006 年版，第 363 页。

③ 刘家安：《论动产所有权移转下的交付——若干重要概念及观念的澄清与重构》，载《法学》2019 年第 1 期。

体现在心理层面。主要表现为：让与人对于法定数字货币本身在心态上从自主占有到他主占有的转变，以及推动受让人取得标的占有的意思。从占有消灭的角度来看，如果没有让与人的移转意思而丧失控制力，只能致使标的成为盗窃物或遗失物，[①] 受让人也难以通过移转占有的方式取得权利。并且，在法定数字货币的支付中，多数交易的具体数值是需要让与人主动输入才能进行的。此时，这种移转过程中放弃自主占有地位的意思与促使受让人取得标的的意思，就表现得更为明显。

3. 受让人取得自主占有地位

前已言之，在法定数字货币的交付中，受让人的接受行为相较于在物的交付中受让人继受取得物的占有而言，被极大地简化了。受让人往往只需要放置好提前已经完成设定的设备，或者打开自己手机中的钱包即可接收让与人的支付。

法定数字货币的交付并不同于动产交付通过占有移转取得物之实体，倒不如说是通过交付而取得权利本身。而权利本身是无形的，更需要强调对于自主占有地位的取得，且是替代原权利人的自主占有。在罗马法中，自主占有的意思所追求的是通过取得时效或者先占的方式来获取占有物的权利，[②] 其似乎更加强调的是在体控状态的变化下，当事人通过心素而取得标的物的权利。而在权利变动中讨论自主占有地位的取得，是表明受让人由最开始的让与合意到自主占有的转变过程。

在法定数字货币的支付中，接受支付在物理层面相较于物的移转可能表现得更为简易，有时甚至连接收的动作都不需要作出，只需要数字屏幕对是否接受作出正确的反馈即可。因此，对于受让人是否取得货币权利的考察就更应当以对意识转变的考察为主。可以说，这种占有移转的意思并不是一个静态意义的合意，而是通过对于法定数字货币支付过程的考察，验证双方当事人内心意思变化的过程。

同时，正如前文所言，受让人是否取得自主占有地位也是消除 NFC 技术带来的不稳定性的判定标准。只有当受让人的钱包中显示或者表示出“接收

① 王泽鉴：《民法物权》，北京大学出版社 2010 年版，第 456 页。

② ［意］彼得罗·彭梵得：《罗马法教科书》，黄风译，中国政法大学出版社 2017 年版，第 275—276 页。

到”，且其心中也转变为自主占有的意思，才可以认定受让人通过交付取得了货币权利，否则可能是因为混合等原因取得。强调外在表现也是实现占有制度本身作为一种外部可识别标志，而使他人知悉的目的，[①] 以及受让人确定取得事实上的控制力。正如《德国民法典》第 854 条之规定：对于物有事实上管领力者，取得该物之占有，现已管领物者，即因与原占有人间之合意而取得其占有。[②] 因此，有学者认为应当以受让人的全面占有作为判定标准。[③] 但我国法律的规定似乎并非如此，如《民法典》第 603 条、第 606 条等，似乎表明只要标的物脱离了让与人的控制范围即属于完成交付，[④] 但此时受让人并未取得任何控制力，而让与人仍对标的物处于间接占有状态。但是，法定数字货币的交付中若仍仅以让与人完成操作即完成交付义务，显然既不符合交易观念，也难以规避系统本身带来的风险。NFC 技术本身带来的缺陷可能会导致支付故障、支付失败、显示问题等情形发生，简单地认为让与人已经完成了支付无疑片面地加大了受让人的风险。因此，笔者认为，应当以受让人实现了事实上的控制以及自主占有地位的转变作为交付完成的标准。

总体来说，就权利变动的角度而言，尤其是对法定数字货币权利变动中交付的判定，仍应当以“自主占有的取得”作为判定标准，其兼具事实上的控制力与内心意思的双重因素，并从“双方合意”“让与人放弃自主占有地位”“受让人取得自主占有地位”这三个步骤进行考察。但需要注意的是，交付本身的概念并不统一，如移转质物、保管物、租赁物等情形虽然也使用“交付”一词，但相对人仅取得了部分事实上与法律上的控制力，且权利人仍为自主占有、相对人为他主占有，这不同于权利变动中的交付。

五、结语

法定数字货币的逐步推广与应用无疑对原本的权利变动体系产生了冲击，

---

① ［德］M. 沃尔夫：《物权法》，吴越、李大雪译，法律出版社 2004 年版，第 72 页。

② 台湾大学法律学院、台湾大学基金会编译：《德国民法典》，北京大学出版社 2017 年版，第 769 页。

③ ［德］鲍尔、施蒂尔纳：《德国物权法》（下），申卫星、王洪亮译，法律出版社 2006 年版，第 362—363 页。

④ 庄加园：《民法典体系下的动产所有权变动：占有取得与所有权让与》，法律出版社 2020 年版，第 45 页。

而在法定数字货币等相关虚拟财产等难以纳入现有物权体系的情况下，如何适用规则是一个必须回应的问题。无论如何，法定数字货币仍是货币权利的载体，其财产属性的来源仍是作为发行主体国家的信用的对价。同时，基于法定数字货币无体物的样态而应将其归类为准物权，进而可以通过其中存在的准占有关系在权利变动时依照《民法典》第115条的规定准用交付原则。这样不仅可以弥补其在权利变动过程中产生的解释问题、因技术带来的不确定状态、公示问题以及体系融洽问题，甚至可以为与其相类似的虚拟财产在如何规范这一问题上提供解决思路。而在具体的判定标准上，并不需要回答交付是什么的问题，只需把握其“占有移转”这一核心即可。相较于事实上的控制力，以自主占有的取得作为交付的判定标准更能有效考察交付的各个环节。在明晰以上观点后，现存问题在于：有学者认为，准备引用的法律调整事项与准备调整事项之间在法律事实或效力上具有一定的相似性，[①] 还需要法律的特别条款具体规定才可准用。[②] 笔者认为，可以在预备修改的《人民银行法》中增加相应的准用条款，以使准用性规范更为完备。

① 刘甡：《民事准用制度探析》，载《苏州大学学报（哲学社会科学版）》2016年第4期。
② 刘风景：《准用性法条设置的理据与方法》，载《法商研究》2015年第5期。

数字人民币对刑法若干罪名适用的影响

陈　琦*

（吉林大学法学院，吉林长春　130012）

摘　要：中国人民银行发行的数字人民币已经面世，但其无法被纳入现行法律中“人民币”的范畴，赋予其法偿性的正式立法在短时间内也无法颁布，所以数字人民币目前在法律上属于非货币的虚拟财物；又因为数字人民币本身是计算机信息系统数据，由此实现了货币的载体与价值相分离。数字人民币的特征，使得对“套现类”“支付结算类”“非法放贷类”等非法经营行为的定性产生法律漏洞，对盗窃罪等侵犯财产权犯罪的既未遂认定标准产生影响，同时也使侵犯财产权犯罪与计算机犯罪的竞合问题有进一步讨论的必要。

关键词：数字人民币；虚拟财物；法偿性；非法经营

一、导言

数字人民币于2020年10月开始试点，至2021年12月31日试点场景已超过808.51万个，累计开立个人钱包2.61亿个，交易金额875.65亿元。[①]数字人民币的发展极其迅速，随着国家政策支持的力度加大，已经逐步融入我国社会日常生活，成为现实的支付手段。数字人民币虽然名为“人民币”，但我国目前没有任何正式的法律规定赋予其法定货币地位。将数字人民币纳入立法的《中国人民银行法（修订草案）》在2020年10月23日公开征求意

---

* 陈琦，吉林大学法学院刑法学博士研究生。

① 中国人民银行：《2021年金融统计数据新闻发布会文字实录》，2022年1月18日，载http://www.pbc.gov.cn/goutongjiaoliu/113456/113469/4451702/index.html，2022年5月9日访问。

见，直至2022年5月6日仍处于预备审议阶段，[①] 短期内无法颁布实施。由于数字人民币已经面世，其正处于没有法定货币地位的“立法空窗期”，加上数字人民币具有“数字货币”的明显技术特征，数字人民币无法被原有的法定货币概念所涵摄。这对我国刑法的具体适用会造成怎样的影响，已经成为学界亟须讨论的现实课题。

二、数字人民币在刑法意义上的主要特征

（一）数字人民币暂无法偿性，属于非货币的虚拟财物

1.“数字人民币”在立法完善之前不是人民币

《中国人民银行法》第16条规定，中华人民共和国的法定货币是人民币，由此确立了人民币在我国的法定货币地位。在此基础上，《人民币管理条例》等一系列法律文件对人民币的法定货币地位进行了全方位的构建和完善。不过，由于《人民币管理条例》第2条明确将人民币的形式限定为纸币、硬币，排除了数字形式，因此，根据目前的法律体系，数字人民币并不属于人民币。

有个别观点指出，中国人民银行根据《中国人民银行法》的规定有权发行人民币，而数字人民币系中国人民银行研发、发行的货币，属于人民币范畴，在试点实践中也没有遇到法律障碍。[②] 但是，这种从发行主体来判断某物是否属于法定货币的观点难以自圆其说。中国人民银行除了发行货币，也会根据《中国人民银行法》第25条的规定依法代理财政部发行国债，同时还有权发行央行票据，而这些有价证券在法律意义上都不是货币。因此，不能因为数字人民币的发行主体是中国人民银行就直接认定其属于人民币，数字人民币的法律地位仍然需要正式的立法支撑。主流意见认为数字人民币目前缺少法律地位。例如，中国人民银行条法司司长刘向民指出：“目前，由于对货币的定义仅停留在纸币和硬币层面，货币发行制度也仅针对纸币和硬币的特性而设计……故上述规定并未将数字货币纳入人民币范畴，也无法用于对数

① 全国人民代表大会：《全国人大常委会2022年度立法工作计划》，2022年5月6日，载http://www.npc.gov.cn/npc/c30834/202205/40310d18f30042d98e004c7a1916c16f.shtml，2022年5月9日访问。

② 周小川：《关于数字货币的几点问题及回应》，2022年4月16日，载https://baijiahao.baidu.com/s?id=1730268436849448965&wfr=spider&for=pc，2022年5月9日访问。

字货币发行、使用问题的法律规制和保障。”① 中国工商银行副行长王景武向2022年全国人大会议提交建议立法的议案，表示目前《中国人民银行法》《人民币管理条例》仅规定人民币包括硬币和纸币两种形式，未体现人民币的数字形式，需要通过立法进一步明确。②

另外，从相关的立法计划中也可以看出数字人民币在当下缺少法律依据的现实状况。中国人民银行在2020年10月23日发布的《关于〈中华人民共和国中国人民银行法（修订草案征求意见稿）〉的说明》中指出，“《征求意见稿》规定人民币包括实物形式和数字形式，为发行数字货币提供法律依据”。③ 如果数字人民币可以直接归入现行人民币的范畴，就无须专门修订法律为数字人民币的发行提供法律依据；反之，只有在数字人民币确属于法律上的空白地带时，才需要通过立法加以明确。因此，《中国人民银行法》等法律的修订思路，恰恰证明了数字人民币在当下并无有效的法律支撑，其在法律上尚不属于人民币。

2. 数字人民币虽然缺少货币所必备的法偿性，但其具备实际价值应被认定为非货币的虚拟财物

法偿性是货币的基本特征，是货币的法定支付能力，数字人民币在当下虽然有“人民币”之名，但在严格法律意义上并无人民币之实，也就无法根据《中国人民银行法》第16条的规定而拥有人民币的法偿性，在法律上也就不能被认定为货币。中国人民银行等国家部委先后发布的《关于防范比特币风险的通知》《关于防范代币发行融资风险的公告》《关于进一步防范和处置虚拟货币交易炒作风险的通知》均明确数字货币虽被称为“货币”，但只要缺少法偿性，在法律层面就不能被认定是货币，不具有相应的法律地位，不能以货币的身份在市场上流通。

然而，数字人民币毕竟由中国人民银行发行，其通过央行的实际“背书”担保开展试点，除了试点场景还接入美团、京东等49家知名互联网交易平

---

① 刘向民：《央行发行数字货币的法律问题》，载《中国金融》2016年第17期。

② 余继超：《全国人大代表王景武：建议针对数字人民币立法或出台相应法规》，2022年3月9日，载https：//www. ifnews. com/news. html？ cid=36&aid=306143，2022年5月10日访问。

③ 《中国人民银行关于〈中华人民共和国中国人民银行法（修订草案征求意见稿）〉公开征求意见的通知》，2020年10月23日，载http：//www. pbc. gov. cn/goutongjiaoliu/113456/113469/4115077/index. html，2022年5月9日访问。

台，在网络交易中担当“一般等价物”，实际上履行了货币的计价、流通、支付等职能。从价值性、可管理性和可转移性的角度出发，数字人民币在刑法意义上可被认定为“财物”。[①]《民法典》颁布施行后，缺少法偿性的数字货币在法律上被认定为财物已经没有障碍。《民法典》第 127 条规定，“法律对数据、网络虚拟财产的保护有规定的，依照其规定”。最高人民法院民法典贯彻实施工作领导小组对此进行解释说明，“数据和虚拟网络财产是一种特殊类型的物……数据和网络虚拟财产具有经济价值”。[②] 事实上，中国人民银行等国家部委发布的《关于防范比特币风险的通知》就曾指出：“从性质上看，比特币应当是一种特定的虚拟商品。”

实践中，一系列司法判例也是在认定数字货币为虚拟财物的事实前提下作出裁判的。例如，上海市高级人民法院在官方微信公众号平台发布参考案例“程某申请执行施某某其他所有权纠纷案”，裁判要旨列明比特币作为虚拟财产具有财产属性，受财产权法律规范的调整。[③] 在吴某健与上海耀志网络科技有限公司等网络侵权责任纠纷案中，审理法院认为“比特币满足价值性、稀缺性和可支配性，对比特币作为虚拟财产、商品的属性及对应产生的财产权益予以肯定”。[④] 在胡某涛与王某杰买卖合同纠纷案中，审理法院认为“只有比特币具有虚拟财产属性，被上诉人据此才享有相应的财产权利以及侵权请求权的基础和依据。本院认为，比特币属于网络虚拟财产，应受法律保护”。[⑤] 在乐山市中级人民法院审理的“抢劫虚拟货币第一案”中，行为人抢劫了他人持有的 1287 个比特币、以太币，最终被法院以抢劫罪判处有期徒刑 10 年。[⑥]

---

① 张明楷：《刑法学》（第 5 版），法律出版社 2016 年版，第 932 页。

② 最高人民法院民法典贯彻实施工作领导小组：《中华人民共和国民法典总则编理解与适用》（下），人民法院出版社 2020 年版，第 655 页。

③ 上海市高级人民法院：《比特币是否具有财产属性？怎样执行返还交付?》，2022 年 5 月 5 日，载 https：//mp. weixin. qq. com/s/4KH68E0MVhxjgyeWgJAHOA，2022 年 5 月 9 日访问。

④ 参见杭州互联网法院（2019）浙 0192 民初 1626 号民事判决书。

⑤ 参见北京市通州区人民法院（2019）京 0112 民初 37191 号民事判决书。

⑥ 顾爱刚：《总价值 600 万，乐山 3 人抢劫 1287 个虚拟货币，最高被判刑 10 年》，2021 年 6 月 20 日，载 https：//ishare. ifeng. com/c/s/v002vYZTLH - - xj8VZx8wnsw5Hv78vmOo91HAcGzerYtEaKEA _ _，2022 年 5 月 9 日访问。

（二）数字人民币实现了载体与价值相分离，挑战了现金货币“占有即所有”的认知规则

对于纸币、硬币等传统现金货币而言，其载体本身可能是特定规格的纸或廉价金属，不具有使用价值，只因背后代表国家信用才具有交换价值，因此，现金货币的载体与现金货币的价值高度绑定。基于货币本身的特殊性，货币的所有权与货币的占有具有一致性，也即在货币的权属确认与权属流转中实行“所有与占有一致”的基本规则。①

不过，就数字人民币而言，虽然中国人民银行将其定位为与实物人民币具有同等法律地位的“现金”，② 但数字人民币的本质是一串存在于电子钱包等载体中的信息字符，因而通过数字技术手段实现了货币载体与货币价值的分离。究其原因，存储数字人民币的电子钱包等物理载体虽然与传统货币现金一样不具有使用价值，但是只有在占有数字人民币载体的同时取得对应的“私钥”（如电子钱包的密码），才能使用数字人民币，从而导致仅占有数字人民币的物理载体无法支配其背后的财富价值。因此，数字人民币载体与价值相分离的特征挑战了货币“占有即所有”的传统认知规则。

（三）数字人民币属于计算机系统数据

中国人民银行将数字人民币定义为数字形式的法定货币，③ 以数字表达式作为价值凭证，即数字人民币以计算机系统数据的方式体现。从生产、流转的角度看，数字人民币由中国人民银行依据数字技术创造出来，“以加密币串形式实现价值转移”，④ 不会有任何实物上的交接；从存储的角度看，数字钱包是数字人民币的载体。⑤ 数字人民币产生、存储、流通、回收的全生命周期均以计算机系统数据的形式存在。

---

① 刘保玉：《论货币所有权流转的一般规则及其例外》，载《山东审判》2007年第3期。

② 中国人民银行数字人民币研发工作组：《中国数字人民币的研发进展白皮书》，2021年7月16日，载 http：//www. pbc. gov. cn/goutongjiaoliu/113456/113469/4293590/index. html，2022年5月9日访问。

③ 中国人民银行数字人民币研发工作组：《中国数字人民币的研发进展白皮书》，2021年7月16日，载 http：//www. pbc. gov. cn/goutongjiaoliu/113456/113469/4293590/index. html，2022年5月9日访问。

④ 中国人民银行数字人民币研发工作组：《中国数字人民币的研发进展白皮书》，2021年7月16日，载 http：//www. pbc. gov. cn/goutongjiaoliu/113456/113469/4293590/index. html，2022年5月9日访问。

⑤ 中国人民银行数字人民币研发工作组：《中国数字人民币的研发进展白皮书》，2021年7月16日，载 http：//www. pbc. gov. cn/goutongjiaoliu/113456/113469/4293590/index. html，2022年5月9日访问。

三、数字人民币对非法经营罪等罪名定性的影响

（一）对“套现”类非法经营行为的定性影响

《关于办理妨害信用卡管理刑事案件具体应用法律若干问题的解释》（法释〔2018〕19号）规定，以虚构交易、虚开价格、现金退货等方式向信用卡持卡人直接支付现金的行为属于非法套现，应当以非法经营罪进行处罚。该司法解释中规定的非法套现行为具体包括“虚构交易、虚开价格、现金退货”等方法，而这类方法的本质都是在未发生真实商品交易的情况下，将授信额度转化为现金，[①] 只是表现形式有所不同。然而，数字人民币目前在法律上并不属于货币现金，应认定为非货币的虚拟财物。因此，将他人的授信额度兑换成数字人民币的行为，属于以虚拟财物为标的进行的真实交易，将规避“通过非法手段将信用额度置换为现金”的司法解释规定。

以“腾讯Q币”为例，某甲用自己的授信额度向某乙购买了一定数量的腾讯Q币并完成兑换，虽然该兑换是以授信额度的方式进行的，但该兑换并非以授信额度换取货币现金，而是以授信额度换取商品，因而不存在非法套现。同理，当某甲用授信额度向某乙购买了一定数量的“数字人民币”并完成兑换，双方同样是以虚拟财物为标的物进行交易，亦不存在非法套现。

数字人民币目前在我国经济生活中已经实际担负起法定货币的职责，将授信额度兑换为数字人民币的行为同样会造成“扰乱国家金融秩序、导致虚假的经济统计数据和虚假的经济繁荣景象，进而误导经济决策、给发卡银行带来巨大的信贷风险、导致部分个人及中小企业处于高度负债状态，威胁社会安定和谐”[②] 的社会危害，以信用卡授信额度兑换数字人民币不属于非法套现是新事物在立法不完善情况下出现的法律漏洞，需要通过完善立法或解释加以弥补。

（二）对“支付结算类”非法经营行为的定性影响

我国目前对非法从事资金结算业务的行为以非法经营罪追究刑事责任，

---

① 刘涛：《〈关于办理妨害信用卡管理刑事案件具体应用法律若干问题的解释〉的理解与适用》，载《人民司法（应用）》2010年第1期。

② 刘涛：《〈关于办理妨害信用卡管理刑事案件具体应用法律若干问题的解释〉的理解与适用》，载《人民司法（应用）》2010年第1期。

《最高人民法院关于办理非法从事资金支付结算业务、非法买卖外汇刑事案件适用法律若干问题的解释》（法释〔2019〕1号）罗列了四种非法从事资金支付结算的行为模式，数字人民币当下的“非货币”法律属性在一定程度上影响了对非法资金支付结算行为的定性。中国人民银行《支付结算办法》（银发〔1997〕393号）第3条规定，“本办法所称支付结算是指单位、个人在社会经济活动中使用票据、信用卡和汇兑、托收承付、委托收款等结算方式进行货币给付及其资金清算的行为”。《最高人民检察院关于办理涉互联网金融犯罪案件有关问题座谈会纪要》（高检诉〔2017〕14号）第18条指出，“支付结算业务（也称支付业务）是商业银行或者支付机构在收付款人之间提供的货币资金转移服务”。由此可知，刑法中的支付结算都必须以“货币资金”为行为对象。针对司法解释规定的四类非法资金支付结算行为，行为人向他人支付“货币资金”属于必备要件，这意味着即使行为人实施了虚构交易等非法行为，但最后向他人交付的是货币资金以外的财物，仍然不能认定为“非法从事资金支付结算”。全国人大、最高人民法院均未明确定义“货币资金”的内涵，但财政部发布的《政府会计制度》规定“货币资金”系指现金、银行存款以及其他货币资金，“其他货币资金”包括外埠存款、银行汇票存款、银行本票存款等信用凭证，因此，货币资金应当属于现金或存取现金的信用凭证。但是，数字人民币在当下没有明确的法偿性，在法律上并不属于货币现金，更不属于存款凭证，而是非货币的虚拟财物。在将支票、单位银行结算账户中的款项兑换成数字人民币的过程中，双方实际上发生了标的物为数字人民币的虚拟商品交易，不属于支付“货币资金”。因此，按照罪刑法定原则，以数字人民币为媒介从事支付结算业务的行为不构成非法经营罪。

另外，为他人提供支付结算的行为也可能涉嫌帮助信息网络犯罪活动罪。基于相同的逻辑，以数字人民币为媒介帮助他人完成支付结算业务的行为同样不能以帮助信息网络犯罪活动罪定罪处罚。

（三）对“非法放贷类”非法经营行为的定性影响

《关于办理非法放贷刑事案件若干问题的意见》（法发〔2019〕24号）规定，违反国家规定，未经监管部门批准，或者超越经营范围以营利为目的，经常性地向社会不特定对象发放贷款的行为属于非法放贷，情节严重的构成非法经营罪。可参照贷款方面的国家规定，如中国人民银行发布的《贷款通则》第2条第3款和第4款规定，“本通则中所称贷款系指贷款人对借款人提供的并按约定的利率和期限还本付息的货币资金。本通则中的贷款币种包括人民币和外币”。因此，贷款必须以“货币资金”为交付发放对象。前文已说明，数字人民币目前在法律上不属于法定货币（人民币或外币）而是虚拟商品，向不特定对象提供数字人民币并按期收回货币资金的行为在法律上属于买卖而不属于放贷。

放贷（本质是借款）与买卖是泾渭分明的两种法律关系。《民法典》第595条规定，“买卖合同是出卖人转移标的物的所有权于买受人，买受人支付价款的合同”；第667条规定，“借款合同是借款人向贷款人借款，到期返还借款并支付利息的合同”。可见，借款法律关系是双方在资金上的往来，而买卖法律关系是以货币资金交换标的物的所有权。数字人民币属于“虚拟财物”而非货币，向他人提供数字人民币并按期收回货币资金的行为，相当于双方签订了一份标的物为数字人民币的买卖合同，只是“出卖人”先交付标的物的所有权，而后按期收回货款。这种行为利用了数字人民币因暂无法偿性而不能被归为货币的法律漏洞，规避了“放贷类”非法经营罪的司法适用。

数字人民币在当下之所以会对非法经营罪等罪名的适用产生影响，根本原因在于目前的立法缺少对其“货币”地位的明确承认，要解决刑法相关罪名在定性方面由此产生的漏洞，最根本、最有效的方法仍是加快推进立法进度，或在正式立法出台前以立法解释、司法解释的方式暂时填补漏洞，尽可能缩短数字人民币法律地位的“空窗期”。

四、数字人民币对盗窃罪等侵犯财产权犯罪既未遂的影响

一般而言，当以货币为犯罪对象时，不管采取失控说还是控制说，行为人占有货币载体时都会被认定为既遂。但是，今后我国的法定货币将分为实物人民币和数字人民币（数字人民币被央行定义为现金类支付凭证M0），[①]由于数字人民币有载体与价值相分离的特征，占有数字人民币的载体不等于拥有数字人民币的价值，因此，盗窃罪等侵犯财产罪的既未遂认定可能需要摆脱“货币占有即所有”的传统观念。

---

① 中国人民银行数字人民币研发工作组：《中国数字人民币的研发进展白皮书》，2021年7月16日，载http：//www.pbc.gov.cn/goutongjiaoliu/113456/113469/4293590/index.html，2022年5月9日访问。

若按照“控制说”的观点，由于存储数字人民币的载体一般设有私钥（类似于数字钱包的密码），[①] 行为人在没有取得钱包私钥时，即使获得了数字钱包也无法使用数字人民币，没有实现对数字人民币价值的占有，只能认定为犯罪未遂；只有行为人取得私钥并将数字人民币转出的时候，才真正占有了财物的价值，构成犯罪既遂。若按照“失控说”的观点，由于数字人民币保存在数字钱包等载体当中，而数字钱包具有可以挂失的特点，受害人失去对数字钱包的控制后可以通过挂失而使得原先钱包内的数字人民币重新回到自己的控制中，受害人并未因失去对数字人民币载体的占有而一并失去对数字人民币价值的控制，此时犯罪仍处于未遂状态；只有当行为人将数字人民币从钱包中转出后，受害人即使挂失数字钱包也不能重新控制相应的数字人民币，犯罪结果才发生，成立犯罪既遂。

对于价值与载体相分离的财物，以行为人是否“占有价值”作为判断犯罪既遂标准的观点在刑法条文中也有体现。例如，《刑法》第196条第3款规定盗窃信用卡并使用的以盗窃罪论处。该法条意味着行为人只有取得了信用卡背后真正的财物价值，才真正占有了该财物价值，该盗窃行为才成立既遂。又如，《关于办理盗窃刑事案件适用法律若干问题的解释》（法释〔2013〕8号）第5条规定，盗窃不记名、不挂失的有价支付凭证的，以票面金额和相应收益计算盗窃数额；盗窃记名有价支付凭证的，以兑现的部分或给失主造成损失的部分计算盗窃数额。但是，盗窃数字人民币的既未遂认定不能完全参照该规定，原因在于数字人民币的载体钱包有多种身份识别等级，最低等级的匿名钱包也仍然可以设置密钥，因而匿名钱包中的数字人民币不能归类为“记名有价支付凭证”。但归类为“不记名有价支付凭证”又会出现行为人虽然占有匿名数字钱包的载体，却因不掌握密钥而无法实际支配钱包中的数字人民币的情形，此时以钱包中的数字人民币金额认定其犯罪既遂显然于理不合，于法不当。因此，数字人民币虽然被央行定位为与纸币、硬币相同的现金类支付凭证，但其载体与价值相分离的特性与信用卡、记名有价支付凭证更为接近。行为人通过盗窃、诈骗等手段取得数字人民币的载体后，受

① 数字人民币的载体分为软钱包和硬钱包，目前硬钱包一般没有私钥，而主流的软钱包设有私钥。参见中国人民银行数字人民币研发工作组：《中国数字人民币的研发进展白皮书》，2021年7月16日，载http://www.pbc.gov.cn/goutongjiaoliu/113456/113469/4293590/index.html，2022年5月9日访问。

害人可能会通过挂失等手段挽回损失，行为人并不必然占有数字人民币的价值。因此，应着眼于数字人民币的价值转移而不是载体转移，以受害人是否失去对数字人民币价值的控制作为区分盗窃罪等侵财类犯罪的既未遂标准。

值得进一步研究的是，以数字人民币为犯罪对象的受贿案件中是否能够同样以行贿人失去数字人民币价值的控制作为区分既未遂的标准。如果受贿人收受数字钱包的载体而尚未实际使用，行贿人可以通过挂失等手段将存在数字钱包内的数字人民币取回，行贿人并没有失去对财物的实际控制，但如按前文分析认定为受贿罪犯罪未遂，则显然与社会一般人的认知相冲突。

五、数字人民币对侵财犯罪与计算机犯罪竞合的影响

数字人民币是数字形式的法定货币，表现为计算机信息系统数据，其同时具备财产属性和数据属性，因而，以数字人民币为对象的盗窃罪等罪名与计算机犯罪有竞合关系。①

以盗窃数字人民币为例，如果盗窃罪与非法获取计算机信息系统数据罪是想象竞合的关系，那么根据“从一重罪”论处的原则，行为人面临的最高刑期可能是盗窃罪的无期徒刑；如果二者是法条竞合的关系，那么应当根据“特殊优于一般”的原则以非法获取计算机信息系统数据罪论处，犯罪人面临的最高刑期为 7 年。由此可见，将该种竞合理解为想象竞合还是法条竞合，会对量刑产生极大影响。支持法条竞合说的学者认为，由于盗窃数字人民币等虚拟财产的行为在刑法中需要被评价的内容不仅有“盗窃财物”的要素，而且有“采取非法手段侵入计算机”的要素，如果仅认定为盗窃罪会导致刑法对该行为的非难没有被充分表达，因此，这两项罪名不是想象竞合，而属于法条竞合。② 支持想象竞合论的学者则认为，盗窃罪与非法获取计算机信息系统数据罪之间的竞合是基于特定的行为产生的，盗窃罪与非法获取计算机信息系统数据罪的罪状在逻辑上并不存在明显的重合关系，因此，将二者的关系理解为想象竞合更为合适。③ 从法条竞合与想象竞合的定义来看，法条竞

① 盗窃罪（或挪用资金罪、挪用公款罪）与非法获取计算机信息系统数据罪有竞合关系，故意毁坏财物罪与破坏计算机信息系统罪有竞合关系。

② 刘明祥：《窃取网络虚拟财产行为定性探究》，载《法学》2016 年第 1 期。

③ 陈兴良：《虚拟财产的刑法属性及其保护路径》，载《中国法学》2017 年第 2 期。

合是数个罪名法条之间逻辑上的重合关系，想象竞合是指一种犯罪行为触犯了多项罪名。[①] 二者的区别在于，想象竞合所触犯的数项罪名没有必然联系，法条之间不存在相互包容或交叉的关系，法条竞合则是由法条之间的相互包容或交叉产生的。[②] 基于二者的定义与区别，将盗窃数字人民币行为所引发的竞合定性为想象竞合更具有合理性。

首先，就构成要素而言，非法获取计算机信息系统数据罪并不包含盗窃罪的全部要素，两种行为在窃取数字人民币行为上形成竞合主要是基于这一特殊的事实行为。在盗窃罪中，除实施盗窃行为外，受害人因该盗窃行为遭受财产损失也是构成要件要素之一，[③] 而非法获取计算机信息系统数据罪并不要求受害人遭受财产损失。例如，犯罪人通过网络技术手段获取了1000组身份应用信息，根据现行规范该行为已经构成了非法获取计算机信息系统数据罪，而被窃取信息的各受害人并没有因为该行为遭受损失，不构成盗窃罪。由此可见，两罪名在逻辑上不存在必然联系，产生竞合的原因在于窃取数字人民币这一特殊的事实行为。

其次，就法益保护而言，非法获取计算机信息系统数据罪与盗窃罪的侧重点并不相同。非法获取计算机信息系统数据罪是《刑法修正案（九）》增设的罪名，规定在《刑法》第六章“妨害社会管理秩序罪”中，由此可知该罪名的主要保护对象是社会管理秩序与公共安全；而盗窃罪规定在第五章“侵犯财产罪”中，保护的是公众对私人财产的合法占有。二者存在差异。

最后，从想象竞合的明示机能来看，将该种行为定性为想象竞合更能起到预防犯罪的作用。在想象竞合的情况下，由于一行为侵犯多重法益，审理法院需要将该行为触犯的多个罪名写明，而法条竞合则不需要。[④] 这就导致在对盗窃数字人民币行为进行审理的过程中，如果认定该行为属于法条竞合，仅宣告当事人构成非法获取计算机信息系统数据罪，那么社会公众可能就会认为此种行为并不构成盗窃，不利于发挥刑法的规范作用。只有同时指明该

---

① 张明楷：《刑法学》（第5版），法律出版社2016年版，第482页。

② 最高人民法院刑事审判第三庭编：《刑事审判方法》（第2版），法律出版社2016年版，第333页。

③ 胡云腾、周加海、周海洋：《〈关于办理盗窃刑事案件适用法律若干问题的解释〉的理解与适用》，载《人民司法（应用）》2014年第15期。

④ 张明楷：《刑法学》（第5版），法律出版社2016年版，第484页。

行为构成盗窃罪、非法获取计算机信息系统数据罪，才有利于实现一般预防与特殊预防，实现刑法设立的目的。

因此，盗窃（或挪用、故意毁坏）数字人民币的行为同时触犯盗窃罪（或挪用资金罪、挪用公款罪、故意毁坏财物罪）与非法获取计算机信息系统数据罪（或破坏计算机信息系统罪）两项罪名，应当按照想象竞合从一重处断的原则进行处理。

六、结论

数字人民币是以数字表达式作为价值凭证的计算机信息系统数据，凭借技术手段实现了货币载体与货币价值相分离，但短时间内难有正式立法支撑其法律地位。因此，数字人民币带来了现有法律规定难以准确界定的新问题。基于此，本文着重分析了数字人民币的面世会导致的“套现类”“支付结算类”“非法放贷类”非法经营行为在定性方面的法律漏洞，认为有必要加快立法进度并出台立法解释或司法解释予以弥补。本文指出，数字人民币载体与价值相分离的特征会影响侵犯财产权犯罪在部分情况下的既未遂认定，也表达了数字人民币会造成盗窃等罪名与计算机犯罪的想象竞合。考虑到数字人民币面世时间短，本文只是针对数字人民币对刑法适用的影响进行了初步讨论，相关观点需要随着学界对数字人民币的关注和研究而进一步完善。

“个人信息侵权责任研究”专题

个人信息侵权责任的归责困境与消解路径

袁俊宇[*]

（中南财经政法大学法学院，湖北武汉　430073）

摘　要：《个人信息保护法》第 69 条不仅存在泛化适用之危险，还对信息处理者科以沉重的举证责任。为实现个人信息安全保障与共享利用的衡平目标，可借鉴域外的类型化归责模式在不同的个人信息处理场景下设置各异的归责标准，构建由过错责任、过错推定、免责事由共同组成的个人信息侵权责任归责模式。在实现机制上，需对《个人信息保护法》第 69 条进行限缩解释，扩张《民法典》第 1165 条的适用范围，并以理性第三人作为合理使用的判断标准。

关键词：个人信息侵权；人格利益；归责；个人信息保护法

《个人信息保护法》第 69 条与《民法典》第 1165 条规定，对隐私适用过错责任原则，对个人信息则适用过错推定原则。然而，隐私较个人信息具有更强的私密属性及保护的必要性。《个人信息保护法》第 69 条与《民法典》第 1165 条的规制对象与归责原则之间存在“强保护”与“弱保护”颠倒之嫌。为何与人格利益联系更为紧密的隐私适用的是弱保护，与财产利益联系更为紧密的个人信息适用的是强保护，值得深究。除此之外，《个人信息保护法》第 69 条的适用范围需进行限缩，尤其是在委托他人处理个人信息的情形下，委托者与被委托者分别具有不同的责任基础，无法一概适用《个人信息保护法》第 69 条的过错推定原则。由此，可以推出内部与外部两个层面的问题：一是就法条内部而言，《个人信息保护法》第 69 条的适用条件、对象、

* 袁俊宇，中南财经政法大学法学院博士研究生。

范围如何限缩；二是就法条外部而言，《个人信息保护法》第69条与《民法典》第1165条之间如何衔接。综上所述，本文对《个人信息保护法》第69条的归责原则展开研究，力图构建个人信息侵权层次分明的归责体系，既有理论意义，也极具实践价值。

一、个人信息侵权责任归责原则的双重困境

《个人信息保护法》第69条是个人信息侵权案件的主要规范依据，但其未对适用范围加以限定，存在适用上的缺陷。究其原因，《个人信息保护法》第69条忽视了个人信息侵权案件适用场景的多样性，不仅导致该条款存在泛化适用的危险，还与信息安全保障和共享利用兼顾的立法精神相背离。

（一）背离立法精神：对个人信息处理者过分苛责

《个人信息保护法》第69条规定过错推定原则为个人信息侵权的归责原则。在一般侵权案件中，损害行为、损害结果、因果关系是构成侵权的三项要件。即便是在过错推定案件中，当事人也应就上述三项要件进行初步证明。不同于"谁主张，谁举证"的一般情形，过错推定原则将"过错"的证明责任，倒置于被告进行举证。根据文义解释，《个人信息保护法》第69条适用于个人信息处理导致权益受侵害的所有情形。然而，当存在多个信息处理者时，各信息处理者所承担的责任基础及其适用的归责原则不尽相同。"一刀切"的归责原则适用方式会导致个人信息处理者承担过重的举证义务，不仅不利于个人信息的充分利用，而且与《个人信息保护法》的立法精神相背离。

《个人信息保护法》的立法精神在于兼顾人格利益与财产利益。从域外经验上看，早在1993年，欧盟数据保护委员会就提出人权保护与市场自由兼顾的保护目标。[①] 随后，欧盟在《通用数据保护条例》（General Data Protection Regulation，GDPR）中彻底贯彻了这一目标，如GDPR第17条。一方面，GDPR第17条第1款赋予了删除权；另一方面，GDPR第17条第3款又对删除权加以限定，体现了兼顾人格保护与信息充分利用之立法目的。无独有偶，结合《民法典》第127条和第1034条、《数据安全法》第3条来看，个人信

① See Paul M. Schwartz, "The EU-U.S. Privacy Collision: A Turn to Institutions and Procedures", Harvard Law Review, 2013, Vol. 126, p. 1988.

息不仅能够成为人格权客体，还能成为财产权客体。鉴于此，《个人信息保护法》将个人信息权定义为一项权益而非权利。《个人信息保护法》第 2 条规定，“自然人的个人信息受法律保护，任何组织、个人不得侵害自然人的个人信息权益”。事实上，个人信息权是一项新兴权利，其内涵与外延都具有不确定性，学界对此争论不休。王利明教授认为，个人信息权可视为人格权，附着于其上的经济利益可进行商品化处理。[①] 个人信息尽管能够明确为人格权，但财产利益附着其上存在保护不周之嫌。况且在大数据与数字化背景下，作为权利主体的个人与企业组织为代表的信息处理者之间存在较大的“数字鸿沟”。对此，有学者认为，从《民法典》第 111 条的表述中，可以推知立法者将个人信息权益规定为受法律保护权，应构建“个人信息受保护权与国家保护义务框架”。[②]《个人信息保护法》第 69 条的过错推定原则，可以视为这一“个人信息受保护权”框架下的产物。诚然，个人信息侵权的过错推定原则较好地保障了信息主体的权益，但也极大地加重了信息处理者的举证责任。在此背景下，若是不加区分地适用《个人信息保护法》第 69 条的过错推定原则，可能阻碍个人信息处理商业活动的规模化，无法契合《个人信息保护法》的立法精神。

（二）缺失适用前提：个人信息侵权含义的不当扩张

如前所述，《个人信息保护法》第 69 条中“处理”的文义包含所有可能的情形，缺乏相应的限缩情形，不仅与立法精神相背离，而且容易导致法官享有过大的自由裁量权。在适用过错推定的侵权案件中，原告需对初步的基础事实进行证明，既包括证明损害结果与行为的因果关系，又包括证明法定性事实。“过错推定必须以法定的基础事实的发生为前提，也就是说，关于基础事实的内容、类型都必须由法律规定。”[③] 但是，《个人信息保护法》第 69 条过于粗疏简略，未对过错推定需证明的法定基础事实进行限定。法定的基础事实可以分为两类，一类是损害结果、行为以及因果关系，另一类则是其他法定事实。例如，在医疗损害责任中，受害人除证明行为、结果、因果关

---

① 王利明：《论个人信息权在人格权法中的地位》，载《苏州大学学报（哲学社会科学版）》2016 年第 6 期。

② 王锡锌：《个人信息国家保护义务及展开》，载《中国法学》2021 年第 1 期。

③ 王利明：《侵权责任法研究》，中国人民大学出版社 2010 年版，第 239 页。

系的基本事实外，还需证明《侵权责任法》第58条规定的事实之一，才能进入过错推定程序。

但是，《个人信息保护法》第69条没有对主体以及内容进行明确限定，从而使《个人信息保护法》的适用范围不当扩张，令法官具有较大的自由裁量权。具体包括以下几点：首先，《个人信息保护法》第69条第1款中的“个人信息处理者”是单数的表述，未对复数个人信息处理者情形进行规定。其次，《个人信息保护法》第69条中的“权益”，是指人格权益还是财产权益未可得知。最后，《个人信息保护法》第69条中的“处理”，是指何种形式的处理，即自动化处理还是非自动化处理、实质性处理还是形式性处理、国家处理还是一般个人处理等，均未进行说明。当前相关法律规定过于简略，可法官又负有不得拒绝裁判的义务，这就意味着法官在适用《个人信息保护法》第69条时，将难以应对复杂多变的实践需要。在2014年“谷歌诉西班牙数据保护局及冈萨雷斯案”① 中，欧洲法院通过判决确立了被遗忘权。② 随后，谷歌公司收到数十万条对个人相关网页信息进行删除的请求，③ 谷歌公司（信息处理者）面临的压力可想而知。《个人信息保护法》的立法精神在于兼顾人格利益保护与信息充分利用，这就意味着过错推定原则必须存在一定的适用范围。事实上，《个人信息保护法》与《妇女儿童权益保护法》《消费者权益保护法》《未成年人保护法》等相同，都具有特定利益保障的功能，即对特定法律主体利益予以特殊保障。这种特殊保障构成《个人信息保护法》第69条的适用前提。只有厘清《个人信息保护法》第69条的前提，才能对《个人信息保护法》第69条进行准确的适用。

二、比较法视角下个人信息侵权责任归责模式的镜鉴

个人信息侵权责任的归责存在三种类型化模式，虽然各自都有局限性，但同时也蕴含共同的特征，即区分不同情形进行归责。这一归责模式的共同前提，能够给我国个人信息侵权责任归责模式的建立带来启发。

---

① See Case C-131/12：Google Spain SL，Google Inc. v. Agencia Española de Protección de Datos.

② 郑文明：《新媒体时代个人信息保护的里程碑——“谷歌诉西班牙数据保护局”案解读》，载《新闻界》2014年第23期。

③ See McKay Cunningham，“Privacy Law That Does Not Protect Privacy，Forgetting the Right to be Forgotten”，Buffalo Lau Review，Vol. 65，No. 3，2017，p. 497.

（一）他山之石：个人信息侵权责任的类型化归责模式

从比较法角度看，域外各个国家与地区对个人信息侵权责任的归责原则立法模式可以划分为三种类型。① 其一，无过错责任或严格责任。此种立法模式的典型代表是欧盟。早在1995年，欧盟就在《关于涉及个人数据处理的个人保护以及此类数据自由流动的指令》（Directive 95/46/EC）“序言部分”第55条中规定，“个人信息控制者需对因非法处理活动遭受损害的信息主体予以赔偿，但在信息主体有过错或发生不可抗力的情形下，个人信息控制者可以免责”。该条款虽对个人信息处理活动中信息控制者的无过错责任予以肯定，但未明确信息处理者的归责原则。鉴于此，欧盟在2018年施行的GDPR特别创设第82条，以弥补这一立法缺憾。GDPR第82条第2款规定，信息控制者对信息主体遭受的损害承担无过错责任，而信息处理者仅在违反条例规定时承担损害赔偿责任。同时，为避免信息控制者与处理者负担过于沉重的责任，GDPR第82条第3款还规定了免责的例外情形。由上述规定可知，欧盟在GDPR中对信息控制者与信息处理者分别设置了不同的归责原则。与信息控制者所承担的无过错责任不同，只要信息处理者未超出控制者指令且未违反GDPR所施加的义务，则不对信息主体所遭受的损害承担赔偿责任。其二，自动化处理或非自动化处理。这一模式的典型代表是德国。纵览德国个人信息保护立法进程可知，受制于欧盟95指令与GDPR对其成员国的效力，德国《联邦数据保护法》（BDSG）中关于个人信息侵害责任归责的规定随之不断变化。德国2002年BDSG第7条与第8条分别对信息控制者的过错推定原则与公务机关的无过错责任原则作出规定。然而，在个人信息处理活动中，公务机关同时也是信息控制者，这种划分方式不具有必要性与合理性。2017年的BDSG第83条第1款规定，“控制者违反本法或者其他关于数据处理的规定而处理个人信息，致使信息主体遭受损害的，控制者或者其权利主体应向信息主体负有赔偿义务。在非自动化处理的情况下，倘若损害非因控制者过错所致，则不承担赔偿责任”。由上述规定可知，BDSG第83条第1款以“自动化处理与非自动化处理”标准取代以往的“社会身份、自动化与非自动化处理”标准。在此基础上，德国BDSG第83条第1款分别规定无过错责任

① 程啸：《个人信息保护法理解与适用》，中国法制出版社2021年版，第501页。

与过错推定责任。只要信息控制者违反 BDSG 规定的义务并导致信息主体遭受权益损害，就需承担相应的赔偿义务。其三，公务机关或非公务机关。我国台湾地区采取此种模式，尤其体现在我国台湾地区“个人资料保护法”第 28 条第 1 款与第 29 条第 1 款。“个人资料保护法”第 28 条第 1 款对公务机关所适用的个人信息侵权责任归责原则作出规定。“个人资料保护法”第 29 条第 1 款则对非公务机关适用个人信息侵权责任归责原则作出规定。结合上述两项条款可以发现，我国台湾地区采取的是“公务机关或非公务机关”的归责标准，即公务机关适用无过错原则而非公务机关适用过错推定原则。这意味着，公务机关的免责事由仅限于不可抗力，非公务机关还可通过证明无故意或过失而免责。

对于上述三种类型化归责模式可作如下总结：一方面，三种归责模式均存在各自的局限性。首先，“无过错责任或严格责任”模式未对非商业化处理的信息处理者予以排除。在信息控制者为个人或处理目的限于家庭事务时，对其施以无过错责任原则，未免过于严苛。其次，“自动化处理或非自动化处理”模式不具有现实意义。在数字化浪潮全面袭来的今天，数据是个人信息的主要载体，对其处理主要依赖于自动化的方式，故这一标准不具有现实意义。最后，“公务机关或非公务机关”的区分意义并不大，有以下几点理由：一是在商业化与市场化高度发达的今天，垄断市场的“大型科技企业”或“超大型平台”充当着比公务机关更为重要的角色。二是公务机关通常还需受行政法等其他法律的限制。即便没有相应的归责原则，也能通过国家赔偿的方式对信息主体予以救济。综上所述，信息处理者的三种归责模式均有各自的局限性，难以成为个人信息侵权责任归责的模范样板。另一方面，上述三种归责模式均属于类型化归责模式。无论是欧盟、德国还是我国台湾地区，都试图避免“一刀切”的个人信息侵权责任归责模式。原因在于，个人信息处理主体之间存在较为复杂的利益构成。为实现个人信息保障与共享利用之间的衡平，立法者在区分不同处理情形的同时设置各异的归责标准具有合理性。

（二）可以攻玉：类型化是划分个人信息侵权范围的可能路径

个人信息是多重利益的复合构成，“个人信息具有固有的人格与天然的财产双重价值，决定了个人信息权在本质上是包含财产利益的人格权”,[①] 具体包含了人格利益、财产利益，理由有以下几点：一是个人信息蕴含人格利益，如轨迹信息、身份信息、住宿登记信息、购买记录等，均与个体的身份紧密结合，有显著的身份可识别性，与人格的形成和发展有关，能够成为人格权的载体与客体。[②] 在这其中，如基因数据、姓名、cookies 等身份可识别性信息，皆为构成整体人格的实质要素。[③] 根据《个人信息保护法》第 4 条的规定，个人信息“不包括匿名化处理后的信息”。匿名化处理在消除身份可识别性的同时，也否定了个人信息保护的必要性，表明个人信息蕴含人格利益，并且以人格利益作为权利的客体。二是个人信息蕴含财产利益。《民法典》第 127 条的规定表明，目前数据作为财产权的客体，已基本达成共识。此外，《数据安全法》第 3 条规定，数据是“任何以电子或者其他方式对信息的记录”，表明数据与信息是形式与内容的关系。结合《民法典》第 127 条与《数据安全法》第 3 条的内容，可以推知，个人信息既可以成为人格权客体，也能够成为财产权客体。三是个人信息蕴含公共利益，尤其体现在合理使用的相关规定中。《个人信息保护法》第 13 条第 1 款第 4 项规定，“为保护自然人的生命健康和财产安全所必需”；《个人信息保护法》第 13 条第 1 款第 5 项规定，“为公共利益实施新闻报道、舆论监督等行为”的法定情形。上述规定的共同之处在于保障公共利益的个人信息处理目的，并从侧面印证个人信息蕴含公共利益的观点。由于个人信息的客体具有多重利益，导致个人信息侵权客体难以确定，而侵权客体的不确定性会影响个人信息侵权的归责。我国台湾地区学者邱聪智认为：“在法律规范原理上，使遭受损害之权益，与促使损害发生之原因者结合，将损害因而转嫁由原因者承担之法律价值判断因素，即为归责意义之核心。”[④] 一言以蔽之，不同的归责原则有不同的客体内容，如过错责任以责任自负为核心、严格责任的归责依据主要是危险。选取何种利益作为客体内容，直接关系到个人信息侵权的责任认定方式。实际上，《个人信息保护法》第 69 条以人格利益保护为中心，故而对信息处理者施以较重

---

① 彭诚信：《论个人信息的双重法律属性》，载《清华法学》2021 年第 6 期。
② 叶名怡：《论个人信息权的基本范畴》，载《清华法学》2018 年第 5 期。
③ 齐爱民：《论个人信息的法律属性与构成要素》，载《情报理论与实践》2009 年第 10 期。
④ 邱聪智：《庞德民事归责理论之评介》，载《台大法学论丛》1982 年第 11 卷第 2 期。

的举证证明责任。与此同时，《个人信息保护法》的立法精神在于兼顾人格保护与信息流通利用，人格利益保护不过是一个方面，还存在其他方面，在不同的人格利益、财产利益、公共利益的前提下，皆有不同的侵权归责原则。

故而，类型化是划分个人信息侵权范围的可能路径。这意味着《个人信息保护法》第 69 条所规定的过错推定原则受制于特定的处理场景。归根结底，不同的归责原则阐释了不同责任承担的依据，如责任自负的理念、控制危险的理念、公平责任的理念等。不同的法律理念是通过不同的法律关系体现出来的，不同的法律关系中又会产生不同的法律责任。例如，《道路交通安全法》就采用类型化归责体系，即道路交通事故侵权责任的归责不能一概适用过错责任原则。《道路交通安全法》第 76 条规定，对于机动车适用过错责任，而机动车与非机动车、行人之间适用过错推定责任。这些规定便是上述观点的明证。事实上，在交通肇事案件中，存在两个方面的利益考量：一是机动车与机动车之间不存在不对等的状态，应按照责任自负原则进行责任分配。二是机动车与非机动车之间存在事实上的条件不对等，应按照过错推定原则对机动车驾驶者施加较重的证明责任。由此及彼，囿于个人信息所具有的多重利益，个人信息侵权案件同样无法仅适用某一项归责原则。

此外，可以法律关系为出发点对个人信息侵权案件中复杂的利益构成进行分析，进一步佐证类型化归责模式的合理性。《个人信息保护法》第 69 条的隐含前提是，个人信息侵权的相关案件，需置于信息主体与信息处理者的关系中适用。对此，司法实践也有所体现。例如，在“庞某某诉中国东方航空股份有限公司、北京趣拿信息技术有限公司隐私权纠纷案”[①] 中，法院认为，庞某某泄露的个人信息属于隐私信息。庞某某作为个体不具备对东航与趣拿公司个人信息管理系统漏洞的举证证明能力，且东航与趣拿公司存在泄露个人信息的高度盖然性，应由东航与趣拿公司承担相应举证责任。在一定程度上体现了过错推定，适用于信息主体与信息处理者之间。与此同时，信息处理者还可能与一般义务人，即信息主体、信息处理者以外的其他人产生侵权法律关系。信息处理者与第三人产生的侵权责任未必适宜采纳过错推定原则，需根据具体案件情形进行分析。

---

① 参见北京市第一中级人民法院（2017）京 01 民终 509 号民事判决书。

应该看到，个人信息侵权有着多样的法律主体与法律客体。有学者指出，“大数据的侵权主体更为多样，数据权属更为模糊”①，应实现归责原则的精细化和类型化。“类型不仅是个别要素的积累，毋宁是个别特征结合所构成的整体形象。”② 诚然，个人信息权是一项新兴权利，其内涵与外延都具有不确定性。因此，采用类型化方式对个人信息侵权的客体范围进行界定，具有合理性。

三、个人信息侵权责任的类型化归责路径构造

在个人信息侵权案件中，各主体之间存在纷繁复杂的利益构成，需对个人信息侵权法律关系进行区分，明确个人信息侵权客体的利益类型。在区分人格利益、财产利益、公共利益的前提下，对不同个人信息处理活动产生的侵权责任施以不同的归责原则，以构建个人信息侵权责任的类型化归责路径。

（一）过错推定：以信息主体的人格保护为中心

在个人信息侵权案件中，信息主体一般以知情同意的方式对信息处理者施以授权性行为。若信息处理者未经授权或超出同意范围，导致侵害信息处理者权益，则一律采用《个人信息保护法》第 69 条的过错推定归责原则处理。原因在于：一是《个人信息保护法》第 69 条以人格利益保护为中心，个人信息与一般信息的区别在于是否具有身份可识别性。根据《个人信息保护法》第 4 条可知，不具有身份可识别性的信息，不属于《个人信息保护法》中规定的信息，且身份可识别性与人格紧密关联，故应以人格利益保护为中心。二是信息主体与信息处理者处于不对等状态，“个人信息处理活动具有很强的专业性和技术性，个人与个人信息处理者存在信息、技术、资金等能力上的不对等”。③ 对此，GDPR 第 37 条至第 39 条规定了数据保护官，以加强企业或者组织机构的第三人监督，试图从根源上减少个人信息侵害发生的风险。三是信息处理者掌握信息主体所需的侵权证据，个人信息处理需以一定的技术为基础，而信息主体难以突破技术壁垒，进而无法获取所需的证据。

---

① 齐恩平：《大数据主体侵权的归责原则研究》，载《天津师范大学学报（社会科学版）》2021 年第 5 期。

② ［德］卡尔·拉伦茨：《法学方法论》，陈爱娥译，商务印书馆 2003 年版，第 100 页。

③ 程啸：《侵害个人信息权益的侵权责任》，载《中国法律评论》2021 年第 5 期。

从文义解释的角度看，《个人信息保护法》第69条采用“一刀切”的方式，对个人信息处理进行全方位的涵盖，存在泛化适用的倾向性。但事实上，在个人信息侵权案件中，仅限于信息主体与信息处理者之间，“该法所调整的法律关系，是个人信息处理者与个人信息权益主体之间因处理个人信息活动发生的法律关系”。[①] 信息处理者与其他一般义务人的归责，不适用《个人信息保护法》第69条的过错推定原则。

个人信息侵权中过错推定的适用基础在于原告与被告不处于对等的地位，被告通常掌握了原告所需要的相关证据。为了弥合二者的不对等地位，假定被告存在过错（过失），从而加重被告的证明责任。然而，当不存在明显的不对等情况时，无须对一方进行倾向性保护。例如，在信息主体与信息主体、信息处理者与信息处理者之间，并不存在明显的不对等，因而不属于《个人信息保护法》的适用范围。事实上，信息主体所享有的人格权具有根本性，个人信息中有着与人格的形成和发展紧密结合的身份信息，个人信息同时能成为具体人格权的载体与客体，[②] 是个人信息成为《个人信息保护法》客体的根本依据。由于人格在个人信息保护中的重要地位，《个人信息保护法》第69条的过错推定原则是倾向于人格权保护的。一般而言，《个人信息保护法》第69条的适用限于信息主体与信息处理者的法律关系之中。在此种关系里，信息主体赋予信息处理者相应的权利，并且信息处理者不得超出信息主体的同意范围。

（二）过错责任：契合信息流通和信息利用的目标

《个人信息保护法》第69条的过错推定原则，在适用上未能区分信息控制者与处理者。程啸教授认为，没有必要区分信息控制者与信息处理者，因为“二者都负有相同的个人信息保护的法定义务”。[③] 可是，在个人信息侵权案件中，信息控制者与信息处理者可能承担着不同的侵权责任。若不加以区分，有可能导致司法实践的混淆，尤其表现为一律适用《个人信息保护法》第69条规定的过错推定原则。在信息主体、信息控制者与信息处理者的多方

---

① 杨立新：《个人信息处理者侵害个人信息权益的民事责任》，载《国家检察官学院学报》2021年第5期。

② 叶名怡：《论个人信息权的基本范畴》，载《清华法学》2018年第5期。

③ 程啸：《论侵害个人信息的民事责任》，载《暨南学报（哲学社会科学版）》2020年第2期。

关系中，过错推定原则无法适用于处理者委托他人进行处理的情形。若是一律适用过错推定，则会导致个人信息责任的分配不公。在信息控制者委托信息处理者的情形下，信息控制者承担的是过错责任或补充责任。

事实上，信息控制者与信息处理者内部可能存在不同程度的过错责任，若一律适用过错推定原则，则会导致责任分配的不公。放眼《民法典》和《个人信息保护法》，我国的个人信息立法仅仅围绕“个人信息处理者”这种单一和一元化的核心范畴。这与欧洲法的模式明显不同，欧盟GDPR采取的是信息控制者与信息处理者的二元模式，这两个主体在个人信息保护方面承担的责任存在很大差别。① 例如，结合GDPR第82条第3款和第4款可知，当数个信息控制者或信息处理者因实施同一信息处理行为而承担侵权责任时，如果信息控制者或处理者可以证明其不应对侵害行为承担任何责任，则应当免除二者的责任，否则信息控制者或处理者皆应对全部损失承担侵权责任。无独有偶，德国《联邦数据保护法》第83条第3款也规定：“在自动数据处理的情形下，若无法查明哪一个是导致损害发生的信息控制者，则每个信息控制者或权利行使者均应承担相应责任。”

信息与数据之间是内容与形式的关系，个人信息既具有流通利用的需要，又具备以数据形式流通的可能。未来是信息数据互联互通，大数据融入医疗、教育等生活领域的时代，个人信息的处理必须满足充分利用的需要。原因在于，个人信息有规模化效应，但个人信息的规模化处理同时存在规模化泄露与侵权的风险。为此，有必要利用国家行政权力，在化解风险的同时，提升个人信息的处理利用。此外，“个人信息与数据是内容与形式的关系”。② 可以说，数据与信息的一体关系为国家以个人信息处理者的身份进行信息处理提供了基本前提。这意味着在个人信息处理中，国家有成为信息处理者的可能。早在2015年颁布的《关于加强社会治安防控体系建设的意见》第15条中，就明确提及我国将建立“以身份证为唯一代码的基础信息库”，对“原生数据进行脱敏化、过滤处理和提炼后形成具有更高经济价值和商业价值的数

① 石佳友：《个人信息保护的私法维度——兼论〈民法典〉与〈个人信息保护法〉的关系》，载《比较法研究》2021年第5期。

② 程啸：《论大数据时代的个人数据权利》，载《中国社会科学》2018年第3期。

据”。[①] 可以预见，国家在个人信息的大规模处理利用中，将扮演越来越重要的角色。有观点认为，国家作为个人信息处理者具有较大的风险性，应承担严格责任。但是，严格责任的基础在于，危险是由危险物所有人或者占有人自我创设的。庞德认为，“侵权行为的类型分为故意侵害、过失行为、持有危险物或从事危险事业却未阻止的损害”，[②] 该观点揭示了严格责任的归责基础。在我国侵权法上将具有一定危险活动和较大危险性的物适用严格责任，其目的在于：一是有利于救济受害人，二是预防危险的发生。国家作为个人信息处理者，鉴于其所制造的危险，能否排斥一般的过错责任，归入严格责任的适用范围，仍然有待商榷。

（三）免责事由：公共利益对个人信息侵权的归责限定

在个人信息侵权案件中，侵权责任与侵权事实之间存在合理使用的责任阻却事由。即便对个人信息侵权的基础事实予以确证，仍需进一步证明无合理使用的情形，才能适用归责原则。《个人信息保护法》第 13 条规定中除了第 1 款第 1 项与第 7 项外，还存在 5 种合理使用情形，如表 1 所示。

表 1　合理使用的情形

序号	条款内容	利益种类
1	一方当事人的合同所必需，人力资源管理所必需	法律强制
2	为履行法定职责或者法定义务所必需	
3	为保护自然人的生命健康和财产安全所必需	人身财产
4	为公共利益实施新闻报道、舆论监督	新闻舆论
5	处理个人自行公开或者其他已经合法公开的个人信息	信赖利益

《个人信息保护法》第 13 条第 1 款第 2 项与第 3 项都属于法律强制，只有对个人信息进行处理，才能满足合同需要、实现合同目的、履行法定职责与法定义务，属于必需的个人信息处理情形。第 4 项、第 5 项、第 6 项分别涉及人身财产公共安全、新闻舆论监督、信赖利益保护等方面的公共利益。从

① 李扬、李晓宇：《大数据时代企业数据权益的性质界定及其保护模式建构》，载《学海》2019 年第 4 期。

② See R. Pound, *An Introduction to the Philosophy of Law*, Brooklyn, 1992, p. 177.

整体上看，个人信息侵权的责任范围以公共利益为边界，不得随意突破。《个人信息保护法》第69条的过错推定原则当然也不适用于合理使用的证明。在合理使用中，并不存在如《个人信息保护法》所预设的，信息主体与信息处理者之间不对等的条件，信息处理者也不掌握技术性的关键证据，不会不当阻碍当事人的调查取证。此外，免责事由是与责任不成立相区别的概念，在免责事由中具有相对的独立性。只有在侵权责任构成的前提下，才需要证明免责事由是否成立。故而，个人信息合理使用的证明具有相对的独立性，需按照“谁主张，谁举证”的一般原则进行证明。

四、个人信息侵权责任类型化归责的实现机制

正如王泽鉴先生所言，个人资料（信息）的法律规范并非自始基于一个预先设计的规划，而是因应侵害形态、科技进步、保护必要性及人民的权利意识而形成，处于一种快速变动的发展过程。[①] 对于个人信息侵权归责，应构建层次分明、体系完备的类型化归责体系。包括对《民法典》第1165条的扩张适用、《个人信息保护法》第69条的限缩解释，以及引入合理使用的理性第三人判断标准。

（一）《民法典》第1165条的扩张适用

在《个人信息保护法》颁布前，有学者认为，我国个人信息侵权责任的归责应确立“三元归责原则体系”。[②] 具体而言，公务机关自动化处理个人信息产生的侵权责任适用无过错责任，非公务机关自动化处理个人信息产生的侵权责任适用过错推定责任，非自动化处理个人信息的信息处理者产生的侵权责任适用过错责任。此外，如果信息处理者处理的是纯粹的个人或者家庭生活中的活动，一般不适用无过错责任。欧盟GDPR第2条第2款第C项规定，“自然人在纯粹个人或家庭活动中所进行的个人数据处理”不适用本法。我国《个人信息保护法》第72条第1款亦作出相似规定，即“自然人因个人或者家庭事务处理个人信息的，不适用本法”。这在一定程度上表明《个人信息保护法》第69条的适用范围仅限于个人信息主体与信息处理者之间。自然

---

① 王泽鉴：《人格权法：法释义学、比较法、案例研究》，北京大学出版社2013年版，第209页。

② 叶名怡：《个人信息的侵权法保护》，载《法学研究》2018年第4期。

人因个人或者家庭事务处理个人信息的，适用《民法典》第1165条第1款规定的过错责任原则。此外，当存在多名信息处理者时，对外承担连带责任，对内适用按份责任，根据过错的大小进行责任划分，如GDPR第82条第4款要求造成权益侵害的多个数据处理者之间承担连带责任。在个人信息侵权的实践中存在多种侵权情形，《个人信息保护法》与《未成年人保护法》《环境保护法》等其他保护法类似，具有特定的保护目的，以及隐含的法律主体关系。作为特别法的《个人信息保护法》有适用的局限性，而《民法典》作为一般法，具有对特别法补充的作用，"在《民法典》有规定而《个人信息保护法》中没有规定的，在此情形下就要适用《民法典》的规定"。① 因此，在《个人信息保护法》第69条的适用范围外，应当以《民法典》第1165条的相关规定为依据进行扩张适用。

（二）《个人信息保护法》第69条的限缩解释

《个人信息保护法》作为特别法，虽在效力上具有优先性，但在范围上具有局限性。王利明教授指出，《民法典》是《个人信息保护法》的基础性法律，《个人信息保护法》的适用应当与《民法典》的实施相结合。② 因此，《个人信息保护法》第69条的适用范围也当然限于特定范围。《个人信息保护法》第69条中的场景限于信息主体与信息处理者之间，"在《民法典》有规定而《个人信息保护法》中没有规定的，在此情形下就要适用《民法典》的规定"。③ 对用工责任、网络侵权责任、违反安全保障义务的责任等集中规定的原因在于，在这些特殊侵权责任之中往往适用了多重归责原则，很难将其归入适用某一种归责原则的特殊侵权行为类型之中。网络侵权以网络技术为工具，个人信息侵权与网络侵权具有类似性，数据是个人信息的重要载体，"在欧洲各国个人信息与个人数据的使用，实际上并没有不一样"，④ 大多数侵权案件都发生在互联网环境之中。此外，个人信息既具有人格利益，又具有财产利益，不同的利益客体需适用不同的归责原则。故而，在个人信息侵

① 王利明、丁晓东：《论〈个人信息保护法〉的亮点、特色与适用》，载《法学家》2021年第6期。

② 石佳友：《个人信息保护的私法维度——兼论〈民法典〉与〈个人信息保护法〉的关系》，载《比较法研究》2021年第5期。

③ 王利明、丁晓东：《论〈个人信息保护法〉的亮点、特色与适用》，载《法学家》2021年第6期。

④ 郑维炜：《个人信息权的权利属性、法理基础与保护路径》，载《法制与社会发展》2020年第6期。

权案件中，根据具体案件的不同可适用多种归责原则。《个人信息保护法》第69条的隐含前提是，仅适用于信息主体与信息处理者的法律关系中，该条所规定的过错推定原则只是个人信息侵权案件的归责原则之一。从法律利益保护的角度看，人格利益保护是《个人信息保护法》第69条的基本法律目的。可是，除了这一目标，个人信息还存在充分利用、公共利益的目标。早在1993年，欧盟数据保护委员会就提出人权保护与市场自由兼顾的保护目标。[①]在这些目标之下，若是以过错推定作为唯一的归责原则，会不当地加重处理者的责任，从而不利于个人信息的充分流通与利用。

（三）个人信息合理使用的理性第三人判断标准

在个人信息侵权的实践中，需对过错责任、过错推定、无过错责任等原则进行系统性统合。但是归责的基础在于，当事人需证明侵权的基本事实，也就是损害行为、结果以及因果联系。在特定情况下，若具备合理使用的法定情形，能免除个人信息侵权的相应责任。例如，《个人信息保护法》第13条第1款第2项至第7项规定的合理使用的六种情形。但是，在合理使用的六种情形中，存在“合理范围”与“所必需”等限定词，表明合理使用的范围是有限度的，而这种限度需要结合具体场景进行综合判断。具体而言，就是采纳《个人信息保护法》第5条对个人信息处理的“合法、正当、必要原则”对场景进行判断。有观点认为，“应在既有合法、正当与必要原则基础上再加上责任原则”。[②] 然而，法律有着滞后性、抽象性的缺陷，立法者的有限理性无法关注到社会事实的方方面面，因此需要具备一定的抽象性。法官在对个人信息侵权案件进行判断时，需以理性第三人的标准进行判定，具体包括以下几点：一是个人信息是否经匿名化处理，若已匿名化处理，则排除在个人信息的范畴之外，无须进行侵权的归责判断。对此，GDPR第4条第5款规定，该法所指称的匿名化，即通过特定方式“使个人信息不再具备身份可识别性”。二是需遵循比例原则，个人信息合理使用的手段需限制在损害最小的合理程度，“必要原则是网络个人信息保护中的一项义务性规范，强调对‘直

---

① See Paul M. Schwartz, “The EU-U. S. Privacy Collision: A Turn to Institutions and Procedures”, Harvard Law Review, 2013, Vol. 126, p. 1988.

② 江波、张亚男：《大数据语境下的个人信息合理使用原则》，载《交大法学》2018年第3期。

接相关'‘最低频率'和‘最少数量'个人信息的最小化处理”。[①] 例如，《个人信息保护法》第6条规定，处理个人信息应“采取对个人权益影响最小的方式”。在“丁某玲与汪某奎隐私权纠纷民事案”[②] 中，汪某奎本可以通过合法方式督促丁某玲履行公开赔礼道歉义务，却选择公开丁某玲个人信息以迫使丁某玲赔礼道歉，其行为不符合正当性原则与手段必要性原则。因此，汪某奎公开张贴判决书的行为不属于合理使用。

---

① 卢家银：《网络个人信息处理中必要原则的涵义、法理与适用》，载《南京社会科学》2021年第12期。

② 参见德阳市旌阳区人民法院（2017）川0603民初4743号民事判决书。

敏感个人信息侵权责任传统“损害认定”规则的困境和突破

孟思洋*

（广东汇胜律师事务所，广东广州 511495）

摘　要：敏感个人信息基于其高敏感、高风险的特性，应当受到相应的特殊法律保护。我国《个人信息保护法》对敏感个人信息予以专门规制，但对于敏感个人信息的特殊法律保护不足。通过司法实践观察可以发现，传统“损害认定”规则存在不适应信息数字经济发展的缺陷。对于敏感个人信息保护而言，这种缺陷不但没有达到预期的保护目的，反而成了阻碍。在大数据与算法技术快速发展所带来的信息严重不对称的背景下，要突破前述困境，应当进行相应调整，包括对敏感个人信息损害采用“违法即构成损害”的认定标准以及建立法定赔偿制度等。

关键词：个人信息保护法；敏感个人信息；损害认定；法律构成要件；损害赔偿

一、引言

由于个人信息的巨大价值，世界各国都对其进行了相关立法规制。欧盟采用“统一法典”的模式，美国则采取了制定部门法的方法①。欧盟于2016年制定的《通用数据保护条例》（General Data Protection Regulation，GDPR）引领欧洲国家在数据信息合规计划中投入了大量的资源，在某种程度上也引

＊ 孟思洋，广东汇胜律师事务所副主任。

① Paul M. Schwartz, Daniel J. Solove, Reconciling Personal Information in the United States and European Union, California Law Review, Vol. 102, No. 4 (2014), pp. 879-908.

领了世界各国对数据保护的关注，包括美国加州2018年制定出台的《加州消费者隐私保护法案》（*California Consumer Privacy Act*，CCPA）也深受GDPR的影响。①

我国除2021年1月1日生效实施的《民法典》对个人信息作出相关规定外，2021年11月1日生效的《个人信息保护法》也对GDPR进行了很多借鉴，包括专门对敏感个人信息予以规制。

二、敏感个人信息保护的特殊需求

（一）个人信息损害的类型

损害一般被理解为"对个人、实体或者社会利益产生损害或阻碍"。② 在美国，个人信息泄露导致的损害有经济方面的损害，也有非经济方面的损害，但法律通常更为关注的是经济损害。美国联邦贸易委员会的执法体系在同时面临消费者的经济损害与精神损害时，对于精神损害通常会作出不足以处理以及诉诸执行的决定。③ 在欧洲，对于非经济性伤害的损害赔偿有不同的声音。例如，2015年英国法院判决的 *Goole Inc. v Vidal-Hall* 案首次承认了因违反数据保护法而造成的损失包括非经济损失。④ 2018年的GDPR第82条也支持了非经济伤害的可赔偿性。⑤

在美国联邦贸易委员对于损害的解释中，虽然实质性损害的范围通常只涉及经济或者金钱的损害，不包括精神上的损害，⑥ 但这种解释并不能排除精神损害的存在。因为精神损害主要体现为一种因个人信息的不正当利用而造

① Paul M. Schwartz，Global Data Privacy：The EU Way，New York University Law Review，Vol. 94，No. 4（2019），pp. 810-816.

② Daniel J. Solove，Danielle Keats Citron，Risk and Anxiety：A Theory of Data-Breach Harms，Texas Law Review，Vol. 96，No. 4（2018），p. 747.

③ Ido Kilovaty，Psychological Data Breach Harms，North Carolina Journal of Law & Technology，Vol. 23，No. 1（2021），pp. 16-17，32-33.

④ Google Inc. v Vidal-Hall，（2015）EWCA Civ 311，para. 77.

⑤ 张璐：《请求权基础下个人信息权益保护的规范体系》，载《科技与法律（中英文）》2022年第2期。

⑥ Ido Kilovaty，Psychological Data Breach Harms，North Carolina Journal of Law & Technology，Vol. 23，No. 1（2021），pp. 31-32.

成的内心焦虑。焦虑是情绪困扰的一种形式，涵盖了广泛的负面和破坏性情形。[①] 个人信息领域下“损害”的概念比较宽泛，有学者总结了七种类型的损害：（1）身体损害；（2）经济损害；（3）名誉损害；（4）歧视损害；（5）社会关系损害；（6）心理损害（如焦虑、沮丧）；（7）自由损害（如胁迫、操控、未进行通知、期待落空）。[②]

（二）个人信息损害的特点

1. 微小损害积少成多

在个人信息权益的损害中，有很多是非常小的损害，但数量非常大。当这些小的损害反复作用到个体身上时，将会产生严重的损害。还有一种情形是机构造成这种非常小的损害，但是会影响比较大的范围。从个人角度而言，或许损害微不足道，但从社会的角度而言，每个个体所遭受的损害累加起来是足以构成实质损害的。对于大规模的微小损害在积少成多后所造成的社会性影响，传统损害认定规则并不足以发挥作用。

2. 未来损害风险

由于有的损害并不是充分可知的，法律如何解决这个问题便存在难度。在很多纠纷中，受害人主张的损害表现形式往往是未来损害的风险。不同种类的损害都会涉及未来损害风险。未来损害的范围会涉及个人信息的收集、使用或者公开。未来损害也取决于使用场景，如信息如何使用、涉及哪些信息，以及信息会与哪些其他信息相结合。

3. 社会损害

损害往往不仅涉及个人，还涉及社会。但实际上，法院往往容易在诉讼案件中忽视损害的社会影响。在保护个人信息这个范畴内，社会也是一个重要的组成部分。尽管特定诉讼的目标是维护个人利益，但在集体诉讼中也应当考虑保护更广泛的社会利益。传统“损害认定”规则尚没有关注到社会损害或者消费者福利的因素，更多的只是关于个人损害。

---

① Danielle Keats Citron, Daniel J. Solove, Privacy Harms, Boston University Law Review, Vol. 102, (2022), p. 816.

② Danielle Keats Citron, Daniel J. Solove, Privacy Harms, Boston University Law Review, Vol. 102, (2022), p. 846.

（三）敏感个人信息的特殊法律保护需求

某种类型的信息是否应当受到更为强力的特殊法律保护，取决于发生信息非法使用时所造成损失的可能性以及严重性。保护个人信息本身不是目的，而是要防止因个人信息的处理而产生的对自然人人身财产权益乃至人格尊严、人格自由的侵害的风险。[①]《个人信息保护法》第28条将敏感个人信息单列出来予以保护，“敏感个人信息是一旦泄露或者非法使用，容易导致自然人的人格尊严受到侵害或者人身、财产安全受到危害的个人信息，包括生物识别、宗教信仰、特定身份、医疗健康、金融账户、行踪轨迹等信息，以及不满十四周岁未成年人的个人信息”。

之所以对敏感个人信息进行专门特殊保护，主要还是与其所涉及的敏感程度或者风险程度有关。如何理解敏感个人信息中的“敏感”一词？主观说认为，“敏感”一词常被用以描述个体心理特征，带有强烈的主观色彩、个体差异。[②] 客观说认为，“敏感”是社会多数人的共同心理，与社会状况息息相关。[③] 总体而言，敏感就是“造成侵害或危害结果上的容易性”，[④] 是“对特定的因素下对信息主体造成伤害或影响的程度”。[⑤]

信息的敏感度经常被界定为一种参照基准，以此判断信息处理所面临的风险程度以及严重性。敏感信息如果没有经过适当的处理，将导致个人的重大损害，也使得信息暴露在这种高概率的损失之下。[⑥] 信息的敏感度高低也决定了与之相对应的法律保护强度。因为相较于低敏感信息或非敏感信息，敏感信息的非法使用会导致严重的后果。信息敏感度是与风险息息相关的，因

---

① 程啸：《〈民法典〉与个人信息权益保护》，北京海淀法院“丹棱论坛·专家委员解读《民法典》”系列活动第七场讲座，2020年11月11日，载 https://weibo.com/ttarticle/p/show?id=2309404570094796931104&sudaref=www.baidu.com，2022年7月1日访问。

② 宁园：《敏感个人信息的法律基准与范畴界定——以个人信息保护法第28条第1款为中心》，载《比较法研究》2021年第5期。

③ 杨合庆主编：《中华人民共和国个人信息保护法释义》，法律出版社2022年版，第85页。

④ 程啸：《个人信息保护法理解与适用》，中国法制出版社2021年版，第259页。

⑤ 胡文涛：《我国个人敏感信息界定之构想》，载《中国法学》2018年第5期。

⑥ Paul Ohm, Sensitive Information, Southern California Law Review, Vol. 88, No. 5 (2015), p. 1133.

此对于敏感信息的特殊保护也就成为一个重要问题。[①] 但当前的个人信息保护机制对于敏感个人信息的特殊法律保护需求存在不足。

（四）个人信息一般保护机制的固有缺陷

欧美关于数据保护法以及个人信息保护的核心思路，是基于三大机制进行设计的：（1）市场调节机制；（2）侵权责任机制；（3）监管执法机制。利用这三大机制的运行，确保公司遵守数据保护、个人信息保护的相关法律规定。[②] 我国的《个人信息保护法》也借鉴了这些思路与机制。这三大机制有其自身的设计思路与运行原理，但对于数据保护领域而言，这些机制可以说存在固有的制度设计缺陷。

1. 市场调节机制

这种机制通过使公司遵守数据合规的相关规定，以尊重消费者的隐私偏好。具体而言，就是认为市场利用成本与收益最佳的机制去确保公司尊重消费者的隐私偏好。当消费者在面临货物或者服务的质量下降时，市场为消费者提供了两种不同类型的行为选择策略，退出（exit）与呼吁（voice）。[③] 退出是一种双向选择，反映了那只看不见的手的运行情况。呼吁则是一种抗议，即使消费者会继续购买产品或服务，但也会抱怨产品或服务的质量正在下降。退出与呼吁是互相影响的，消费者的呼吁行动以退出机制的存在作为基础。如果市场存在竞争并且消费者可以得到有效的通知，那么消费者们的联合退出或者联合呼吁将对公司产生有效的影响力去满足消费者对产品或服务的质量需求。

在市场调节机制的思路下，“通知与同意义务”构成了数据保护法的基石。数据保护法通过加强通知与同意的条款，使得消费者可以获取、纠正、删除公司所保存的个人信息，并且在任何时候撤回同意以阻止公司收集个人

---

① Müge Fazlioglu, Beyond the “Nature” of Data: Obstacles to Protecting Sensitive Information in the European Union and the United States, Fordham Urban Law Journal, Vol. 46, No. 2 (2019), p. 273.

② Lancieri, Filippo, Narrowing Data Protection's Enforcement Gap, Maine Law Review. Vol. 74, No. 1 (2022), p. 16.

③ Albert O. Hirschman, Exit, Voice, and Loyalty: Responses to Decline in Firms, Organizations, and States, Harvard University Press, 1970, p. 4, p. 21.

信息。[①] 当公司在大量收集、处理个人信息之前（包括个人信息的类型、程度），数据保护法也要求公司应当提供给用户最低通知标准（如同意应当明确等）。数据的可携带权（data portability right）则是另一个补充机制，使得消费者可以找到替代产品或服务以摆脱公司对个人数据的控制。消费者经过有效的通知程序后，可以将退出和呼吁作为行动策略以应对涉及他们个人信息的不利境况。

但在信息数字经济中，大数据与算法技术带来的信息不对称使得消费者在面对平台公司时，无法轻易得知数据控制者、数据侵害行为、数据损害结果等。平台经营者的集中促使“赢者通吃”，消费者没有很多退出的替代选择。这两种情形使得市场调解机制并非想象中那样运行良好。

2. 侵权责任机制

这个机制是市场调解机制的补充。侵权责任可以让消费者向法院提起诉讼，这种方式同时也实现了消费者对公司的监督。数据保护法中规定的损害赔偿制度可以对享有市场权力的公司产生压力，使这些个人信息处理者遵守法规并尊重消费者的偏好。如果这些权利被侵犯，则消费者被赋予了对其所遭受的损害主张赔偿的权利。

但侵权责任机制属于弱效机制：一方面，数据侵害的侵权行为对象是比较模糊的，难以确认违法者，也难以证明违法行为是否发生；另一方面，对于数据侵权行为的法律构成要件门槛很高，消费者通过侵权诉讼维权很困难，因为数据侵权损害并不会立即显现，难以证明信息控制者、难以证明发生了法律上可认定的损害（cognizable harm）、难以证明法律因果关系、难以对损害赔偿进行计算。对于公司而言，也可以通过拖延诉讼程序、约定仲裁管辖条款等方式阻止侵权责任机制对其的影响。

3. 监管执法机制

政府部门对于信息处理者的监管和罚款权力是确保市场能够满足消费者偏好的第三个重要机制。[②] 监管执法意味着由政府作出命令，直接决定市场产

---

① Chander, Anupam., Kaminski, Margot E., and McGeveran, William., Catalyzing Privacy Law, Minnesota Law Review, Vol. 105, No. 4, (2021), p. 1750.

② Adrian Kuenzler, Direct Consumer Influence-The Missing Strategy to Integrate Data Privacy Preferences into the Market, Yearbook of European Law, Vol. 39, No. 1, (2022), pp. 440-441.

品、服务的质量与价格。监管执法是三个要素的结合体：（1）制定行为标准；（2）监督行为标准的合规；（3）对于不合规行为的执法。基于这三个要素，政府赋予监管执法部门职权，由监管者制定规则、进行调查、命令公司改变行为、作出罚款以使商业实体遵守法律和规则命令。①

数据保护法将政府部门的监管执法作为市场调节机制与侵权责任机制之外的第三个机制，赋予了政府部门对于违法、不合规行为的罚款权力。但这种机制也面临两个问题：（1）政府部门监管人员取代了消费者来判断决定何时采取行动，这种情况可能会产生"监管俘获"或者政府与消费者利益冲突的情形；（2）政府集中监管以及执法会增加行政成本，并且增加行政资源不足的风险。

现实问题是，个人信息的一般保护机制基于其固有的制度设计缺陷，无法满足敏感个人信息特殊保护的法律需求，而传统损害认定规则在这些机制中也无法发挥对于敏感个人信息保护的积极促进作用，在某种意义上反而成为阻碍因素，增加制度成本或提高维权门槛。

三、传统"损害认定"规则的困境和突破

虽然大陆法系与英美法系在法律制度上存在很大不同，但在某些具体法律观念上是存在本质相同之处的。例如，关于损害认定，两种法系的传统规则均认为要认定损害，必须以损害实际存在为前提。如果没有损害，那么也就没有赔偿。而如何证明损害，则是原告应当承担的举证责任。通过观察美国司法实践中"损害认定"规则的缺陷、解决思路、新的发展，可以看到传统"损害认定"规则的困境和突破。

（一）传统"损害认定"规则的缺陷

美国传统"损害认定"规则的核心要素是"原告主张的损害是否实际存在"。② 而损害是否发生，需要满足以下三个条件：（1）损失是否为特定的；

---

① Daniel J. Solove, Woodrow Hartzog, The FTC and the New Common Law of Privacy, Columbia Law Review, Vol. 114, No. 3 (2014), pp. 610-614.

② Spokeo, Inc. v. Robins, 136 S. Ct. 1540, 1548-49 (2016).

（2）损害是否为具体的；（3）损失是否实际发生或者即将发生。[①] 在诉讼中，原告需要对损失是否实际存在承担相应的举证责任。[②]

在美国最高院近十年涉及个人信息侵害的案件中，有三个代表性案例可以反映“损害认定”规则的司法适用状态：（1）在2013年*Clapper v. Amnesty International USA*（以下简称“*Clapper*案”）中，美国最高院认为原告没有证明损害是实际发生或者即将发生的，因为原告没有证据证明政府已经关注到他们特定的通信信息，也没有证据证明过往发生了任何损害。原告没有遭受实际的或即将发生的损害，而仅仅是未经证实的恐惧。[③]（2）在2016年*Spokeo, Inc. v. Robins*（以下简称“*Spokeo*案”）中，原告主张被告的网站传播了关于他的不实个人信息，美国最高院认为原告没有证明发生了具体的损害，将案件发回重审，建议基层法院审查违法行为是否对具体的利益造成了损害或者是实质性损害的风险，并认为所谓损害的具体性，在很大程度上取决于原告所称的损害是否属于违法行为的后果。[④]（3）在2021年*TransUnion LLC v. Ramirez*（以下简称“*TransUnion*案”）中，TransUnion公司作为美国三家主要的信用报告公司之一，[⑤] 错误地给原告贴上了“潜在恐怖分子”的标签。美国最高院此时却认为那些被TransUnion错误发送个人信息给潜在雇主或者借款人的主体遭受了具体损害。[⑥]

在*Clapper*案中存在的问题在于，法院认为原告缺乏证据证明政府可能干涉他们的通信，但事实上并非所有的信息收集都会产生事实上的损害。在*Spokeo*案中存在的问题也是信息传播的类似问题。在*TransUnion*案中的问题是信息传播和信息保留。关于个人信息侵害案件，如何进行“损害认定”，这三个典型案例存在的共同问题是没有为“信息损害何时才符合具体、特定、

---

① Jason S. Wasserman, Stand in the Place Where Data Live: Data Breaches as Article III Injuries, Duke Journal of Constitutional Law and Public Policy Sidebar, Vol. 15,（2020）, pp. 206-208.

② Steffel, Jameson, The Time between the Theft and the Injury: Standing Requirements Based on a Future Risk of Identity Theft after a Data Breach, University of Cincinnati Law Review, Vol. 88, No. 4（2020）, p. 1191.

③ Clapper v. Amnesty Int'l USA, 568 U. S. 398, 409（2013）.

④ Robins v. Spokeo, Inc., 867 F. 3d 1108, 1113（9th Cir. 2017）.

⑤ TransUnion LLC v. Ramirez, 141 S. Ct. 2190, 2201（2021）.

⑥ Danielle Keats Citron, Daniel J. Solove, Standing and Privacy Harms: A Critique of Transunion v. Ramirez, Boston University Law Review Online, Vol. 101（2021）, p. 64.

实际发生或即将发生的状态”提供一个具有内在连贯性的标准。而之所以会存在这些问题，是因为在个人信息侵害案件中，要证明损害已经达到特定、具体、实际发生的标准是非常困难的，因为信息是无形的、非竞争性的。①

（二）传统“损害认定”规则缺陷的解决思路

虽然美国最高院在个人信息保护案件中，对于传统“损害认定”规则的司法实践一直处于没有确立统一原则、不连贯的矛盾状态，但美国巡回法院在司法实践中对于传统“损害认定”规则的缺陷问题，形成了三种不同的解决思路。

1. 认定个人信息泄露本身就构成损害

这种处理思路仅存在于第三巡回法院，其认为如果个人信息泄露案件密切涉及联邦法律，那么原告可能因为存在实际损害而具有诉讼资格。在 *Horizon Healthcare Services* 案②中，第三巡回法院认为，如果诉讼的原因是基于联邦法律如 1970 年的《公平信用报告法案》（FCRA），那么个人信息泄露本身就足以构成损害。

2. 对于证明即将发生的危害适用较低的证明标准

有的法院认为个人信息泄露案件的原告必须证明未来的损害是即将发生的，但设定了比较低的举证负担，③ 采用“实质风险”的标准。基于这种方法，没有必要去考量原告是否具有诉讼资格的问题，因为泄露信息的滥用存在明显的潜在风险。在 *Galaria v. Nationwide Mutual* 案中，黑客入侵了大量的保险金融公司。第六巡回法院认为，即使还没有明确原告的信息可能被滥用，但原告基于违反 FCRA 以及普通法的索赔进而具有诉讼资格，原告的信息已经被具有恶意的犯罪分子掌握，未来损害即将发生。

3. 认定个人信息泄露后增加的损害风险不属于实际发生的损害

在这种处理思路下，法院认为信息泄露本身并不能成为一个被认可的损害，不论是否存在未来滥用的增长风险。法院拒绝承认关于未来损害风险增

---

① Peter C. Ormerod, Making Privacy Injuries Concrete, Washington and Lee Law Review, Vol. 79, No. 1 (2022), p. 113.

② Horizon Healthcare Servs. Inc. Data Breach Litig., 846 F. 3d 625, 629, 640 (3d Cir. 2017).

③ Affias v. Carefirst, Inc., 865 F. 3d 620, 622 (D. C. Cir. 2017); Remijas v. Nieman Marcus Grp., LLC, 794 F. 3d 688, 693 (7th Cir. 2015); AFGE V. OPM (In re United States OPM Data Sec. BreachLitig.), 928 F. 3d 42, 58 (D. C. Cir. 2019).

长的索赔案件具有诉讼资格，因为原告依赖了太多的假设。在 *Beck v. McDonald* 案中，第四巡回法院认为，在发生医疗个人信息泄露后原告没有诉讼资格，因为原告不能证明他的信息已经或者可能会被滥用。①

从前述案例以及处理情况来看，可以说传统“损害认定”规则对于个人信息的保护或者敏感个人信息的保护并没有发挥预期的效用，甚至产生了一定程度的阻碍。

（三）传统“损害认定”规则的新发展

2019 年，在伊利诺伊州，关于如何适用“损害认定”的规则有了新的发展。具体而言，就是伊利诺伊州高院在 *Rosenbach v. Six Flags* 案（以下简称 Rosenbach 案）中，以及第九巡回法院在 *Patel v. Facebook* 案（以下简称 Patel 案）中，均认定违反《伊利诺伊州生物信息隐私法》（Illinois's Biometric Information Privacy Act，BIPA）的行为本身即构成实质性损害。

在 *Rosenbach v. Six Flags* 案中，被告 Six Flags 公司在 14 岁未成年人 Alexander Rosenbach 的监护人并不知情且同意的情况下，非法获取、保留了 Alexander 的指纹。Alexander 母亲的代表提起诉讼，主张 Six Flags 公司没有遵守 BIPA 的规定，并且侵害了她儿子的隐私。Six Flags 公司答辩要求驳回案件，理由是 Alexander 没有遭受实际损害或者损害威胁。伊利诺伊州高院认为，违反 BIPA 足以对消费者产生损害并提起诉讼，“当私人实体没有遵守 BIPA 的要求时，这种违法行为就构成了一种侵害、损害或者剥夺了任何生物识别信息被泄露的个人或者消费者的法定权利”，因此支持了原告的诉讼请求。②

在 *Patel v. Facebook* 案中，第九巡回法院采用了与 *Rosenbach* 案类似的观点。原告作为居住在伊利诺伊州的 Facebook 用户，对 Facebook 提起了集体诉讼，主张该公司的面部识别技术违反了 BIPA 的规定，因为 Facebook 收集、使用、储存生物识别信息没有进行书面告知，也没有遵守信息保留的安排。Facebook 答辩认为用户没有遭受具体的损害。③ 第九巡回法院认为，首先，BIPA 作出了法律规定以保护个人在隐私领域的具体利益，而不仅仅是程序权利。其次，Facebook 公司制作和使用面部模板并全程保留这些模板的行为构

① Beck v. McDonald，848 F. 3d 262，275-76（4th Cir. 2017）.

② Rosenbach v. Six Flags Entm't Corp.，129 N. E. 3d 1197，1201，1206（Ill. 2019）.

③ Patel v. Facebook，932 F. 3d 1264，1270-74（9th Cir. 2019）.

成了违反 BIPA 所保护的隐私权利的规定。因此，第九巡回法院最终支持了原告的诉讼请求，并且认为原告遭受了具体的损失。①

数据损害是与隐私、自我决定、自主权有关的。② 虽然在 *Rosenbach* 案之前，BIPA 还处于睡眠状态，③ 但伊利诺伊州高院在 *Rosenbach* 案的判决中扩张了信息数字时代下关于损害的概念，认定违反 BIPA 即构成损害，代表了具有前瞻性的司法视角。对于 *Patel* 案而言，第九巡回法院的判决给消费者确立了一个新的理由，为数字时代下保护隐私权提供了支持。④

前述两个案件判决之后，又有多起因违反 BIPA 而被提起的个人信息侵害索赔案件或集团诉讼案件。在这些诉讼案件中，个人消费者得到了相应的和解金或赔偿金，涉案公司如 Google、Facebook、TikTok、Clearview AI 等也不断改进相关业务的法律合规状况。但也需要看到，这两个案例的新发展并没有完全解决原有的问题。例如，如何计算个人信息侵害索赔中的损害？“每次违反”如何理解？是按涉及人数计算违反次数，还是按浏览阅读数量计算违反次数？⑤

四、我国“损害认定”规则对于敏感个人信息保护的不足

（一）我国“损害认定”规则的适用

我国对个人信息保护立法相对较晚，过往司法实践中关于个人信息损害的民事案件数量总体而言并不是很多。同时，我国关于“损害认定”的规则，也是按照传统侵权四要件的标准，即“侵害故意、侵害行为、损害结果、因

---

① Peter C. Ormerod, Privacy Injuries and Article III Concreteness, Florida State University Law Review, Vol. 48, No. 1 (2020), pp. 180-181.

② Jay P. Kesan, Carol M. Hayes, Liability for Data Injuries, University of Illinois Law Review, Vol. 2019, No. 1 (2019), p. 359.

③ Donald L. Buresh, Should Personal Information And Biometric Data Be Proteceted Under A Comprehensive Federal Privacy Statute That Uses The California Consumer Privayc Act And The Illinois Biometric Information Privacy Act As Model Laws?, Santa Clara High Technology Law Journal, Vol. 38, No. 1 (2022), p. 75.

④ Chloe Stepney, Actual Harm Means It Is Too Late: How Rosenbach V. Six Flags Demonstrates Effective biometric Information Privacy Law, Loyola of Los Angeles Entertainment Law Reviews, Vol. 40, No. 1 (2019), pp. 83-84.

⑤ Emma Graham, Burdened By BIPA: Balancing Consumer Protection And The Economic Concerns of Businesses, Santa Clara High Technology Law Journal, Vol. 38, No. 2 (2022), pp. 940-947.

果关系”。在已发生的涉及个人信息侵权的案件中，绝大部分案件由于原告无法证明实际发生损害，因此无法得到有效的民事赔偿救济。

对此，在《民法典》以及《个人信息保护法》生效之前，有的法院进行了个案尝试。例如，在2017年庞某某诉中国东方航空股份有限公司、北京趣拿信息技术有限公司隐私权纠纷案中，原告认为去哪儿网所涉的北京趣拿公司以及东方航空公司泄露其个人信息，侵犯自身合法权益，遂提起诉讼。一审法院认为，原告个人信息并非只是被告，也有可能是其他主体泄露，因此驳回原告全部诉讼请求。二审法院通过重新分配举证责任的方式，认为庞某某提供的证据可以排除自己泄露个人信息的可能性，并能够证明趣拿公司和东航已经掌握案涉个人信息，且存在泄露的高度可能性。庞某某个人信息遭泄露，与两家公司的疏忽大意有关联，应认定其具有过错并承担侵权责任。因此，改判趣拿公司和东航在官网上向庞某某赔礼道歉，驳回赔偿精神损害抚慰金1000元的诉讼请求。[①]

虽然在该案中，审理法院通过减轻原告的举证责任，进而支持了原告关于个人信息遭受侵害的部分诉讼请求（支持了赔礼道歉请求，没有支持精神损害抚慰金请求），但这种个案解决方式毕竟没有制度化，而且二审判决结果多少受到“由企业承担更大义务的发展趋势”的影响。[②] 但即便二审法院关于过错要件对原告适用了较低的证明标准，原告仍要面临证明“加害行为、损害结果、因果关系”这三座难以逾越的大山，特别是证明“实质损害”。

（二）我国现有“损害认定”规则的不足

1. 未体现对敏感个人信息保护的特殊性

信息时代背景下，许多损害是由于新的信息处理活动，特别是使用算法驱动系统所导致的，这种损害并不直接与个人信息或者信息集相关。但个人信息会被首先集合起来进行分析，之后再投入实践活动中。面对这样日新月异的技术更新，我国《个人信息保护法》中的“损害认定”规则对敏感个人信息保护制度仍然供给不足，也未充分体现出敏感个人信息保护的特殊性。[③]

---

① 参见北京市第一中级人民法院（2017）京01民终509号民事判决书。

② 何渊：《大数据战争》，北京大学出版社2019年版，第72页。

③ 孙清白：《敏感个人信息保护的特殊制度逻辑及其规制策略》，载《行政法学研究》2022年第1期。

关于侵权责任认定以及损害认定的问题，并没有对敏感个人信息与个人信息进行区别，都只能笼统适用《个人信息保护法》第69条的规定。这种对于个人信息的一般法律责任规定并不能满足敏感个人信息的特殊性需求，这其中也包括对于敏感个人信息“损害认定”的问题。

2. 未体现对于侵权行为规制的广泛性

个人信息权益的损害事实通常表现为两种形态，权利损害形态和财产损失形态。如果仅发生了权利损害形态的违法行为，并未造成损害事实，则只能主张人格请求权，无法主张损害赔偿请求权。①

举例而言，如果个人信息处理者没有取得个人单独同意而处理敏感个人信息，或者个人信息处理者在处理敏感个人信息时没有向个人告知处理敏感个人信息的必要性以及对个人权益的影响等，属于权利损害形态，由于侵权行为隐秘、难以证明实际损失，通常只能主张人格请求权，难以主张损害赔偿请求权予以民事救济。而对于数据信息泄露这种更可能产生实质损害的侵权行为而言，虽然可以主张损害赔偿请求权，但在具体案件中原告举证困难，最终也难以实现损害赔偿请求的目标。

3. 未体现对于举证能力与证明标准的平衡性

在涉及个人信息侵害的案件中，消费者作为原告，其收集证据的资金、技术与个人信息处理者根本不在一个等量级上。因此，我国现有损害认定规则对于实质损害的认定标准仍然偏高，导致原告举证能力与案件待证的实质损害事实之间严重失衡。

这种严重失衡状态会导致以下三个不利后果：

（1）财产损害赔偿司法救济路径缺位。

个人信息侵害类型的案件，其损害类型往往不是直接损害，而是间接损害。原告要证明间接财产损失，根本无法提供完整的证据链条。②

（2）精神损失赔偿司法救济路径缺位。

针对个人信息侵害案件的原告是否可以依据《个人信息保护法》第69条

---

① 杨立新：《个人信息处理者侵害个人信息权益的民事责任》，载《国家检察官学院学报》2021年第5期。

② 《庞立鹏诉北京趣拿信息技术有限公司、中国东方航空股份有限公司隐私权纠纷案——个人信息认定、举证责任分配及个人信息纠纷解决机制的重构》，载《人民法院案例选》2019年第4辑（总第134辑）。

提起精神损害赔偿，学界有不同意见。有的学者认为不可以，理由是个人信息权是人格权，侵害人格权造成严重精神损害的赔偿责任，应当依照《民法典》第 1183 条第 1 款关于精神损害赔偿的专门规定。[①] 有的学者认为可以，理由是《个人信息保护法》的立法者在第 69 条第 2 款进行了创新，将“按照个人因此受到的损失或者个人信息处理者因此获得的利益确定”的规则适用于所有的损害，既包括财产损失，也包括精神损害。[②] 但不论依据哪部法律主张精神损害赔偿，原告都不可避免地面临“举证遭受严重精神损害”这种不可能完成的任务。

（3）间接剥夺了消费者选择权。

《个人信息保护法》第 16 条虽然规定“个人信息处理者不得以个人不同意处理其个人信息或者撤回同意为由，拒绝提供产品或者服务”，但同时也规定“处理个人信息属于提供产品或者服务所必需的除外”。这意味着，在纠纷案件中判决个人信息处理者停止侵害行为的情况下，如果涉及“处理个人信息属于提供产品或者服务所必需”之情形，则停止侵权也就减少了消费者使用相关信息软件的自由选择权。

（三）敏感个人信息民事保护机制的落实

在个人信息的三种保护机制中，市场调解机制因为存在垄断、经营者集中等情形，导致消费者事实上难以实现所谓的退出（exit）、呼吁（voice）机制。监管执法机制因为行政资源有限，难以大规模长期实施。而侵权责任机制由于传统“损害认定”规则的缺陷，也难以发挥预期的作用。从某种角度来说，对于个人信息保护，特别是敏感个人信息民事法律保护机制处于落空状态。这种状态在前不久对于“滴滴公司”的行政处罚中反映得尤为明显。

2022 年 7 月 21 日，国家互联网信息办公室对滴滴全球股份有限公司（以下简称滴滴公司）依法作出网络安全审查相关行政处罚的决定，认定滴滴公司存在违反《网络安全法》《数据安全法》《个人信息保护法》等多项违法违规行为，其中仅“过度收集乘客人脸识别信息”就达到了 1.07 亿条，最终对

① 杨立新：《侵害个人信息权益损害赔偿的规则与适用——〈个人信息保护法〉第 69 条的关键词释评》，载《上海政法学院学报（法治论丛）》2022 年第 1 期。

② 程啸：《侵害个人信息权益的侵权责任》，载《中国法律评论》2021 年第 5 期。

滴滴公司处以人民币80.26亿元罚款。[①] 这仅仅是政府部门通过监管执法的方式对网约车巨头的行政处罚，目的还是在于督促滴滴公司对违法违规行为予以合规整改。从个案保护角度来说，必须肯定该行政处罚将对整个互联网领域关于数据保护合规、敏感个人信息保护合规等事宜产生重大进步影响。但从制度保护角度来说，数据保护合规、敏感个人信息保护合规等领域规模大、专业性强、隐蔽性高，政府行政执法资源毕竟有限，难以在全国范围内及时、有效地覆盖到各个行业的数据保护合规、敏感个人信息保护合规事务。

根据《个人信息保护法》第28条的规定，人脸识别信息这种生物识别信息属于敏感信息。在没有特定目的和充分必要性的情况下，法律禁止个人信息处理者处理敏感个人信息。滴滴公司“过度收集乘客人脸识别信息”的行为明显已经损害了消费者的敏感个人信息权益。但除了政府行政处罚，目前尚未看到有消费者关于前述违法违规行为提起民事索赔诉讼，为何？消费者对于平台巨头而言始终是弱势群体，如果不是因为政府介入进行行政监管以及行政处罚，消费者也不知道其敏感个人信息是否遭受侵害。即使消费者看到政府部门公布滴滴公司“过度收集乘客人脸识别信息”1.07亿条，也无法确认自己的敏感个人信息是否遭受了侵害。即使消费者确认了自己的敏感个人信息遭受了侵害，提起民事赔偿诉讼，也难以在民事索赔诉讼中举证证明遭受了实际损害。对于这种民事诉讼案件，可以预想到的裁判结果不外乎是停止侵权，支持相关的合理维权费用，至于损害赔偿金、判决精神损害抚慰金几无可能得到支持。就算法院依照《个人信息保护法》第69条第2款，根据实际情况酌情确定赔偿金数额，这种司法自由裁量权也会带来很大的不确定性。

前述这些可以预见到的民事诉讼裁判结果对于存在于市场上的大大小小个人信息处理者而言，可以说几乎没有法律威慑力，也毫无违法成本可言，但对于消费者维权而言则是异常巨大的时间、经济成本。可见，传统“损害认定”规则中要求原告证明“损害实际发生”无法适应侵权责任机制下对于个人信息保护特别是敏感个人信息保护的目标。目前来看，涉及被滴滴公司

① 国家互联网信息办公室有关负责人就对滴滴全球股份有限公司依法作出网络安全审查相关行政处罚的决定答记者问，2022年7月21日，载http://www.cac.gov.cn/2022-07/21/c_1660021534364976.htm，2022年8月1日访问。

“过度收集乘客人脸识别信息” 1.07 亿条的消费者仍然缺乏有效途径实现民事赔偿救济。而更大的问题是，日常生活中更多的消费者在不知不觉中所遭受的更为广泛的敏感个人信息侵害，仍然无法有效纳入民事救济制度中。

五、关于我国“损害认定”规则的改进建议

（一）保护范式转变

信息时代的数据平台拥有强大的“数据权力”（data power），[①] 会带来侵犯隐私、人为操纵、歧视、程序不公平等问题。[②] 传统的“个人控制”理论下的模式（如通知、同意、目的限定等）难以对大数据分析带给用户的损害提供足够的法律保护，[③] 因为大部分人并不理解大数据分析如何采集、分析、使用表面数据与潜在信息，无法在最开始的阶段对是否分享表面数据作出有实质意义的选择。对于这种情况，应当注重个人信息的社会资源属性。[④]

对于敏感个人信息的保护思路应当从“个人控制”转为“社会保护”，采用“社会福利”理论，从信息不对称减损了消费者福利的角度解释“消费者实质性损害”，认定不合理的信息安全活动造成了信息不对称进而导致了消费者福利的降低。消费者个人信息泄露的事实本身就是遭受了实质性的损害，个人信息泄露就足以可能导致消费者损害。

新的法律规则范式，应当首先强调社会保护，而非个人控制。[⑤] 其次，应当保护人民避免遭受大数据分析带来的重大风险。[⑥] 在这个新的范式下，个人信息保护是规制信息处理行为的制度，规制要围绕着如何实现“公平”价值

---

① Kitchin R, Big Data and Human Geography: Opportunities, Challenges and Risks, Dialogues in Human Geography, Vol. 3, No. 3 (2013), pp. 262-267.

② Daniel M. Filler, David M. Haendler., Jordan L. Fischer, Negligence at the Breach: Information Fiduciaries and the Duty to Care for Data, Connecticut Law Review, Vol. 54, No. 1 (2022), pp. 126-127.

③ Terrell McSweeny, Psychographics, Predictive Analytics, Artificial Intelligence & Bots: Is the FTC Keeping Pace?, Georgetown Law Technology Review, Vol. 2, No. 2 (2018), pp. 525-526.

④ 高富平：《GDPR 的制度缺陷及其对我国〈个人信息保护法〉实施的警示》，载《法治研究》2022 年第 3 期。

⑤ Solon Barocas, Helen Nissenbaum, “Big Data's End Run Around Anonymity and Consent”, in J. Lane et al. (Eds.), Privacy, Big Data and the Public Good, New York, Cambridge University Press, 2014, pp. 44-45.

⑥ Dennis D. Hirsch, From Individual Control to Social Protection: New Paradigms for Privacy Law in the Age of Predictive Analytics, Maryland Law Review, Vol. 79, No. 2 (2020), p. 462.

而展开,[①] 应当加强国家对公民个人尊严和隐私、安宁负有的保护义务，以缓解“数据权力”对个人信息造成的侵害风险。[②]

（二）构成要件转变

传统观念下，法律上的损害是指那些具有可赔偿性的损害。在侵害个人信息权益的侵权赔偿纠纷中，原告要求被告承担赔偿责任，就必须证明自己因此遭受的损害。[③] 但敏感个人信息处理的侵害行为通常属于“程序性违法”，并不一定每次都给信息主体造成法律上承认的实际“损害”,[④] 也不是每次都能够证明实际“损害”的发生。

从对社会整体福利的保护上看，对于特定类型的敏感个人信息侵害，取消“造成实际损害”作为法律构成要件，在“损害认定”中适用“违法即构成损害”的标准。具体就是，在敏感个人信息侵害纠纷中，原告只要证明存在违反法律、法规的行为，法院就可以直接认定发生损害，并依法承担相关赔偿责任。如果能够证明损失的，适用经过举证的损失金额；如果无法证明损失的，则直接采取法定赔偿标准。二者以金额高者为准。

（三）归责原则转变

敏感个人信息的处理行为原则上是禁止的，仅在例外情形（国家利益、科学研究公共利益等）下允许。与此相对应，敏感个人信息的处理者也应当承担更严格的责任。[⑤] 目前的《个人信息保护法》在第69条并未对处理敏感个人信息的行为作出区别于处理个人信息的归责原则，而是统一适用过错推定原则。

有必要在《个人信息保护法》中考虑区分个人信息与敏感个人信息，分别确定不同的归责原则，对于“敏感个人信息”侵害适用危险责任即无过错责任的归责原则。[⑥]

---

① 王苑：《数据权利视野下个人信息保护的趋向——以个人信息保护与隐私权的分立为中心》，载《北京航空航天大学学报（社会科学版）》2022年第1期。

② 王锡锌：《个人信息国家保护义务及展开》，载《中国法学》2021年第1期。

③ 程啸：《侵害个人信息权益的侵权责任》，载《中国法律评论》2021年第5期。

④ 宋素红、余沐芩：《新闻传播侵害敏感个人信息的民事责任——基于民法典和个人信息保护法（草案）相关规定的视角》，载《中国记者》2021年第1期。

⑤ 程啸：《侵权责任法》（第3版），法律出版社2021年版，第126页。

⑥ 程啸：《论我国个人信息保护法中的个人信息处理规则》，载《清华法学》2021年第3期。

（四）举证责任转变

为最大限度地化解举证能力与证明标准的不平衡，可在司法实践中尽量降低信息主体对过错要件的证明标准，[①] 同时降低对损害要件的证明标准。关于举证责任转化，可参考如下建议：首先，由原告承担举证责任，证明被告违法信息处理行为构成了实质性损害的假设。其次，由被告对所涉信息类型、信息范围的假设进行反驳。最后，如果被告能够反驳实质损害的假设，那么再次将举证责任转移给原告进行反驳。[②]

（五）赔偿计算转变

《个人信息保护法》第 69 条第 2 款未规定法定赔偿金额，也没有明确规定由侵权人承担维权的合理开支。[③] 基于敏感个人信息的特殊性，很有必要对特定类型或特定情形的敏感个人信息侵害在一定金额范围内明确规定损害赔偿的金额以及规则。通过构建法定赔偿制度，确立法律的威慑力以及对于敏感个人信息侵害的违法成本。

应当把特定类型或特定情形的敏感个人信息侵害的违法行为区分为“过失”和“故意”的情形。对于“过失”的情形，规定相对低的法定赔偿金额。授权个人在法定赔偿金额或经证明的实际损害金额之间向违法行为主体进行索赔，以高者为准。对于“故意”的情形，规定相对高的法定赔偿金额。授权个人在法定赔偿金额或经证明的实际损害金额之间向违法行为主体进行索赔，以高者为准。不管违法行为是故意还是无意，都要承担损害、律师费以及维权成本等赔偿责任。[④] 关于“合理开支”的规定，可以参考《最高人民法院关于审理使用人脸识别技术处理个人信息相关民事案件适用法律若干问题的规定》第 8 条，并在《个人信息保护法》中明确规定，维权的合理开支由侵权人承担。

---

① 李昊：《个人信息侵权责任的规范构造》，载《广东社会科学》2022 年第 1 期。

② Maxwell E. Loos，Exposure as Distortion：Deciphering Substantial Injury for FTC Data Security Actions，George Washington Law Review，Vol. 87（2019），pp. 65-72.

③ 《个人信息保护法》第 69 条第 2 款：“前款规定的损害赔偿责任按照个人因此受到的损失或者个人信息处理者因此获得的利益确定；个人因此受到的损失和个人信息处理者因此获得的利益难以确定的，根据实际情况确定赔偿数额。”

④ Emma Graham，Burdened By BIPA：Balancing Consumer Protection And The Economic Concerns of Businesses，Santa Clara High Technology Law Journal，Vol. 38，No. 2（2022），p. 949.

另外，“获利剥夺”也是一种重要的赔偿计算方式，在我国现行法律中有相关规定。例如，《商标法》第63条规定：“侵犯商标专用权的赔偿数额，按照权利人因被侵权所受到的实际损失确定；实际损失难以确定的，可以按照侵权人因侵权所获得的利益确定……”在敏感个人信息的侵害纠纷中，往往也伴随着获利情形。虽然对于获利的举证难度相对较高，在确定侵害敏感个人信息的赔偿数额时，仍可考虑参照加入“获利剥夺”机制。例如，规定授权个人“在法定赔偿金额或经证明的实际损害金额或经证明的侵权人因侵权所获利益之间向违法行为主体进行索赔，以高者为准”。

当然，由于法律所存在的天然滞后性，无法同步反映出飞速发展的数字经济之相关权益保护需求。因此，前述建议如果暂无法通过法律制定或修订的方式实现，也可以考虑先行在司法解释中对于法定赔偿制度予以规定和指引，待司法实践成熟之后再行立法。

（六）赔偿路径补充

遭受个人信息或敏感个人信息泄露会导致大量心理、经济损害与高额的诉讼成本。① 个人在遭受信息泄露之后的赔偿数额通常是非常小的，往往会发生集体诉讼。但如果诉讼成本太高，那么通过信息泄露的集体诉讼路径去解决由于信息安全所导致的社会损害就不足以应对了。因此，有必要建立敏感个人信息损害赔偿基金。

敏感个人信息损害赔偿基金将成为诉讼解决方案的有力补充。加入集体诉讼的个人：（1）有权选择通过这个基金获得个人补偿，或者（2）如果集体诉讼程序达成了解决方案，那么参加集体诉讼的成员亦有权选择先返还从基金这里已经获取的个人补偿款后，再获取集团诉讼解决方案中剩余的全部赔偿款项。②

六、结语

前述建议仅是针对数据保护法的法律解决框架下，对现有《个人信息保

① Carol M. Hayes, Comparative Analysis of Data Breach Laws: Comprehension, Interpretation, and External Sources of Legislative Text, Lewis & Clark Law Review, Vol. 23, No. 4 (2020), p. 1278.

② Jay P. Kesan, Carol M. Hayes, Liability for Data Injuries, University of Illinois Law Review, Vol. 2019, No. 1 (2019), p. 360.

护法》中关于“损害认定”规则的改进策略，以期将对敏感个人信息权益的保护真正落到实处，避免法律成为“纸老虎”而被束之高阁。

但在信息数字经济时代，基于大数据和算法技术快速发展带来的严重信息不对称等影响，仅仅通过单个部门法对敏感个人信息进行保护是远远不够的，因为信息数字经济早已覆盖了社会经济生活的方方面面，跨越了多个部门法领域。况且欧美现行的个人信息保护法律，不论是 GDPR 还是 CCPA，其三大基本机制在受到“严重信息不对称”（large information asymmetries）、“市场权力”（market power）以及“监管俘获”（regulatory capture）等因素影响下，实际上根本难以有效运行。[①]

对于数据和算法技术带来的敏感个人信息权益保护之问题，除了数据保护法，还可以采取综合方法，将其他相关替代性解决方案结合起来，包括个人数据的财产化、消费者法、竞争法、非歧视法、算法的透明度、大数据伦理等。[②] 其中，《消费者权益保护法》《反垄断法》《反不正当竞争法》等在大数据环境下具有很大的潜力和应用价值，值得进一步研究。由于篇幅原因，本文不详细展开。

---

① Lancieri, Filippo. Narrowing Data Protection's Enforcement Gap, Maine Law Review. Vol. 74, No. 1 (2022), p. 56.

② ［荷］玛农·奥斯特芬：《数据的边界——隐私与个人数据保护》，曹博译，上海人民出版社 2020 年版，第 244 页。

敏感个人信息侵权责任的检视路径

——微信读书案评析

杜冰焱*

（浙江素豪律师事务所，浙江宁波　315000）

摘　要：本文在《民法典》和《个人信息保护法》的框架下，依照敏感信息的认定、与私密信息的关系、是否构成侵权、构成何种侵权、归责原则的检视路径，对“微信读书案”进行案例评析和复盘，试图论证：敏感信息包含私密信息，在个人信息权益、隐私权侵权纠纷案件中，先根据“以国家标准为原则，个案认定为补充”的模式，判断涉案个人信息是否属于敏感信息，再考虑信息主体的授权情况来判断“不愿为他人知晓”这一主观要件，从而认定其是否属于私密信息；为维持法秩序内部的协调，可通过将违法处理私密信息的侵权损害赔偿责任的归责原则，解释为《民法典》第1034条第3款后段隐私权的规定中“没有规定的”部分，从而适用《个人信息保护法》的过错推定原则；在举证责任分配方面，法院应当在同案中就个人信息权益和隐私权侵权纠纷采用同样的举证责任分配规则。

关键词：敏感个人信息；私密信息；归责原则；举证责任

一、引言

2020年7月30日，黄某诉腾讯科技（深圳）有限公司等隐私权、个人信息权益网络侵权责任纠纷案（以下简称“微信读书案”）一审审结，北京互联网法院认定被告的行为构成对原告个人信息权益的侵害，但不构成对隐私

---

* 杜冰焱，浙江素豪律师事务所律师。

权的侵害。[①] 该案判决书对个人信息的认定、侵权的构成及责任承担问题进行了详细、深入的论证，对网络侵权领域中的个人信息权益、隐私权保护有一定的积极影响，主要体现在：第一，通过"从个人到信息""从信息到个人"两条路径论证微信好友关系、读书信息具备"可识别性"，从而认定属于个人信息；第二，确立了互联网集团公司开发运营的不同 App 之间的跨软件数据共享，应当获得用户同意；第三，以司法实践明确了个人信息权益与隐私权的界分，对未来相同案由的司法判决将起到指引作用。[②]

该案判决虽形成于《民法典》正式实施之前，但判决说理部分援引了《民法典》中关于个人信息权益和隐私权的相关法律概念及规范精神，填补了《民法总则》的规范空白，最大限度做到与时俱进。然而，可能正是因为受到当时现行法律规范的局限，并且司法实践中几乎无先例性类案判决可供参照，该案判决在个人信息的分类、证成是否构成侵权、构成何种侵权以及归责原则等方面，不可避免地存在一些问题，走了一些弯路。

《民法典》于 2021 年 1 月 1 日起正式实施，《个人信息保护法》于 2021 年 8 月 20 日由第十三届全国人大常委会第三十次会议通过。两部法律对个人信息分别采用了"私密信息"和"敏感个人信息"[③] 的提法，保护规则亦有所区分，对重新检视"微信读书案"之判决，乃至对未来相同案由的司法判决具有重要意义。基于上述立法背景，本文将从敏感信息与私密信息的关系入手，探讨《个人信息保护法》框架下的个人信息权益侵权损害赔偿责任的归责原则问题，对"微信读书案"进行案例评析和复盘，试图理顺该案所涉相关个人信息侵权责任的检视路径，从而为今后类案裁判提供参考，发挥积极指引作用。

---

① 参见北京互联网法院（2019）京 0491 民初 16142 号民事判决书。

② 杨婕：《我国个人信息保护立法完善路径分析——以微信读书、抖音侵犯个人信息权益案件为例》，载《中国电信业》2021 年第 6 期，第 57—61 页；刘晓春、李梦雪：《2020 年数据竞争与个人信息司法案例盘点》，载《中国对外贸易》2021 年第 1 期，第 38—41 页；《互联网法院宣判微信读书与抖音案，隐私权不同于个人信息权益保护》，微信公众号"新浪财经"，2020 年 7 月 31 日。

③ 2012 年我国首部个人信息保护国家标准《信息安全技术　公共及商用服务信息系统个人信息保护指南》（GB/Z 28828—2012）使用了"个人敏感信息"概念以后，其后发布的相关国家标准和规范性文件均采用"个人敏感信息"，《个人信息保护法（草案）》各阶段审议稿和正式稿则采用了"敏感个人信息"，故本文标题采用"敏感个人信息"的表达，以便与《个人信息保护法》相呼应，引用条文时与被引规范性文件表达一致，其余统一简称为"敏感信息"。

二、“微信读书案”基本案情、判决要旨及问题

（一）基本案情与裁判要旨

原告黄某于2019年4月12日下载并登录使用微信读书3.3.0版（以下简称微信读书），发现该App需要微信授权登录，授权页面提示“登录后开发者将获得以下权限：（1）获得你的公开信息（昵称、头像、地区及性别）；（2）寻找与你共同使用该应用的好友”，账户信息与好友关系一次性授权且无勾选操作设置。继续使用后原告黄某发现，在其未明确授权同意的情况下，微信读书自动关注了共同使用该App的微信好友，且其读书信息（包括读书时长、最近阅读、书架、推荐书籍、读书想法等）默认对这些好友可见。更进一步的是，即便是在微信读书中并未相互关注的微信好友，仍能通过微信读书看到其读书信息。据此，原告黄某认为被告腾讯科技（深圳）有限公司、腾讯科技（北京）有限公司、深圳市腾讯计算机系统有限公司（以下共同简称为腾讯公司）① 侵害了其个人信息权益和隐私权，请求北京互联网法院判令被告停止微信读书收集、使用其微信好友关系，解除微信读书中与其微信好友的相互关注，停止使用并向其微信好友展示其在微信读书中的读书信息，并向原告赔礼道歉，赔偿其因该案支出的公证费等合理费用。

北京互联网法院于2020年7月30日作出一审判决，除将原告“公开赔礼道歉”的诉讼请求变更为“书面赔礼道歉”，基本支持了原告的其他诉讼请求。法院归纳的争议焦点，同样也是判决书的论证逻辑是：第一，微信好友关系、读书信息是否属于个人信息、隐私；第二，微信读书获取原告微信好友关系、向原告共同使用该App的微信好友公开原告读书信息、为原告自动关注微信好友并使关注好友对原告读书信息可见的行为，是否构成对原告个人信息权益、隐私权的侵害；第三，若构成侵权，被告腾讯公司应当如何承担法律责任。

---

① 微信读书的开发者为腾讯科技（深圳）有限公司广州分公司，该公司于2019年11月29日注销，权利义务由总公司腾讯科技（深圳）有限公司承继，腾讯科技（北京）有限公司系微信的开发者，深圳市腾讯计算机系统有限公司系上述两款App的运营者。法院认为，作为用户无法判断微信和微信读书的实际开发者与运营者，故支持了原告由三被告对侵权损害赔偿承担连带责任的诉讼请求。至于删除个人信息、解除关注等判决具体由哪一被告承担，对于本文所论证的问题并无影响。因此，除需特殊说明以外，本文将三被告共同简称为“腾讯公司”。

法院认为，微信好友关系、读书信息符合“可识别性”这一个人信息的核心特征，属于个人信息，但“不能笼统地纳入符合社会一般合理认知的私密信息范畴”；微信读书获取原告微信好友关系属于“收集”个人信息的行为，被告就该行为向原告履行了“告知同意”义务，但就收集、使用微信好友关系的目的和方式系“向原告并未主动添加关注的微信好友自动公开读书信息”以及“为原告自动关注共同使用该应用的微信好友”未充分履行“告知同意”义务，故构成对原告个人信息权益的侵害。但由于微信好友关系、读书信息不属于私密信息，原告亦未主张致其生活安宁受到侵扰，故不构成对原告隐私权的侵害。

（二）遗留问题

该案判决书对个人信息权益和隐私权的侵权之构成的论证可谓相当详细、深入，部分观点独树一帜，可以说是当时个人信息保护领域具有风向标意义的民事判决书。但局限于当时的法律规范，特别是《民法典》尚未正式实施，《个人信息保护法》尚未公布，该案判决多少存在一些遗留问题有待进一步研究，主要有以下两点：

第一，微信好友关系、读书信息属于何种类别的个人信息。就二者是否符合“不愿为他人知晓”的私密性而属于私密信息，法院认为，“不能完全取决于隐私诉求者的个体意志，应符合社会一般合理认知”，进而得出“不能笼统地纳入符合社会一般合理认知的私密信息范畴”的结论，随后又提出“合理隐私期待”概念，认为处理此类个人信息是否构成侵权，“需要结合信息内容、处理场景、处理方式等，进行符合社会一般合理认知的判断”，从而在判决书的后续部分又花费了大量篇幅重新进行论证，方才认定二者不属于私密信息。

根据《民法典》第 1034 条的规定，若个人信息属于私密信息，则适用有关隐私权的规定；《个人信息保护法》的出台，对信息处理者处理敏感信息规定了更为严格的法定义务。因此，在现行法框架下，涉案个人信息是否属于敏感信息或者私密信息，是后续论证被告的行为是否构成侵权、侵犯何种权益或权利的前提和基础，必须首先予以确定。以该案为视角，对《民法典》和《个人信息保护法》框架下敏感信息与私密信息的检视规则进行梳理，具有重要的司法实践价值。

第二，个人信息权益、隐私权侵权损害赔偿责任应采何种归责原则。[①] 该案判决书所援引的请求权基础规范条文系《侵权责任法》第 8 条“共同侵权”。根据通说观点，共同侵权的归责原则等同于一般侵权的归责原则，即采“过错责任”，[②] 但判决书全文仅有两处提及被告腾讯公司的过错问题：第一处，在论证“微信读书向原告共同使用该应用的微信好友公开原告读书信息的行为是否构成对原告个人信息权益的侵害”时，法院认为被告腾讯公司“未以合理的‘透明度’告知原告并获得原告的同意……具有过错”；第二处，在论证“微信读书为原告自动关注共同使用该应用的微信好友，进而使得关注好友可以查看原告的读书信息是否构成对原告个人信息权益的侵害”时，法院认为被告腾讯公司这一行为较第一处的侵权行为“过错程度更高”。判决书并未就构成侵权的过错要件进行单独认定或论证。从原被告双方的举证情况来看，原告黄某并未出示证明被告腾讯公司的行为存在故意或过失的主观过错的证据，而被告腾讯公司则提供了大量证据用以证明其对原告个人信息构成“合理使用”，法院判决亦未令原告承担就侵权责任的过错要件举证不能的不利后果。从法院在实际审判中所采的举证责任分配规则来看，似乎其更倾向于过错推定的归责原则，或者至少对过错要件未采“主观化标准”。

《民法典》并未明确个人信息权益侵权损害赔偿责任应采何种归责原则，按照侵权责任的一般理论，除非法律条文明确规定采过错推定责任或无过错责任，原则上应采过错责任的归责原则。《个人信息保护法》第 69 条第 1 款确立了个人信息权益侵权损害赔偿责任的过错推定责任。此项规定是否真的能够解决司法实践中归责原则和举证责任的问题，是否带来了新的问题，通过复盘该案以及相关类案的判决进行检视，对于司法实践和立法工作均具有较大意义。

基于以上两点问题，结合《民法典》和《个人信息保护法》的相关规

① 隐私权是具体人格权之一，被侵权人有权依据《民法典》第 995 条行使人格权保护请求权，与侵权损害赔偿责任不同的是，人格权保护请求权系绝对权请求权，在构成要件上不要求过错和损害要件，因此不存在归责原则问题。本文若无特殊说明，在讨论归责原则的部分均系侵权损害赔偿责任范围。参见黄薇主编：《中华人民共和国民法典侵权责任编解读》，中国法制出版社 2020 年版，第 31—36 页。

② 黄薇主编：《中华人民共和国民法典侵权责任编解读》，中国法制出版社 2020 年版，第 20—23 页；最高人民法院民法典贯彻实施工作领导小组主编：《中华人民共和国民法典侵权责任编理解与适用》，人民法院出版社 2020 年版，第 50—57 页。

定，本文将从现行法律和相关规范出发，依照敏感信息的认定、与私密信息的关系、是否构成侵权、构成何种侵权、归责原则的检视路径，对该案进行案例评析和复盘。

三、敏感信息与私密信息的关系及认定

在“微信读书案”中，原告黄某并未主张被告腾讯公司处理其个人信息的行为侵扰其私人生活安宁，而是主张微信好友关系、读书信息“属于原告并不愿向他人展示的隐私信息”，被告未经其明确授权处理上述“隐私信息”构成对其隐私权的侵害。法院已在判决书中依据《民法典》第1032条第2款的规范精神，将隐私分为“私人生活安宁”和“私密空间、私密活动、私密信息”两种类型，故而只需审查微信好友信息、读书信息是否属于私密信息即可认定被告行为是否构成对隐私权的侵害。

另外，《个人信息保护法》对处理敏感个人信息提出了相对于一般个人信息更高的要求。例如，要求具有特定的目的和充分的必要性，并采取严格的保护措施（第28条第2款），要求取得个人单独同意（第29条），额外要求告知必要性以及对个人权益的影响（第30条）等。在该案中，微信好友关系、读书信息属于个人信息的认定结论应无可非议，故而关键在于判断二者是否属于敏感信息，是否属于私密信息。

（一）区分敏感信息与私密信息的必要性

自2012年我国首部个人信息保护国家标准《信息安全技术　公共及商用服务信息系统个人信息保护指南》（GB/Z 28828—2012）（以下简称《个人信息保护指南》）使用了“个人敏感信息”概念以后，其后发布的相关国家标准和规范性文件均对此进行了沿用。[①] 而《民法典》却提出了“私密信息”这一个人信息类别，并通过第1034条第3款确立了私密信息既受到隐私权保护也受到个人信息保护规则保护的制度。[②] 有学者一度将敏感信息与私密信息

---

① 2017年《信息安全技术　个人信息安全规范》（GB/T 35273—2017）及其2020年修订版（GB/T 35273—2020）、2019年《互联网个人信息安全保护指南》《App违法违规收集使用个人信息自评估指南》《数据安全管理办法（征求意见稿）》等均采用“个人敏感信息”，2021年《个人信息保护法》《移动互联网应用程序个人信息保护管理暂行规定（征求意见稿）》采用“敏感个人信息”。

② 《民法典》第1034条第3款规定：“个人信息中的私密信息，适用有关隐私权的规定；没有规定的，适用有关个人信息保护的规定。”

混为一谈，认为“个人敏感信息”应当限缩解释为“个人敏感隐私信息”，故而其与“私密信息”实质上是一致的，都属于个人信息中涉及隐私的部分，是信息主体不愿意为他人知晓的信息。[①] 自《个人信息保护法（草案）》公布以来，敏感信息与私密信息二者不能概括等同已成为主流观点，[②] 这是由《民法典》与《个人信息保护法》基于不同的规范目的所作的不同的分类方法。

第一，区分敏感信息和非敏感信息是《个人信息保护法》从规范个人信息处理行为的角度进行的分类，有针对性地提高信息处理者在处理敏感信息时的法定义务，目的是类型化地保护个人信息权益。私密信息和非私密信息则是《民法典》从民事权益保护的角度，为正确区分隐私权与个人信息权益的不同保护方法而作的分类，目的侧重于民事权益的类型与保护方法的差异。

第二，对个人信息进行敏感信息、私密信息的正确归类，在个人信息权益、隐私权侵权纠纷案件中非常必要，主要体现在侵权责任构成要件的不同层次，即行为违法性和侵害的民事权益类型。由于《个人信息保护法》对信息处理者处理敏感信息规定了较高的法定义务，故判断其行为违法性时，首先应判断个人信息是否属于敏感信息；随后，在认定违法的个人信息处理行为侵害的是何种民事权益，特别是是否侵害隐私权时，就需要判断个人信息是否属于私密信息。另外，若个人信息属于私密信息，由于其适用隐私权保护的规定，权利人有权依据《民法典》第995条、第997条行使人格权请求权，并可向法院申请人格权禁令。对于虽属于敏感信息，但不属于私密信息的个人信息则不适用。[③]

---

① 张新宝：《个人信息收集：告知同意原则适用的限制》，载《比较法研究》2019年第6期，第1—20页；张新宝：《从隐私到个人信息：利益再衡量的理论与制度安排》，载《中国法学》2015年第3期，第38—59页。

② 类似观点参见韩新远：《个人行为轨迹信息的法律属性与分类保护研究》，载《交大法学》2021年第3期，第69—79页；程啸：《论我国个人信息保护法中的个人信息处理规则》，载《清华法学》2021年第3期，第55—73页；最高人民法院民法典贯彻实施工作领导小组主编：《中华人民共和国民法典侵权责任编理解与适用》，人民法院出版社2020年版，第362—371页。该案法院在判决书中持同样观点：“《个人信息安全规范》中的个人敏感信息可能与私密信息存在交叉，但不能概括地等同为私密信息。”

③ 程啸：《论我国个人信息保护法中的个人信息处理规则》，载《清华法学》2021年第3期，第70—71页。

由此可见，在《民法典》和《个人信息保护法》的框架下，对于个人信息权益、隐私权侵权纠纷案件，判断涉案个人信息是否属于敏感信息、是否属于私密信息是必要的前提。

（二）该案微信好友关系、读书信息的类别和侵权认定

1. 微信好友关系、读书信息是否属于敏感信息，是否构成个人信息权益侵权

在该案中，法院从合理隐私期待的维度，将个人信息分为三类："一是符合社会一般合理认知下共识的私密信息；二是不具备私密性的一般信息；三是兼具防御性期待及积极利用期待的个人信息。"据此认为微信好友关系、读书信息属于第三类，即"兼具防御性期待及积极利用期待的个人信息"。有观点认为，此系采"客观说"的识别标准，将微信好友关系、读书信息归入敏感信息范畴。

第一，在互联网领域，个人行为轨迹信息指的是："网络用户在使用计算机和网络的行为过程中被计算机硬件或软件记录下来的行为事件或过程数据，乃人们在线交互过程中产生的不具有独立身份识别特征的有关个人的信息。"微信好友关系、读书信息正是用户在使用微信和微信读书两款 App 的过程中被记录下来的好友列表、读书时长、最近阅读、书架、推荐书籍、读书想法等信息，属于行为轨迹信息。而《个人信息保护法》第 28 条第 1 款对敏感信息的定义中，明确列举了"行踪轨迹"这一个人信息。

第二，从规范目的来看，《个人信息保护法》对敏感信息保护提出了较高的法定义务，如在"告知同意"规则中要求"单独同意"和"告知必要性以及对个人权益的影响"，正是为了侧重保护这类信息主体"自主决定其消极防御或积极利用的权益"，这与敏感信息保护的规范目的一致。①

在司法领域，就敏感信息的认定，最高人民法院建议采用"以国家标准为原则，个案认定为补充"的模式。我国已颁布了《个人信息保护指南》和《信息安全技术　个人信息安全规范》（GB/T 35273—2020）（以下简称《个人信息安全规范》）两部国家标准，且对敏感信息采取界定内涵加列举类型

① 韩新远：《个人行为轨迹信息的法律属性与分类保护研究》，载《交大法学》2021 年第 3 期，第 69—79 页。

的方式，就应当优先根据国家标准进行认定，在个案中由特定机构根据信息处理的情景和目的来判断是否敏感信息作为补充。[①]其中，《个人信息安全规范》以列举的方式，将“好友列表”“软件使用记录”列入敏感信息范畴，而微信好友关系属于“好友列表”，读书信息则属于“软件使用记录”。故而在有国家标准作为依据的前提下，无须再由特定机构（该案中为法院）进行个案认定。

综上所述，该案中微信好友关系、读书信息属于敏感信息。很明显，微信读书在授权微信登录时，采用同一页面将账户信息与好友关系一次性授权，且无勾选操作设置的情形，这就违反了《个人信息保护法》第 29 条“处理敏感个人信息应当取得个人的单独同意”的规定。同时，微信读书向原告共同使用该 App 的微信好友公开原告读书信息时，亦未尽到“告知必要性以及对个人权益的影响”的义务，违反了《个人信息保护法》第 30 条之规定。可见，该案在认定个人信息权益侵权时，无须认定微信好友关系、读书信息是否属于私密信息，即可认定被告腾讯公司违反《个人信息保护法》有关处理敏感个人信息的规定，构成对原告个人信息权益的侵害。

2. 微信好友关系、读书信息是否属于私密信息，是否构成隐私权侵权

该案法院在论证第一个争议焦点时，已经得出微信好友关系、读书信息“不能笼统地纳入符合社会一般合理认知的私密信息范畴”的结论，貌似将二者排除在私密信息的类别之外，但又认为是否构成侵权需要“以‘场景化模式’，结合信息内容、处理场景、处理方式等”进行判断，从而在论证第二个争议焦点，也即侵权行为的构成时，花费大量篇幅，分别从内容、场景、方式的角度重新展开论证，至此方才认定二者不属于私密信息，不构成隐私权侵权。法院似乎是将认定敏感信息的综合考量之“情境说”运用到了私密信息的判断上。

综合考量之“情境说”发源于奥地利和德国，主张个人信息是否敏感并不取决于内容，而是根据其情境。我国有学者十分认同此种敏感信息的认定方式，甚至建议在《个人信息保护法》中作出特别规定。在具体个案中，个人信息即使不属于法律明文列举的敏感信息，也可根据信息处理的情境和目

① 最高人民法院民法典贯彻实施工作领导小组主编：《中华人民共和国民法典侵权责任编理解与适用》，人民法院出版社 2020 年版，第 364—365 页。

的，由法院进行自由裁量。[①] 在最高人民法院 2018 年发布的第一批涉互联网典型案例中，“庞某某诉中国东方航空股份有限公司、北京趣拿信息技术有限公司隐私权纠纷案”（以下简称“庞某某案”）二审法院采用的也是类似“情境说”的认定方法，法院在充分考虑了预订机票中的特殊情境后认为：“单纯的姓名和手机号不构成隐私信息，但和行程信息结合在一起时，结合之后的整体信息也因包含了隐私信息而整体上成为隐私信息。”[②]

与敏感信息不同的是，我国现行国家标准和其他规范性文件中，并无对私密信息进行列举的依据可循。倘若仅依赖于法院的个案认定，是否给予了法院过大的自由裁量空间呢？例如，在该案中，法院最终认定微信好友关系、读书信息均不属于私密信息，不构成隐私权侵权，理由分别是：就微信好友关系而言，微信读书仅获取了原告微信好友的 OPEN_ ID、头像、昵称等网络身份标识信息，并未达到获知原告真实社交关系的程度，不符合一般社会认知下的合理隐私期待；就读书信息而言，原告被公开的仅为《好妈妈胜过好老师》《所谓情商高，就是会说话》两本图书的读书信息，不足以形成对原告人格的刻画，未达到私密性标准。此处至少存在以下两点疑问：

第一，一般社会认知下的合理隐私期待的界限在哪里？法院对此采“客观说”，认为“不愿为他人知晓”虽强调主观意愿，但“不完全取决于隐私诉求者的个体意志，应符合社会一般合理认知”。所谓“社会的一般合理认知”，实际上是法院认为的“社会的一般合理认知”。就该案而言，法院认为，只有“信息主体与特定人之间的关系较为私密而不愿为他人知晓”或者“信息主体一定量的社交关系公开可能遭受他人对其人格的不当评价而不愿为他人知晓”，才属于“一般社会认知下的合理隐私期待”。有学者却认为，诸如通讯录等记载着通联双方的号码信息、姓名、社会交往网络等信息，是个人通常极不愿意公开的私密信息。[③] 另外，正如“庞某某案”中二审法院所认为的，姓名和手机号在与其他私密信息结合后应认定为私密信息，不排除在

① 综合考量之“情境说”相关内容及学术观点参见胡文涛：《我国个人敏感信息界定之构想》，载《中国法学》2018 年第 5 期，第 245—247 页。

② 参见北京市第一中级人民法院（2017）京 01 民终 509 号民事判决书。

③ 张新宝：《个人信息收集：告知同意原则适用的限制》，载《比较法研究》2019 年第 6 期，第 11 页。

“场景化模式”下，微信好友关系与其他私密信息结合整体构成私密信息的情况。而这个“与之结合的其他私密信息”，同样由不同法院的不同法官结合不同情景个案认定而来，结论可能五花八门，不符合法的稳定性和可预测性。

第二，公开几本图书的读书信息就足以形成对人格的刻画，从而达到私密性标准吗？该案法院认为两本书并不足以：《好妈妈胜过好老师》“虽易让人认为原告对育儿方面有一定兴趣，但并不足以让人判断其婚育状况”；《所谓情商高，就是会说话》“可能会让他人知晓原告在职场上的部分价值理念”。那么，究竟阅读达到多大的量，才足以形成对人格的刻画呢？就一般人的阅读习惯而言，除非基于学习、工作的需要，或者基于对某一领域的兴趣爱好，否则针对某一类别的图书可能大多不会阅读超过两本。假想一个正在备孕却因为工作原因不愿公开其生育计划的女性，也可能只会阅读一至两本育儿类书籍，而一般无生育计划的女性并不会专门阅读此种类别的书籍。因此，不能排除作为原告微信好友的“上司”根据原告被公开的读书信息判断其有生育计划从而影响原告升职加薪的可能。

那么，是否存在一种类似认定敏感信息的，更具稳定性和可预测性的认定私密信息的方式呢？这就要从敏感信息与私密信息的关系着手，探索这种可能的方式。

正如上文提到的，敏感信息与私密信息不能概括等同已成为主流观点，但二者究竟是相互交叉，还是此包含彼的关系，学界存在不同观点。持前种观点的如程啸先生，他认为：“有些个人信息既是私密信息也是敏感个人信息，如医疗健康、性取向，有些个人信息虽系私密信息，却并不是敏感个人信息，如个人的嗜好、被他人性骚扰的个人信息；有些信息是敏感个人信息却未必是私密信息，如种族或民族、宗教信仰、政治主张、面貌特征等。”① 持后种观点的如韩新远先生，他认为“私密信息属于敏感信息的特殊情形”，即敏感信息包含私密信息，同时，私密信息的法律保护标准强于敏感信息。② 从程啸先生的举例来看，“个人的嗜好、被他人性骚扰的个人信息”难谓不是

① 程啸：《论我国个人信息保护法中的个人信息处理规则》，载《清华法学》2021 年第 3 期，第 69—70 页。

② 韩新远：《个人行为轨迹信息的法律属性与分类保护研究》，载《交大法学》2021 年第 3 期，第 76—77 页。

敏感信息，二者符合《个人信息保护法》中敏感信息“一旦泄露或者非法使用，容易导致自然人的人格尊严受到侵害或者人身、财产安全受到危害”的特征。私密信息在客观上同样符合敏感信息这一特征，而较敏感信息增加了“不愿为他人知晓”这一主观要件。因此，敏感信息包含私密信息，私密信息是敏感信息的特殊情形，这一观点更符合逻辑。

基于此种观点，法院在认定涉案个人信息是否属于私密信息时，可先采用“以国家标准为原则，个案认定为补充”的模式，认定是否属于敏感信息，若连敏感信息都不构成，更难谓构成私密信息；若构成敏感信息，再根据信息处理的情境和目的来判断是否符合“不愿为他人知晓”这一主观要件，从而认定涉案个人信息是否属于私密信息。

就该案而言，由于上文已论证微信好友关系、读书信息属于敏感信息，因此二者是否属于私密信息，关键在于是否符合“不愿为他人知晓”的主观要件。而法院所采“一般社会认知”的判断标准，除上文所提出的两点疑问外，由于此种标准并不考虑原告对涉案信息处理的实际授权情况，因此一旦认定不属于私密信息，即便被告腾讯公司就公开原告读书信息从未给予原告授权同意的机会，也不存在“反转”的可能性。这对提升信息处理者保护包括私密信息在内的敏感信息的意识，促使其严格履行“告知同意”义务并无益处。因此，要解决微信好友关系、读书信息是否属于私密信息这一问题，还需解决“不愿为他人知晓”这一主观要件，是否应当考虑信息主体的授权情况，也即信息主体不同的授权情况是否会影响敏感信息与私密信息的认定。

（三）敏感信息与私密信息的认定

在引入将认定敏感信息作为认定私密信息的前提和桥梁这一观点之前，法院采用“一般社会认知”的标准判断是否具有合理隐私期待、是否属于私密信息，是一种较为中立稳妥的论证方式，能够最大限度地避免原告滥用其主观意愿，主张将明显的一般个人信息纳入隐私权的保护范围内。而在引入敏感信息这一关键性桥梁以后，诸如《个人信息保护指南》和《个人信息安全规范》这样的权威国家标准已犹如防火墙一般起到了筛选作用。而既然涉案个人信息已经被认定为符合“一旦泄露或者非法使用，容易导致自然人的人格尊严受到侵害或者人身、财产安全受到危害”的特征的敏感信息，再行判断其是否符合“不愿为他人知晓”的主观要件时，依旧不考虑信息主体的实际授权情况，未免太过“客观”了一些，置信息主体之选择若罔闻。

就该案而言，原告在授权微信登录微信读书时，已经同意微信读书获取其微信好友关系，虽然其在诉讼中主张微信好友关系属于其隐私，但从其授权行为上看，并不符合“不愿为他人知晓”的情形。但原告并未授权微信读书公开其读书信息，甚至微信读书并未就此履行“告知同意”义务，未给予原告授权的机会。根据原告在诉讼中的主张，能够合理预测，假如微信读书在原告登录时设置了“向你的微信好友公开你的读书信息”这一勾选项，原告应当不会勾选，从而原告的读书信息就由敏感信息落入了“不愿为他人知晓的”私密信息的范畴。相反的，假设有朝一日原告希望将自己的读书心得与微信好友分享，选择了将读书信息向其微信好友公开，则原本属于私密信息的读书信息不再符合“不愿为他人知晓”的要件，从而恢复到敏感信息而非私密信息的范畴中。

由此可见，在敏感信息认定规则的前提之下，根据信息主体实际授权情况，或者在信息处理者并未充分履行“告知同意”义务时，根据信息主体所主张的授权意愿，认定涉案信息属于私密信息还是敏感信息，从而进一步确定适用隐私权保护规则或敏感个人信息保护规则，更有利于个人信息权益和隐私权的保护。

第一，从隐私权的规范目的来看，隐私权主要体现的是人格利益的保护，其财产价值并不突出，而个人信息权益则既包含人格利益，也包含财产利益；隐私权是一种消极的防御性权利，而个人信息权益则包含积极利用的内容；隐私侧重其“私密性”，而个人信息更侧重“可识别性”。① 信息主体拒绝授权信息处理者处理其某项敏感信息的行为，正是反映了其放弃该项个人信息的财产利益和积极利用，转而侧重防御性、私密性的主观意愿。

第二，从比较法角度来看，德国法中有“信息自主权”的概念，指“个人依照法律控制自己的个人信息并决定是否被收集和利用的权利”，作为隐私权的内容纳入一般人格权的具体化的保护范围。我国台湾地区相关规定认为信息自主权与信息隐私权同义，体现在“个人资料保护法”的立法目的中，即强调“个人自主控制个人资料之信息隐私权”和“决定是否揭露其个人资

① 王利明：《论个人信息权的法律保护——以个人信息权与隐私权的界分为中心》，载《现代法学》2013 年第 4 期，第 66—67 页。

料，在何种范围内、于何时、以何种方式向他人揭露之决定权”，“个人参与原则”系该规定九项原则之一。① 虽然我国法律中并无“信息自主权”的概念，但在认定某项敏感信息是否属于私密信息，从而纳入隐私权的保护范围时，充分尊重信息主体的选择权和自主权至少会得到比较法层面的支持。

第三，从法院在判决书中援引的“合理隐私期待”来看，考虑信息主体的授权情况更符合合理隐私期待理论。合理隐私期待系美国法上用以限定受保护隐私的基准，旨在认定是否构成隐私权侵权时，应当考虑当事人主观因素，还需根据发生地、相关题材、事物等因素考虑客观上社会是否认为这种期待利益是合理的。② 一方面，客观上的私密信息因当事人主动公开或主观上不想保密从而不属于隐私范畴；另一方面，既然某种个人信息已经被认定为敏感信息，则难以否认“一般社会认知”下具有合理隐私期待，此时当事人主动选择将该项敏感信息保密，应当尊重其主观意愿，认定该敏感信息落入私密信息范畴，从而适用隐私权保护规则。

综上所述，在某项个人信息已经采用“以国家标准为原则，个案认定为补充”的模式被认定为敏感信息之后，应当考虑信息主体的授权情况来判断“不愿为他人知晓”这一主观要件，从而认定其是否属于私密信息。就该案而言，由于原告已授权同意微信读书获取其微信好友关系，因此微信好友关系虽属于敏感信息，但不属于私密信息，微信读书获取原告微信好友关系的行为不构成对原告隐私权的侵害；而对于微信读书向原告微信好友公开原告读书信息的行为，由于并未履行“告知同意”义务，而原告主张其不会授权同意，故而应认定读书信息属于私密信息，受隐私权保护，被告腾讯公司构成对原告隐私权的侵害。

四、个人信息权益与隐私权侵权的归责原则

在“微信读书案”中，法院在个人信息权益侵权损害赔偿责任的归责原则上采过错责任，但就原被告双方的实际举证情况来看，被告腾讯公司似乎

① 王泽鉴：《人格权法：法释义学、比较法、案例研究》，北京大学出版社 2013 年版，第 207—214 页。

② 王泽鉴：《人格权法：法释义学、比较法、案例研究》，北京大学出版社 2013 年版，第 229—230 页；黄薇主编：《中华人民共和国民法典侵权责任编解读》，中国法制出版社 2020 年版，第 198 页。

承担了更重的举证责任。由于《个人信息保护法》正式实施之前，无论是《民法总则》还是《民法典》，对个人信息权益侵权损害赔偿责任的归责原则均无特殊规定，依据一般侵权理论，应当适用过错责任。但考虑到原告黄某作为自然人，相较于掌握着 App 运行数据的被告腾讯公司来说，存在举证困难，故而法院在归责原则和举证责任之间进行了权衡。

《个人信息保护法》第 69 条第 1 款确立了个人信息权益侵权损害赔偿责任的归责原则，系采过错推定责任，即“处理个人信息侵害个人信息权益造成损害，个人信息处理者不能证明自己没有过错的，应当承担损害赔偿等侵权责任”。这一规定似乎解决了归责原则和举证责任之间的矛盾，却衍生出了新的问题。

（一）处理私密信息侵权损害赔偿责任的归责原则

在《侵权责任法》时代，《民法总则》第 110 条有关民事主体人格权的规范条文以及第 111 条有关个人信息权益的规范条文，均系不完全性规范条文，故而在法律对归责原则没有特殊规定的前提下，个人信息权益、隐私权侵权损害赔偿责任的请求权基础规范条文应为《侵权责任法》第 6 条第 1 款之“过错侵权”。由于该案涉及三名共同被告，故而援引《侵权责任法》第 8 条之“共同侵权”，归责原则依据通说亦为过错责任。

同样，《民法典》人格权编第六章隐私权和个人信息保护中，除第 1037 条和第 1038 条第 2 款系完全性规范条文，其余均为不完全性规范条文，[①] 在《个人信息保护法》对个人信息权益侵权损害赔偿责任的归责原则作出过错推定责任的规定之前，个人信息权益、隐私权侵权损害赔偿责任的请求权基础规范条文应为《民法典》第 1165 条第 1 款之“过错侵权”，对网络侵权则为《民法典》第 1194 条前段，原则上亦为过错责任。

《个人信息保护法》第 69 条第 1 款之规定系完全性规范条文，故而在其正式实施之后，个人信息权益侵权损害赔偿责任的请求权基础规范条文应由《民法典》第 1165 条第 1 款更改为《个人信息保护法》第 69 条第 1 款，从而在归责原则上采过错推定责任，由信息处理者负责证明自己没有过错。然而，该规范条文的射程仅包含个人信息权益，并不包含隐私权，也即隐私权侵权

① 吴香香：《民法典请求权基础检索手册》，中国法制出版社 2021 年版，第 147—148 页。

损害赔偿责任的请求权基础规范条文仍为《民法典》第1165条第1款之“过错侵权”。

由此便产生了第一个问题：根据《民法典》第1033条第5项，违法处理他人私密信息的行为属于侵害隐私权的行为，《民法典》第1034条第3款又规定私密信息“适用有关隐私权的规定”。而根据《个人信息保护法》第69条第1款，即便是不属于敏感信息的一般个人信息权益的侵权损害赔偿责任都采过错推定责任，而较敏感信息更具私密性的私密信息，尽管适用防御程度更高的隐私权的规定，却采过错责任这一更为缓和的归责原则，是否打破了法秩序的统一性，导致了归责原则之间的内在矛盾？

有关《个人信息保护法》应就个人信息权益侵权损害赔偿责任的归责原则作何规定，学界至少曾存在三种不同意见：一是借鉴我国台湾地区“个人资料保护法”之规定，根据不同信息处理者区分归责原则，对公共机构采无过错责任，对非公共机构采过错推定责任；二是借鉴德国《联邦数据保护法》之规定，根据不同信息处理行为区分规则原则，对自动化数据处理采无过错责任，对非自动化数据处理采过错推定责任；[①] 三是根据个人信息的不同类型区分归责原则，对敏感信息采无过错责任，对非敏感信息采过错推定责任。[②] 三种意见的共同之处在于，对归责原则进行类型化区分。这种区分在我国台湾地区和德国分别将“个人资料”和“信息自决权”纳入隐私权范畴进行保护的前提下，并无太大问题。但在我国个人信息权益与隐私权“二元化”的立法现状之下，很容易产生上述归责原则之间的内在矛盾。

另外，《个人信息保护法（草案）》第65条并未规定过错推定责任，仅规定了信息处理者能够证明自己没有过错的，可以减轻或者免除责任。而在二次审议稿中方采纳了过错推定责任的建议，理由或是在于自然人在侵害个人信息权益的案件中往往很难证明侵权人的过错，很多时候甚至连具体的侵

① 姚佳：《论个人信息处理者的民事责任》，载《清华法学》2021年第3期，第49页。另外，有学者提出在借鉴德国《联邦数据保护法》的基础上，结合我国实际情况，采用较为缓和的归责原则，即对自动化数据处理采过错推定责任，对非自动化数据处理采过错责任。参见张建文、时诚：《个人信息的新型侵权形态及其救济》，载《法学杂志》2021年第4期，第46页。

② 程啸：《论我国个人信息保护法中的个人信息处理规则》，载《清华法学》2021年第3期，第72—73页。

权人都难以确定。[①] 尚且不论这种举证困难在司法实践中是否真的存在（下文详述），倘若是基于信息主体与信息处理者的“能力差距”而采过错推定责任，那么同案中举证困难的问题，就与个人信息的类别无关，法院应当就违法处理私密信息从而侵害隐私权的侵权损害赔偿责任，采用与个人信息权益侵权相同的归责原则。

一种解决方案是，根据《民法典》第 1034 条第 3 款后段“没有规定的，适用有关个人信息保护的规定”，将违法处理私密信息的侵权损害赔偿责任的归责原则，解释为“没有规定的”部分，适用有关个人信息保护的规定，即《个人信息保护法》第 69 条第 1 款的过错推定原则。采用此种解释方法又将引发另一个问题，即对于其他类型的侵害隐私权的侵权损害赔偿责任，仍需采过错责任的归责原则，造成隐私权内部的归责原则不统一。

（二）归责原则与举证责任的内在矛盾

《个人信息保护法》通过之前，最高人民法院为了解决个人信息权益侵权损害赔偿责任的归责原则与信息主体举证困难之间的矛盾，提出“根据原被告双方的举证能力、信息偏在、证据控制等因素，合理确定双方当事人的举证责任”，就侵权责任的过错要件，要求“采取客观化标准，对相应注意义务的违反，就应当认定为有过错”，信息处理者需同时证明处理个人信息的行为符合《民法典》第 1035 条规定的合法、正当、必要原则和 4 项具体要求，方能证明其没有过错。[②] 就举证责任分配规则，最高人民法院分别对信息主体和信息处理者应提供的证据进行了列举，同时建议“遵循举证责任缓和的规则，考虑原被告双方经济实力、信息不对称等因素，对举证责任作出适当平衡”。[③]

基于此种举证责任缓和的规则，才出现了在“微信读书案”中，法院虽就个人信息权益侵权损害赔偿责任的归责原则采过错责任，却给予被告腾讯公司更重的举证责任的情形。类似的情形也出现在“凌某某诉北京微播视界

① 阮神裕：《民法典视角下个人信息的侵权法保护——以事实不确定性及其解决为中心》，载《法学家》2020 年第 4 期，第 29 页以下。

② 最高人民法院民法典贯彻实施工作领导小组主编：《中华人民共和国民法典侵权责任编理解与适用》，人民法院出版社 2020 年版，第 378—382 页。

③ 最高人民法院民法典贯彻实施工作领导小组主编：《中华人民共和国民法典侵权责任编理解与适用》，人民法院出版社 2020 年版，第 389 页。

科技有限公司隐私权、个人信息权益网络侵权责任纠纷案”中。[①]

由此便产生了第二个问题：根据上述举证责任分配标准，即便在过错责任的归责原则之下，原告仅需以“客观化标准”证明被告处理其个人信息的行为不符合《民法典》第1035条规定的3项原则和4项具体要求中的任何一项，即可完成对过错要件的证明；而被告则需证明自己的行为完全符合所有的7项要求，方可证明自己无过错，即便是腾讯公司、微播视界这样的互联网巨头，面对如此繁重的举证责任，似乎已无须规定过错推定责任的必要。另言之，倘若下级法院确有义务按照最高人民法院的意见，根据原被告双方的举证能力、信息偏在、证据控制等因素，合理确定双方当事人的举证责任，《个人信息保护法》第69条第1款之规定便没有必要存在，也就不会出现上文所述有关私密信息归责原则的矛盾问题。

以上两个问题，实际上是就个人信息权益侵权纠纷中，为减轻信息主体作为自然人的举证责任负担，平衡信息主体与信息处理者在实力上的差距，从归责原则和举证责任两个不同角度进行特殊规定并如何取舍的问题。采过错推定责任，则会产生个人信息权益和隐私权在侵权损害赔偿责任的归责原则规范体系上的矛盾，需要通过法律解释方法进行纠偏；调整举证责任分配规则，一来缺少程序法上的规范依据，二来实质上架空了《个人信息保护法》有关归责原则的规定。因此，在现行法的框架之下，通过将违法处理私密信息的侵权损害赔偿责任的归责原则，解释为《民法典》第1034条第3款后段隐私权的规定中“没有规定的”部分，从而适用《个人信息保护法》第69条第1款的过错推定原则，应是更为妥善的做法。同时，在举证责任分配方面，对既存在个人信息权益侵权又存在因违法处理私密信息造成的隐私权侵权的案件，法院应当就二者采取同样的举证责任分配规则，从而确保法秩序内部的协调。

五、结语及余论

本文在《民法典》和《个人信息保护法》的框架之下，依照敏感信息的认定、与私密信息的关系、是否构成侵权、构成何种侵权、归责原则的检视

① 参见北京互联网法院（2019）京0491民初6694号民事判决书。

路径，对“微信读书案”进行案例评析和复盘，得出以下几点拙见，望能为今后个人信息权益、隐私权侵权纠纷之类案，特别是涉及违法处理敏感信息和私密信息的案件，提供一定的参考。

第一，基于《民法典》和《个人信息保护法》区分私密信息和敏感信息的不同规范目的，在个人信息权益、隐私权侵权纠纷案件中，判断涉案个人信息是否属于敏感信息、是否属于私密信息，是后续判断处理个人信息的行为是否构成侵权、侵害何种民事权益或权利的前提。

第二，敏感信息包含了私密信息，故而在认定涉案个人信息的类别时，首先应根据《个人信息保护指南》《个人信息安全规范》两部国家标准中对敏感信息的列举，判断是否属于敏感信息。若不属于国家标准的列举范围，再根据信息处理的情境和目的进行个案认定；若涉案个人信息不属于敏感信息，则亦不属于私密信息；若涉案个人信息属于敏感信息，则应当考虑信息主体的授权情况来判断“不愿为他人知晓”这一主观要件，从而认定其是否属于私密信息。

第三，《个人信息保护法》第 69 条第 1 款确立了个人信息权益侵权损害赔偿责任采过错推定的归责原则，却引发了与隐私权侵权损害赔偿责任在归责原则体系上的内在矛盾。在现行法的框架之下，可以通过将违法处理私密信息的侵权损害赔偿责任的归责原则，解释为《民法典》第 1034 条第 3 款后段隐私权的规定中“没有规定的”部分，从而适用《个人信息保护法》第 69 条第 1 款的过错推定原则。同时在举证责任分配方面，对于既存在个人信息权益侵权，又存在因违法处理私密信息造成的隐私权侵权的案件，法院应当就二者采取同样的举证责任分配规则，从而确保法秩序内部的协调。

除此之外，本案尚有以下两点余论：

第一，在该案中，原告黄某并未主张被告腾讯公司处理其个人信息的行为侵扰其私人生活安宁可谓一大遗憾。实际上，微信读书为原告自动关注微信好友的行为，不但侵扰原告对社交关系的自主决定，原告还需手动在微信读书 App 上对不愿关注的微信好友一一“取关”，这正是对原告私人生活安宁的侵扰。若原告就此主张被告腾讯公司侵害其隐私权，法院将如何判决？

第二，腾讯公司提出抗辩称，深圳市腾讯计算机系统有限公司系微信读书和微信两款 App 的实际运营者，应当由其承担侵权损害赔偿责任。而法院却判决腾讯科技（深圳）有限公司、腾讯科技（北京）有限公司、深圳市腾讯计算机系统有限公司三名被告对侵权损害赔偿承担连带责任，理由系“从用户角度，原告无法判断微信和微信读书的实际运营者”。在认定微信读书获取原告微信好友关系的行为是否构成侵权时，法院认为微信读书和微信系两款不同的 App；而在确定责任承担主体时，又将三家具有独立法人资格的公司“打包处理”，似乎有双重标准之嫌疑。

上述两点余论，特此列举，供后续讨论研究。

专　　论

个人信息纠纷民事判决之历时性比较分析

——以《民法典》生效日为界

林　凯* 张建肖**

（中国人民公安大学法学院，北京　100038；
理想汽车法规研究院，北京　101303）

摘　要：以《民法典》生效日为界，近5年个人信息纠纷民事案件发生多种宏微层面的变化，演变的主线有两条：一是个人信息权益摆脱与传统人格权竞合下的路径依赖。客体维度上，个人信息多点突破隐私、姓名、名誉等人格要素扩张解释的最大边界。权能维度上，个人信息权独特的财产属性、积极利用属性、超个人法益属性显现。二是个人信息纠纷从民事纠纷转变为权力非对称的利益冲突。信息文明时代，个人信息本质是自然人的数据化人格。集成性与数据化的个人信息本质是与土地、能源同量级的战略资源。公共机构、数据黑产集团与大数据企业实为个人信息安全的三类主要威胁。民事司法虽受限于功能与成本，但依然具有积累场景素材与设定底线规则的作用。

关键词：个人信息纠纷；数据；私密信息；名誉权；隐私权

本文以个人信息纠纷判决为研究对象，时间跨度为2017年10月1日至

本文系最高人民法院2022年度司法研究重大课题“个人信息保护司法路径研究”（ZGFYZD-KT202212—02）阶段性成果。

* 林凯，中国人民公安大学法学院讲师。

** 张建肖，理想汽车法规研究院院长。

2022 年 10 月 1 日，[①] 采用时间比较方法中的历时性与异时性比较模式，旨在观察此类案件裁判技术的演变以及相关市民社会生活之宏微变化，也对个人信息及相关利益冲突的本质略作分析。《民法典》的生效本身具有分水岭意义，其总则编第 111 条、人格权编第 1024—1039 条标志着我国个人信息法制重心从立法开创期转向司法运维期。此外，“个人信息保护纠纷”于 2020 年 12 月 14 日成为新增案由；《个人信息保护法（草案）》于 2020 年 10 月 13 日首次正式审议；《数据安全法》于 2021 年 6 月 10 日颁布。上述日期分布与《民法典》生效日邻近，强化了后者的节点价值。故选择《民法典》生效日为界，以便前后比较。

一、个人信息收集类案件比较

收集是个人信息处理的最初环节。在个人信息处理行为及其规则体系的发育水平初期，收集环节通常会承载信息侵权的较大压力。收集个人信息与获取隐私，在行为外延上存在交集，在法律定性上存在竞合关系。“个人信息保护纠纷”案由尚未充分发挥作用。收集环节发生的纠纷通常在隐私权纠纷案由下解决。

表 1　信息收集类纠纷两个阶段（2017—2020、2021—2022，下同）的比较

主体		行为	数量	
			2017—2020	2021—2022
法人	一般企业	调取员工的病历资料、治疗记录等个人信息	0	1
		线上收集，或者以线下礼品换取个人信息	0	5
		以技术手段抓取其他企业收集的个人信息	0	1
	金融	未经客户同意，收集其征信相关个人信息	1	0
	互联网	线上收集网络用户的身份信息与行为信息	0	9
	加油站	针对残疾人客户，查阅并登记其个人信息	1	0

① 案件搜集标准如下：第一，数据库：中国裁判文书网。第二，期间：2017 年 10 月 1 日（原《民法总则》生效日）至 2022 年 10 月 1 日（以审判日为准）。第三，文书类型：民事判决书。第四，关键词：在“理由”或“本院认为”处出现“个人信息”关键词。第五，筛除：（1）同一案件不同审级的，合并。（2）同一原（被）告、不同被（原）告的系列化案，合并。（3）纯粹因无证据或者举证显著达不到证明标准而被驳回诉讼请求的，删除。（4）个人信息仅为该案法律关系背景而非客体的，删除。

续表

主体		行为	数量	
			2017—2020	2021—2022
	客运	依据法律规定，要求检查旅客的身份证件	1	0
	动物园	要求收集入园者的指纹以及人脸识别信息	0	1
	药店	将个人信息输入至疫情防控药品追溯系统	0	1
	物业	以防疫为由要求在人脸识别系统办理录入	0	1
自然人	一般自然人	家人、同事偷阅手机内容，涉及个人信息	2	0
		通过搜集公开裁判文书获知他人工作经历	1	0
		出游拍照时将他人裸体作为背景信息拍摄	1	0
	取证者	律师、保险公司职员等以拍照等手段取证	3	1
	住户	安装摄像头、电子猫眼拍邻居摄影像信息	8	22
	职工	利用电信、证券等职务之便获取个人信息	1	4

（一）信息收集类纠纷的演变

两阶段纠纷相比，首要的变化趋势是企业与非营利法人日益取代自然人，成为最重要的信息收集者与纠纷制造者。2017—2020 年的主要信息收集者是自然人（84.21%），收集行为以居民在房屋附近安装摄像头、律师或保险公司职员取证行为、偷阅手机等类型为主。2021—2022 年的信息收集主力虽仍是自然人，但法人收集行为的绝对数量、所占比例（41.30%）与行为类型都显著增加。变化的主要原因是，在算法的提升与大数据战略的普及下，企业对个人信息的需求度大幅提升。在表 1 中，不仅腾讯、51talk、知乎、携程①此类的互联网企业设置高度复杂专业的隐私政策以最大化采集用户行为数据，物业公司、动物园、房地产销售企业等线下运营企业也采用强制或半强制手段最大化收集指纹、面部识别信息等生物信息。“从自然人收集到企业收集”

① 参见广东省深圳市中级人民法院：王某、深圳市腾讯计算机系统有限公司个人信息保护纠纷民事二审民事判决书（2021）粤 03 民终 9583 号；北京市互联网法院：罗某与北京大生知行科技有限公司网络侵权责任纠纷一审民事判决书（2021）京 0491 民初 5094 号；北京市互联网法院：杜某与北京智者天下科技有限公司网络服务合同纠纷一审民事判决书（2019）京 0491 民初 23942 号；浙江省绍兴市中级人民法院：胡某芳、上海携程商务有限公司侵权责任纠纷二审民事判决书（2021）浙 06 民终 3129 号。

的变化是本质和趋势性的，它意味着个人信息收集从生活伦理行为向商业经营与社会管理行为转换，从纯粹侵权行为向经济理性行为转换。

给个人信息法益带来重大威胁的是法人以积极利用为目的的批量化、持续性收集。自然人的零星收集行为威胁不大，类似偷看手机、街头拍摄、职务窃取、拍照取证等行为固然普遍、高频，而且牵连着结构性的道德伦理及社会治理问题，但本质上与个人信息利益无关，只不过是隐私权问题。信息文明时代，个人信息不再是普通的权利客体，而是与农业文明时代的土地、工业文明时代的能源同一级别的，被竞相争夺控制权的战略性生产资料。终极的侵权人不是身边的家人、同事、邻居，而是公共机构、具有市场支配地位的商业集团与数据黑产利益集团。法人收集个人信息的纠纷数将持续增加，这是因为：第一，当前社会发展阶段下，企业与公共机构同样缺乏收集个人信息的自我抑制激励。第二，当前生产力水平下，缺乏适度抑制大数据产业过快发展的补偿性预算。

次要的变化趋势有三项：一是经比例折算后，居民住户安装摄像头类纠纷数增长了312.5%。其本质上反映了城镇化进程中陌生人社会的形成，以及居住空间、公共治安等生活要素资源配置的匮乏。二是电信公司、证券公司、物业公司、置业公司等个人信息集中的企业，其内部人员利用职务之便非法查询获取个人信息类纠纷数增长了500%。上述变化是个人信息大数据化背景下，公共机构与企业最大化攫取数据资源的一条支线。三是动物园、小区物业、药店等公共或准公共机构加入被告行列。在特殊时期常态化的背景下，经营性的法人机构被一定程度上赋予了基层社会治理角色。职能准公共化后的营利法人享有事实上的强制力，成为汲取和存储社会信息的根系。在（2021）京03民终16806号、（2022）鲁1602民初976号两个案件中，[①] 法庭均明确肯定了小区物业强制收集人脸识别信息、药店强制收集购药人个人信息的正当性。不过在2022年底，疫情防控的特殊介入因素消失后，在有关人脸识别门禁的类案中，个人信息主体的诉求获得了法院的支持。[②]

---

① 参见北京市第三中级人民法院：吴某等生命权、身体权、健康权纠纷二审民事判决书（2021）京03民终16806号；山东省滨州市滨城区人民法院：江某、滨州神奇大药房有限公司滨城泰山名郡店个人信息保护纠纷民事一审民事判决书（2022）鲁1602民初976号。

② 参见吴冕：《镇海法院判决我市首例个人信息保护案》，载《宁波晚报》2022年11月15日，第A5版。

（二）信息收集类裁判的演变

信息收集类案件的焦点是收集的合法性，具体又分为四类：第一，收集行为是否因在先的合法公开等法律事实排除了不法性。例如，（2018）沪0109民初24914号判决书①肯定了利用依法公开后的裁判文书搜集对方工作经历信息的合法性。第二，收集行为是否有规范性法律文件的直接授权。例如，（2019）粤01民终1035号判决书②肯定了加油站查验、登记残疾人客户身份信息的合法性。第三，无法律许可也无当事人授权时，如何定性一些特殊目的行为。我们发现，在前后两个阶段，法院对司法取证类个人信息的收集均给予较高的宽容度。第四，法无直接授权时，个人信息收集者是否侵害信息主体的知情同意权。前三类问题争议不大。

首要的变化趋势发生于知情同意权案件的裁判中。整体变化是法庭针对知情同意机制及隐私政策，从形式审查升级到实质审查，从核实授权的有无深入追究授权的合理性。前一阶段的代表性案例参见（2020）川0623民初1383号判决书。③ 被告小额贷款公司未征得原告同意即采集其个人信息，被法院定性为“信用权、信息权”侵权行为。后一阶段的案件数量更多，争点也从“有没有知情同意”的事实判断深入为“知情同意是否合理”的价值判断。上述转变在很大程度上是对立法的反映。《民法典》第1035条、《个人信息保护法》第6条、《数据安全法》第32条、《网络安全法》第41条等在规范信息收集行为时，使用了“正当性、必要性”“明确合理的目的”“直接相关”“对个人权益影响最小”“限于实现处理目的的最小范围”“不得过度收集”等表述，包含实质合理性思想。一些非法律性质的规范性工作文件进展更深。2021年3月12日发布的国信办秘字〔2021〕14号文件，甚至针对各类移动互联网应用程序详尽界定了何谓“必要个人信息”。

对实质合理性的探索不会因为几部立法而终结。其关乎本质性的利益冲

---

① 参见上海市虹口区人民法院：王某与北京创意麦奇教育信息咨询有限公司上海分公司隐私权纠纷一审民事判决书（2018）沪0109民初24914号。

② 参见广州市中级人民法院：何某、中国石化销售有限公司广东广州天平架加油站一般人格权纠纷二审民事判决书（2019）粤01民终1035号。

③ 参见四川省中江县人民法院：李某与深圳利信快捷金融服务有限公司、深圳市国银盛达融资担保有限公司一般人格权纠纷一审民事判决书（2020）川0623民初1383号。

突，相关方将就此作长期博弈。在后《民法典》阶段，“胡某芳诉携程案”、①“罗某诉知乎案”② 具有代表性，据此提出两个问题：其一，信息收集者采用的“同意收集或放弃使用”的授权征集方式是否属于变相强制，是否导致授权无效？其二，信息主体拒绝时，信息收集者是否有义务提供产品主要功能的使用入口？关于第一个问题，前案暗示“同意收集或弃用”的知情同意机制属于“不正当手段的变相胁迫”；后案则明确指出，未提供跳过或者拒绝等选项的收集属于强制收集，不产生获取有效授权同意的效力。关于第二个问题，前案拒绝判令网络经营者提供“拒绝仍可使用（主要）功能”的救济方式；后案限于诉讼请求，对此没有涉及。在实质合理性的探索上，前述国信办工作文件走得更远。其第 4 条规定，“App 不得因为用户不同意提供非必要个人信息，而拒绝用户使用其基本功能服务”。假设该规定是法律渊源，则胡某芳案、罗某案的诉争点基本失去讨论意义。新焦点可能将转移到软件的类型认定、基本功能的范畴上。

知情同意权类案件说明，信息收集中的利益冲突不太可能在私法框架内解决，其本质上缘于私法治理权力势差类社会关系的经典困境。私法的功能边界止于治理非平等主体的社会关系。此处的平等不是指耶律内克“主体说”意义上不具有公共权力身份的表面平等，而是指主体在社会现实权力、资源支配与影响力维度的真实平等。当形式平等的主体间权力势差悬殊时，民法实际上让位于公法、社会法处理，意思自治与责任自负原则让位于非对称保护与比例原则机制。携程、知乎等收集个人信息的本质威胁不在于有没有取得授权，而在于即使有授权机制也形同虚设。第一，“用脚投票”的消极自由是底线的自由。对于知名互联网产品，用户缺乏替代性选择才是要害。第二，企业拥有最高的技术解释权。即使法院判如所请，强制要求企业提供第三选项或者放弃收集非必要信息，“主要功能”“必要信息”“直接相关”等关键词的解释权也将经历争夺，胡某芳案对普通自然人而言只是高成本的理想。对非法收集行为的社会治理，法律层面主要依赖高效的行政执法，根本上有

① 参见浙江省绍兴市中级人民法院：胡某芳、上海携程商务有限公司侵权责任纠纷二审民事判决书（2021）浙 06 民终 3129 号。

② 参见北京市互联网法院：罗某与北京大生知行科技有限公司网络侵权责任纠纷一审民事判决书（2021）京 0491 民初 5094 号。

赖于市场竞争机制及其带来的“用脚投票”的选择权。

关于次要的变化，摄像头安装的案件裁判较有代表性。《民法典》第1033条第2项规定，拍摄他人的住宅、宾馆房间等私密空间之行为侵犯个人信息权益。在司法裁判中，没有争议的是面向私人区域的拍摄行为一律构成侵权。争议在于针对私人活动区域紧邻区域的拍摄行为之定性。“紧邻区域定性难题”在逻辑上属于典型的谷堆悖论问题，解题方法与水准颇能反映前后两阶段的变化。2017—2020年的裁判相对简单和模糊。例如，（2020）浙0110民初982号判决书[①]回避是否侵权的明确认定而仅表述为“应属不当”。2021—2022年的裁判相对明确细致。例如，（2021）沪0105民初17795号判决书[②]等记载的类案已形成模式化判决思路：此类拍摄行为侵害隐私权与个人信息权。因为邻近公共区域具有与原告人身财产安全直接相关的特殊性，摄像头可拍摄到的出行人员、出行规律、访客情况等日常进出信息属于隐私范畴。对此，本文认为，现行判决有两处讨论空间：其一，拍摄日常进出信息未必构成隐私侵权。此类信息的私密性不足，而且学理上的有力说主张“重大损害”是认定隐私权的要素。[③] 个人信息而非隐私侵权是更妥当的定性。其二，调整可旋转摄像头方向的行为不宜判定为停止侵害。摄像头始终在加害人控制之下，调整后原告的个人信息权益仍受威胁，而且监督和再起诉成本极高。故旋转摄像头方向式的“停止侵害”形同虚设。针对摄像头拍摄类加害行为的有效救济只能是责令拆除。

二、个人信息披露类案件比较

不当披露也是较为原始和高频的个人信息侵权行为，它同样威胁个人信息权益的消极权能，即不被非法公开的权能。不当披露行为通常与隐私权侵权行为竞合。事实上，前者假借扩张解释，均有定性为隐私权侵权的余地。因此，在个人信息利益正式成为法定权利之前，其不被公开的权能或者保密权能是通过隐私权来实现的。个人信息权的独立价值在于有些个人信息不属

---

① 参见浙江省杭州市余杭区人民法院：李某与深圳利信快捷金融服务有限公司、深圳市国银盛达融资担保有限公司一般人格权纠纷一审民事判决书（2020）川0623民初1383号。

② 参见上海市长宁区人民法院：韩某贵与沈某相邻关系纠纷民事一审案件民事判决书（2021）沪0105民初17795号。

③ 姚辉：《人格权法论》，中国人民大学出版社2011年版，第168页。

于隐私，但同样不得擅自公开披露。不当披露行为通常与名誉权侵权行为竞合，因为名誉侵权行为本就以披露他人的个人信息为条件。否则第三人根本不知道侮辱诽谤的言论指向谁，也就不可能导致某人“社会评价降低”。

表 2　信息披露类纠纷两个阶段的数据比较

场所		类型及数量							
		婚恋	合同	家庭	物业	邻里	工作	政务	其他
线上	公众号	1；0	1；0		1；0	1；0			2；0
	微信朋友圈	7；1	12；5	1；1			2；0		1；0
	微信群	2；1	3；4		7；5	3；0	2；1	0；3	0；1
	微博	8；1	1；0			1；0			2；0
	贴吧论坛	8；1	6；0			1；0	3；0		1；0
	官网门户	1；0	3；0				2；0	1；0	4；0
	短视频	0；5	0；2	1；0				0；1	
	电子邮件						2；0		
	银行系统		8；8						
	电视节目								6；0
	影视剧								0；3
	社交平台	0；1							
线下	纸媒						2；0		4；1
	出版著作								1；0
	宣传资料								2；0
	村集体	1；0	1；0					4；2	
	工作单位	3；0	1；0				1；1		
	小区	1；0	2；1	1；0	16；6				
总计		32；10	38；20	3；1	24；11	6；0	14；2	5；6	23；5

注：“1；0”表示此类案件在 2017—2020 年的数量为 1 件，在 2021—2022 年的数量为 0 件。下文类似表述与此含义相同。

（一）信息披露类纠纷的演变

表 2 统计了两个方面的数据：一是个人信息披露平台、场所的类型与数量，二是纠纷信息、动因的类型与数量。数据显示，微信群（32）、微信朋友

圈（30）、小区（27）是发生次数最高频的场所；以债权债务纠纷为主的合同纠纷（58）、婚恋感情纠纷（42）、物业关系纠纷（35）则是最常见的纠纷类型。据此，不当披露的典型行为是：自然人甲因配偶或恋人出轨于乙，而在微信群发表附有乙个人信息的评价言论。或者，自然人甲基于乙欠债不还，而在微信朋友圈发表包含乙个人信息的揭露言论。个人信息权法定化之前，擅自披露他人个人信息是在隐私权的框架下得以评价的，事实上法定化以后依然如此。在“个人信息保护纠纷”自2020年12月成为独立案由以来的近2年间，采用该案由的公开判决书不足20件。不是因为此类纠纷低发，而是因为它继续被传统的隐私权、名誉权、姓名权替代评价。

表2反映了三类趋势。其一，纠纷场所从线上转向线下。支持数据是经过折算后线上案件数前后阶段之比约为1.59，而线下案件比值为2.42。其二，线上纠纷从传统中心化媒体转向新兴去中心化自媒体，从固网转向移动互联网。数据反映出短视频（1；8）、手机App社交平台（0；1）、影视剧（0；3）的兴起，以及门户网站（11；0）、电视节目（6；0）、微博（12；1）、贴吧论坛（19；1）的相对衰落。其三，纠纷类型从人际关系类转向经济与公共事务类。在前后两个阶段中，代表人际关系纠纷的婚恋情感、邻里关系（6；0）、工作关系（14；2）纠纷数分别降至46.88%、0、21.43%。而代表经济与公共事务类纠纷的合同类（38；20）、物业类（24；11）、公共事务类则分别变为前阶段的78.95%、68.75%、180%。不考虑前后两个阶段的样本总数，后一类纠纷是相对上升的。不过样本和时间跨度有限，也不宜对数据作过分解读。假如提出人际关系趋于理性化、社会形态趋于脱离幼年化的假说，则需要另外的实证支持。

（二）信息披露类裁判的演变

此类案件的焦点在于披露行为的合法性。可能发生“类案不类判”的争议点有：第一，某类信息是否属于个人信息或者隐私。第二，对系争行为定性与归责时，行为人追讨欠款或者揭露骗局的动机是否属于规范意义上的评价要素。第三，谴责他人迟延履行债务、违反夫妻忠实义务、诈骗或招摇撞骗而且叙述基本符合事实的，是否构成诽谤式名誉侵权。第四，在银行卡盗刷类案件中，真卡盗刷、伪卡盗刷、网银线上盗刷等区分场景下，银行与持卡人分别负有的安全保障义务的内容与权重分配。

1.“社会评价降低”要件的变化

第一类变化涉及名誉权侵权认定。公开揭露他人出轨、行骗、欠债而且表述基本属实的，是否构成诽谤式名誉侵权，在司法实践中存在类案不类判的现象。部分早期判决认为其同时侵犯隐私权与名誉权，理由是该行为确实造成他人“社会评价降低”。(2018）辽0103民初10117号、(2016）京0102民初1766号等判决书持上述立场。[①] 近期判决虽整体立场不变但更为慎重，多以“实属不该”“侵犯了合法权益”等模糊表述制造回旋空间。法庭的顾虑主要在于，原告是否有在先的不法或悖俗行为一时难以查清，举证责任的分配也有争议。(2021）粤0192民初2123号判决书就解释说，虽然被告内心确信原告拖延清偿，但相关事实未确定，故构成侵权。[②] 该解释有双重标准嫌疑——既然没有查清事实那就应该先查清，在此之前既不应排除也不应认定为诽谤。

关键在于如何理解“致使他人社会评价降低”要件。解释上宜对此作目的性限缩，即将“降低”限缩为“不应有或不符合事实的降低”。名誉权旨在保障民事主体享有与其实际言行匹配的社会评价，而不是保障其社会评价绝对不降低。禁止侮辱诽谤不等于消灭一切公开批评。在此类案件中，原告社会评价降低的根源是原告自身的不当行为而不是他人的批评。原告自实施不当行为之时起，其社会评价即已经降低或者应当降低。符合事实的否定性评价只不过是兑现预期，将社会评价校正至准确的刻度而已。禁止民事主体对他人作否定性公开评价必将抑制市民社会自发的名誉评价机制，消灭公众的社会评价权，最终将名誉和名誉权扭曲为公共机构垄断的禁脔。

2. 维权式加害行为定性的变化

第二类变化涉及隐私或个人信息侵权认定。实践中有争议的是：追债、揭骗等合法维权的目的是否属于有裁量意义的规范要素。换言之，维权目的

---

① 参见沈阳市沈河区人民法院：刘某予与北京和讯在线信息咨询服务有限公司名誉权纠纷一审民事判决书（2018）辽0103民初10117号；北京市西城区人民法院：昌某等与陈某旭等名誉权纠纷一审民事判决书（2016）京0102民初1766号。

② 参见广州互联网法院民事判决书：陈某荣、何某网络侵权责任纠纷民事一审民事判决书（2021）粤0192民初2123号。

可否成为侵害个人信息权的酌定减责事由。（2018）粤0607民初5342号[①]等先期判决一般持否定态度。晚近的判决虽然整体也持此立场，但更多将维权目的列为隐性考量要素，表现为：第一，有些判决回避实体表述而同时似乎加大了被告的举证责任，借此从严控制侵权的证成。（2019）浙02民终1576号、（2021）粤2071民初2209号判决书具有上述痕迹。[②] 第二，在（2022）沪0115民初8314号[③]等判决书涉及的案件中，债权人将债务人的欠债事实披露给债务人的联系人、近亲属、工作单位以施加压力，法院认可约定的效力与行为的合法性。不过，后期转变并不明显，多数案件还是严格遵循披露必经授权的原则。例如，（2021）渝01民终7883号判决书指出，[④] 被告微聚未来科技有限公司将欠款人信息提供给第三方专业机构催收。法院以个人信息授权提供范围不明、信息提供者与接收者的关系不明、被告未履行合理筛选与约束义务为由，认定被告构成侵权。

上述问题在解释技术上是无解的，其本质是价值判断。拖欠债务的危害与拖欠人隐私泄露的危害孰轻孰重，促进社会债权信用体系与融资秩序利益的价值与债务迟延履行者的整体隐私价值孰大孰小，存在法律上的利益权衡，脱离具体场景的结论没有意义。例如，当社会主要矛盾与迫切需求在于建立健全信用体系，有效打击失信违信行为，防范融资意愿与偿债能力“倒挂”而扰乱金融秩序，解决套路贷等财产性欺诈违法成本过低之时，维权式加害的可责性就不宜设置过高。至少，结构性失信严重时反而强调保护老赖的名誉权与隐私权、公共执法资源稀缺时反而强调限制私力救济，是疑似本末倒置和超越现实阶段的。有悖论意味的是，债务拖欠的社会综合治理难度远高于作出讨债者侵犯隐私权的一纸判决。居中裁判的民事判决也许不免会产生“防君子不防小人”的意外观感。

---

① 参见佛山市三水区人民法院：韦某莲、曾某雄等与罗某等名誉权纠纷一审民事判决书（2018）粤0607民初5342号。

② 参见宁波市中级人民法院：胡某峰、南京汇法正信信息科技有限公司一般人格权纠纷二审民事判决书（2019）浙02民终1576号；中山市人民法院：颜某春、胡某红一般人格权纠纷民事一审民事判决书（2021）粤2071民初2209号。

③ 参见上海市浦东新区人民法院：徐某华与上海浦东发展银行股份有限公司信用卡中心信用卡纠纷一审民事判决书（2022）沪0115民初8314号。

④ 参见重庆市第一中级人民法院：北京微聚未来科技有限公司、陈某民事二审民事判决书（2021）渝01民终7883号。

3. 个人信息私密性判断的变化

第三类变化同样涉及隐私、个人信息侵权的认定。前期判决中，某种信息是否构成隐私有时成为诉争焦点。尚未公开而且与他人利益无涉的信息一般属隐私无疑，[①] 反之则否。争议在于准私密、半私密、弱私密、类私密属性的信息如何定性。例如，法庭对手机号、身份证号的定性就存在明显冲突。(2018) 京 0108 民初 49569 号、(2019) 鲁 02 民终 7482 号判决书肯定了其隐私属性，[②] 指出手机号在机主特定使用范围内具有公开性，但并非向不特定范围非设限公开，故应属个人隐私范畴。(2018) 浙 0402 民初 8554 号、(2019) 苏 08 民终 3198 号判决书[③]否定了其隐私属性，指出手机、身份证信息不但不应保密，反而是需要向他人告示的。即使在信息收集和匹配成本越来越低的大数据时代，上述信息也不构成隐私信息。

《民法典》生效后，判定信息的私密性依然有法律意义，不过意义的内容变了。此前的意义在于决定隐私侵权的归责与免责，此后的意义则无关乎责任的有无而仅仅与责任的名义有关。某种信息即使不构成隐私，也可能构成个人信息。个人信息侵权与隐私侵权的构成要件不同、归责原则不同（前者采过错推定责任)、责任形态和实际救济效果不同，依然具有区分价值。判断信息的私密性从来不是一道孤立的直线计算问题，否则将陷入谷堆悖论。[④] 信息的私密度本就取决于变动不居的价值观，难以通过计算模型加以量化。假设存在某种科技手段测定出某类信息的"私密度量值"，那么：第一，该取值必定会像股价、汇率那样实时波动。判决依据的某个度量值或许在 10 天后判决正式生效时大不相同。第二，裁判者在将该数值 X 转换为具有法律意义的

---

① Samuel D. Warren, Louis D. Brandeis, "The Right to Privacy," *Harvard Law Review*, 1890 (4), pp. 193-220.

② 参见北京市海淀区人民法院：张某与北京爱奇艺科技有限公司等隐私权纠纷一审民事判决书 (2018) 京 0108 民初 49569 号；青岛市中级人民法院：青岛天一精英人才培训学校、王某辉隐私权纠纷二审民事判决书 (2019) 鲁 02 民终 7482 号。

③ 参见嘉兴市南湖区人民法院：周某与中国移动通信集团浙江有限公司嘉兴分公司、中国移动通信集团浙江有限公司隐私权纠纷一审民事判决书 (2018) 浙 0402 民初 8554 号；淮安市中级人民法院：顾某荣、黄某英等与洪泽县富达纺织有限公司、淮安日报社隐私权纠纷二审民事判决书 (2019) 苏 08 民终 3198 号。

④ Cargile, James, "The Sorites Paradox," *The British Journal for the Philosophy of Science*, 1969 (3), pp. 193-202.

语言结论时依然面临不确定性。在不同的场景要素下，“63.59%”的取值可能会被判定为一般信息，“49.36%”的取值可能会被判定为私密信息。因此，“私密度”的测量终将陷于循环论证之中。

“手机号是否属于私密信息”的正确解法不在手机号本身。某项信息、标识符本身无所谓私密，私密的是使用信息的方式和场景。例如，私密犯罪记录属于隐私，而在告解、档案审查、犯罪调查中使用却并无不当；生理或心理缺陷是私密的，而在倾诉、临床医疗、心理咨询中使用却并无不当。反之，姓名的私密度一般较低，却在卧底侦查、不记名投票、匿名作证场合具有高度私密性；性别的私密性一般较低，却在胎儿检查、非异性恋或者特殊性别认同场合具有高度私密性。换言之，“私密信息”也可以非私密地使用，使用“非私密信息”照样可能侵犯隐私权。

某种信息之所以私密，是因为长期经验表明，擅自披露该信息将大概率侵犯隐私利益。“私密性”本质是“侵犯隐私利益可能性”的概率标签。“概率估算”思想也是1942年美国法官勒·汉德在“卡洛尔案”中提出的“汉德公式”——B（预防成本）$<P$（事故概率）$\times L$（预期损失）之本质。[①] 概率标签的功能在于把历史经验和统计结论进行压缩，以辅助预判。但是，预判结论不等于三段论大前提。手机号是或不是隐私的预判结论，不宜直接用于涵摄个案事实、机械作出结论。没有场景的私密性研判没有灵魂。概率标签是待证明的假说、结论的概率性指引，而不是标准答案。在此意义上，前述民事裁判对于手机号定性的结论冲突并不是错误，而恰恰是在参与手机号在“私密性光谱”上概率区间的测定。这些先例不能直接支配裁判结果，但可以当作先验性的指引。

4. 银行卡盗刷类案件的变化

第四类代表性的变化来自银行卡盗刷案。案件起因通常是银行卡密码、动态码或其他个人信息因故泄露，银行卡被第三方盗刷。盗刷模式有三：第一，真卡盗刷，即利用挂失补办等手段获得真卡而使用。第二，伪卡盗刷，即骗取银行卡卡号等个人信息后伪造银行卡物理介质（伪卡）而使用。第三，非实体卡线上盗刷，即在网银系统或者第三方支付系统内发生盗刷。由于现

---

① United States v. Carroll Towing Co., 159F. 2d169 (2d Cir. 1947).

实中难以查找盗刷者本人，持卡人通常谋求开卡银行予以赔付或先行赔付。请求权依据有两项：第一，追究银行在履行保密义务这一合同附随义务上的过错，进而主张违约请求权；第二，基于银行在处理持卡人密码等个人信息上的不当之处，主张个人信息侵权请求权。持卡人通常选择前者，故此类案件常以合同纠纷项下的“信用卡纠纷”为案由。核心在于银行与持卡人安全保障义务的分配，以及信息泄露致损的责任比例划分。

案件在前后阶段有一定变化：第一，在事实层面，非实体卡在线盗刷比例有所提高。第二，在裁判层面，银行的举证责任有不明显的加重。由于大多数盗刷案件信息泄露的肇因无法查明或者只能推迟查明，因此法律推定的倾向性与举证责任的分配尤为重要。2017—2020 年的前期判决已经体现出“推定银行过错”思想。例如，（2018）鄂 09 民终 63 号判决书①中要求银行对持卡人未尽管理义务导致密码泄露承担事实举证。（2018）吉 01 民终 349 号判决书②中进一步指出，银行在开设第三方支付平台关联的网络交易模式并享受其便利的同时，对持卡人的资金安全保障义务也应当加大。这既符合收益与风险相匹配的原则，也符合双方的风险防控能力。2021—2022 年后期判决并未受到《个人信息保护法》第 69 条之过错推定原则的显著影响，对银行方的举证要求似略有提高但并不显著。其一，在查明信息泄露系持卡人接到诈骗电话或者点入木马网址所致时，多数判决直接认定持卡人全责。其二，法庭依然着重核查银行对于形式性、事前性、低成本的告知说明义务之履行。而对持卡人具有实质保护意义的义务类型，如异常交易风险监控与及时警示义务、第三方支付环境下的加重安保义务等，仅有少数案件提及。整体来看，此类案件的“银行友好型”基调有所淡化但不明显。

三、个人信息使用与记载类案件比较

（一）信息使用类案件的演变

个人信息使用是对个人信息权积极权能的利用行为。由于：（1）姓名与

① 参见孝感市中级人民法院：褚汉涛与中国农业银行股份有限公司云梦县支行借记卡纠纷、金融借款合同纠纷二审民事判决书（2018）鄂 09 民终 63 号。

② 参见长春市中级人民法院：中国工商银行股份有限公司长春驻第一汽车集团公司支行与马某福银行卡纠纷二审民事判决书（2018）吉 01 民终 349 号。

肖像本身就是个人信息；（2）传统上姓名和肖像恰恰是自然人身份的核心标识符；（3）姓名权与肖像权也具有积极权能，因此个人信息利用环节的侵权多与姓名权、肖像权侵权发生竞合，表现为非法使用他人肖像或者冒用、盗用他人姓名及身份信息。不过，个人信息权也含有不能被姓名权、肖像权覆盖的专属使用权能。其一，附着于姓名、肖像客体之外的其他客体上的权利。例如，基于身份证号、手机号、网络账号、银行卡号、密码、生物识别特征的权利。其二，信息收集者对其合法收集的数据之权利。例如，企业对合法收集信息的加工、计算、分析及以此为基础的推送、营销、自动化决策等。

表 3　信息使用类纠纷两个阶段的数据比较

大类	细类	数量	
		2017—2020	2021—2022
（疑似）擅用	被告网站拍卖某名人的家书以及旧藏友朋书信	1	0
	培训机构擅自使用优秀学员个人信息用于宣传	1	0
	公司擅自使用某员工个人信息用于宽带的办理	1	0
	企业擅自将个人信息用于内部，实现导流共享	0	2
	企业擅自使用个人信息用于电话推销、短信推送	0	10
	擅自使用名人肖像用于文章引用或者新闻报道	0	2
	债权人使用债务人的个人信息用于欠款的催收	0	5
	企业运用技术手段关联出客户的其他联系方式	0	1
盗用	盗用他人身份充当股东或者实施法人工商登记	15	5
	盗用他人专业身份资质用于淘宝店的经营宣传	1	0
	盗用他人名义充作员工以虚构薪酬或虚报个税	1	2
	盗用他人名义充作自己配偶用以获得购房资质	1	0
	公司盗用他人身份充任公司技术员以用其资质	0	7
	在董事会会议上盗用董事名义在决议文件上签名	0	2
	盗用他人名义充任某生态护林员及某组织成员	0	1

续表

大类	细类	数量	
		2017—2020	2021—2022
冒用	冒用他人身份实施贷款、抵押或订立其他合同	11	4
	员工受到指使冒用其他员工身份办理社保退费	1	0
	冒用他人姓名及身份信息以注册办理电话号码	3	0
	冒用他人的姓名及全套身份信息用于登记结婚	1	2
	冒用他人的姓名及身份名义去医院做打胎手术	1	0
	冒用他人的身份信息用于参加企业招投标活动	1	0
	冒用他人的身份并伪造签名用以开设银行账户	0	1

表3反映了四类变化趋势：第一，对身份信息的不法利用目的以工商登记（20）、冒充缔约（15）、商业营销（10）为最多，反映了信息利用行为不同于一般的情绪性、偶发性、离散性行为，具有经济理性驱动特征。第二，数量增幅最大的是商业推销式利用。考虑到绝大多数人会虑及成本而不起诉，推销类行为的增加颇符合“蟑螂效应”原理，可以推知个人数据“泄露—买卖—推销”黑产猖獗。第三，有三类微趋势是内在互证的：A. 行为从线下转向线上。B. 擅用类略有增加而冒用类略有减少。C. 以法人尤其是企业为主体的信息利用行为增加。A、B、C的内在关联是：冒用行为以线下场景更为便利，而企业具有线上活动的优势能力。第四，擅用、盗用、冒用的对象，从单一的姓名变为整体身份信息。姓名及姓名权范式式微。传统上姓名是自然人参与民事活动的核心标识符。而现代社会中姓名的地位已被削弱，表现为：（1）身份信息的种类和内容大幅增加；（2）互联网活动降低了实名的权重；（3）民事主体名实同一性的认证也通常由证件号、密码、指纹、面部识别信息、声纹、虹膜等直接标识符替代完成。

《民法典》生效前后的判决无明显不同。由于当前信息利用方式较原始，多为电话推销、内部导流、欠款催收等低毛利、粗加工、低附加值模式，因此法律适用环节的权重较低，裁判重心反而落在事实查明环节。例如，商业推销类纠纷重心在于推销短信、电话的举证，盗用身份登记类重心在于伪造签名的司法鉴定。与此不同，（2020）京0108民初14653号判决书所涉案件[①]

① 参见北京市海淀区人民法院：华某锋与北京泰和锦益科技有限公司等侵权责任纠纷一审民事判决书（2020）京0108民初14653号。

可能具有某种趋势的指向性。原告华某与被告交通银行订立信用卡合同，此后迟延还款。交通银行信用卡中心拨打华某手机号码进行共计 13 次催款。法庭发现催款号码并非客户预留，而是银行自行对不同客户信息进行关联所得。法庭笼统评价说，银行擅自利用涉案手机号催收的行为违反了相关监管规定，构成个人信息的违法使用。从研究角度看，个人信息的关联是该案真正的价值点。该案提出的问题是：第一，对合法收集的信息进行关联处理的合法性边界；第二，对信息关联计算所得衍生信息利用的合法性边界。信息关联在程序上关涉知情同意权，在实体上则关涉深层的价值判断。边界设置过宽等于放任精准个人画像滥用、主动放弃隐私概念；边界设置过窄将导致基于信息主体行为数据和算法推荐的商业模式突然失去合法性。

（二）信息记载类案件的演变

个人信息的记载也属于信息处理环节。记载环节常见的加害行为表现为对正确个人信息的误记、篡改、伪造、错配等。个人信息权利法定化之前，信息误载纠纷已经存在，大多通过两种途径解决：第一，扩张解释姓名、名誉的概念边界，借用姓名权或者名誉权侵权方式解决。第二，关涉财产性权利而难以由人格权路径解决的，则归为笼统的侵权纠纷案由。不过，个人信息权也包含不能被姓名权、名誉权替代解释的专属记载性权能。例如，档案文件的误载、工商登记的误载、电话号码的误录、董事会记录的伪造、两种个人信息的错误关联匹配等。

表 4　信息记载类纠纷两个阶段的数据比较

大类	细类	数量	
		2017—2020	2021—2022
误配	电信公司过失将案涉号码的使用人关联到原告名下	1	0
	顺丰因系统错误，错用原告名义发送快递石榴若干箱	0	1
	业委会疏忽，误将同名同姓的本案原告起诉至法院	0	1
	建设银行工作人员误将案外人车辆信息录入到原告名下	0	1
	银行工作人员混淆了个人信息使原告产生不良征信	0	1

续表

<table>
<tr><th rowspan="2">大类</th><th rowspan="2" colspan="2">细类</th><th colspan="2">数量</th></tr>
<tr><th>2017—2020</th><th>2021—2022</th></tr>
<tr><td rowspan="4">误记</td><td colspan="2">工商局拒绝原告申请又误将原告登记为个人工商户</td><td>1</td><td>0</td></tr>
<tr><td colspan="2">旅行社将客户信息中就业事项填写错误导致其被拒签</td><td>1</td><td>0</td></tr>
<tr><td colspan="2">淘宝电商误将原告记载为发货人导致其被电话打扰</td><td>1</td><td>0</td></tr>
<tr><td colspan="2">二手车系统错误记载了车辆大修信息导致车辆滞销</td><td>0</td><td>1</td></tr>
<tr><td>误存</td><td colspan="2">系统中未及时删除原职工的身份信息继续用来报税</td><td>1</td><td>0</td></tr>
<tr><td>误改</td><td colspan="2">代理人篡改伪造被代理人的身份信息用以办信用卡</td><td>0</td><td>1</td></tr>
<tr><td rowspan="13">误报</td><td rowspan="13">金融机构过失导致不良征信</td><td>担保责任已因时效等消灭却依然误报信息</td><td>8</td><td>7</td></tr>
<tr><td>合同解除或变更履行期限后依然误报信息</td><td>2</td><td>0</td></tr>
<tr><td>案外人冒用名义申请贷款，银行疏于审查</td><td>44</td><td>10</td></tr>
<tr><td>债务实际已经履行完毕却依然误报违约信息</td><td>1</td><td>2</td></tr>
<tr><td>同意放弃本金利息后却依然误报违约信息</td><td>1</td><td>0</td></tr>
<tr><td>作为主债务人的原告免责后依然误报信息</td><td>1</td><td>0</td></tr>
<tr><td>银行未及时更新系统、未及时修改历史信息</td><td>1</td><td>0</td></tr>
<tr><td>银行内部人盗用信息贷款致原告不良征信</td><td>6</td><td>2</td></tr>
<tr><td>年费等事项约定不明导致滞纳金不良征信</td><td>1</td><td>0</td></tr>
<tr><td>上报不良征信信息之前没有履行告知义务</td><td>0</td><td>2</td></tr>
<tr><td>严重违背服务程序办理贷款导致不良征信</td><td>0</td><td>1</td></tr>
<tr><td>银行将存疑不实的征信信息报给征信部门</td><td>0</td><td>1</td></tr>
<tr><td>违约事由消灭 5 年之后仍然保留不良信息</td><td>0</td><td>2</td></tr>
</table>

表 4 反映了三类变化趋势：第一，误配、误记、误存、误改、误报五大类比例基本不变。误报类纠纷在前后两个阶段始终占多数（92.86%；81.82%）。误记、误存、误载、误报类数量有微小波动，但不具有解读意义。有意义的变化是误配类纠纷数量上升，这反映了个人信息总体量与处理成本的现实变化。第二，误报类纠纷出现四项新增事由：（1）银行履行告知义务瑕疵；（2）银行严重违背服务程序；（3）银行对存疑不实的不良信息依然上报；（4）银行疏于关注不良信息 5 年保存期。这似乎反映了内资银行信贷管

理与合规的现实水平。至于银行疏于审查类（44；10），内外勾结盗用、冒用类（6；2）数量的下降盖因统计口径所致，不具有分析意义。第三，前期与后期纠纷类型重复率仅为 8.33%。较低的重复率反映了记载类信息纠纷的离散性与偶发性特征。现实中，个人信息不当记载实为高频事件。证照、档案、登记、合同、公文、公示等一切以文字传达而且涉及个人信息的公私文本均可能发生误载。不过损失的小额化与隐蔽性抑制了起诉动机，只有工商登记、银行征信等隐含较大利益的误载纠纷才可能引发诉讼。伴随社会征信系统地位的提升以及大数据对普通文本的赋能，更多记载类纠纷将进入诉讼。

案件在前后阶段的判决无明显变化，因为裁判要点多是事实问题。一旦举证证明信息误载的事实与损害，民事责任即具备成立条件。至于误载的内容是个人信息、隐私、姓名还是名誉则无关紧要。哪怕不属于任何人格要素，也无妨冠以抽象的“侵权责任纠纷案由”。作为例外，误报类纠纷对实体问题有所讨论。个人信息误报行为的典型画像是：案外人甲冒用原告名义向金融机构申请贷款或者为贷款提供担保。此后，贷款主债务或者保证债务的履行陷于迟延，银行据此上报不良个人信息，原告名下形成不良征信记录。此时，原告通常主张名誉权损害赔偿请求权。于是，征信记录是否属于名誉、不良征信记录是否属于“社会评价降低”成为法庭面临的辨析题。法庭提供了三类答案：(1) 肯定说。肯定征信记录的名誉属性。(2) 否定说。否定不良征信记录是一种名誉的损害。常见理由是央行征信系统相对封闭，有权查询人限于法定资质者，征信记录缺乏在不特定人群中传播的条件。(3) 折中说。支持性判决笼统表述为行为不当、构成侵权，驳回性判决则推究于原告举证未达到证明标准。在 2017—2020 年的前期判决中，肯定说、否定说、折中说的比例大致为 1∶2∶7。而 2021—2022 年的后期判决立场发生转折，肯定说成为多数说。本文认为，不良征信记录的法律属性问题缺乏技术含量。从征信记录到名誉，无非以论理解释的目的性扩张或类推适用为桥板。一切论理解释的本质无非是主观价值判断。此外，个人信息权请求权基础的出现也削弱了辨析的意义。

四、结语：个人信息纠纷的本质与趋势

个人信息作为一种法律关系的客体，现实地位日益显要。个人信息古已

有之，不过其开始成为重大价值的载体，却是在互联网、大数据与算法技术兴起之后的信息文明时代。单独原始的个人信息主要承载人格尊严与自由价值，次要承载有限的财产价值。集成性数据化的个人信息则承载重大的商业利用与社会控制价值。价值不由客体自身决定，而由特定时代下主体的需求赋予。正如石油的价值取决于机械动力技术的发明以及工业文明的生产生活方式，信息技术对市民社会的楔入与改造越深，个人信息就越会成为土地、石油、核能式的战略资源。《民法典》将个人信息权益归于人格权是合乎逻辑的。不过个人信息权也有特殊性，其作为一种底层权利属于民事权利范畴，而其衍生的复杂权利群超出民事边界。

与健康权、隐私权、名誉权等具有单一个人法益的人格权不同，个人信息权同时含有个人法益与超个人法益。个人信息多维、高频、持续地产生、收集、存储、转让并与多元的应用场景连接，交互成前所未有的新型利益客体，生成深度威胁人格尊严与自由的精准个人画像，诱发公共安全秩序中的灰犀牛、黑天鹅事件。个人信息的非法收集、滥用、泄露、误载等行为比传统行为更容易引发大规模侵权，其侵害形态多样、因果关系抽象、受害主体分散、损害后果不确定。[①] 与姓名权、名称权、肖像权等具有一般财产属性的人格权不同，个人信息权附有潜力可观的商业转化与社会控制价值。个人信息本质是信息文明时代的隐私、姓名、名誉等多种人格要素的总和，是互联网背景下民事主体的数据化人格。掌握了个人信息的控制权，在微观上就接近于控制了特定自然人人格，在宏观上就接近于掌握了大众行为心理与社会组织运行的密钥。

大规模集成性个人信息的归属权、采集权、利用权、控制权将被长期持续争夺。个人信息权附着的社会控制价值也将逐渐发挥潜能。在法律视角下，真正切中要害和引领趋势的案件是那些发生在个人信息大规模商业化利用与社会控制过程中的利益冲突。终极的风险不是邻居摄像头的越界滋事或者自媒体的侮辱诽谤，而是来自享有技术解释权的企业数据处理者、掌控合法性解释权的公共机构，以及具有成本优势与变现能力的地下数据黑色产业。超越地方性知识与法律解释技术，本质性的价值判断是：在人类文明共同体基

① 胡卫萍：《社会转型中的大规模侵权及其责任承担机制研究》，中国检察出版社 2012 年版，第 35—42 页。

本价值预设之下，个人信息究竟能在多大程度上运用于商业化与社会控制，个人信息主体究竟能在多大程度上对抗具有支配地位的实体对数据人格的破坏、伪造、消灭、替代、复制以及一切控制行为。

2017—2022 年的民事案件中，呈现上述个人信息权及利益冲突本质的并不多。这是因为个人信息权独立发挥作用面临两层限制。第一层限制是对传统人格权的路径依赖。个人信息权与传统人格权中的隐私权、姓名权、名誉权在客体层面存在交集，在权利层面发生竞合。事实上，传统人格权可以解决绝大多数个人信息纠纷：隐私权应对信息收集与披露类纠纷，姓名权应对信息处理纠纷，名誉权应对信息记载纠纷。这种路径依赖痕迹在 2017—2020 年的前期判决中相对明显。2021—2022 年的后期判决尽管也不惶多让，但似乎有摆脱传统人格权范式的趋势。一是客体层面的突破。新近案件更多地识别出诸如已经合法公开的信息、在酒店等公开场合生成的影像等不具有隐私属性的信息，识别出诸如个人微信号、面部识别特征等超出姓名扩张解释边界的信息，识别出诸如征信记录、档案文件等观念上不能为名誉所包含的信息，并识别出这些信息客体之上生成的新型细微利益。二是权能层面的突破。传统的具体人格权仅具备消极防御权能（如隐私权）或者简单的利用权能（如肖像权）。新近案件更多涉及个人信息更复杂的利用模式，诸如（2020）京 0108 民初 14653 号判决书中身份信息的关联计算、（2021）浙 0110 民初 2914 号判决书中的爬虫手段抓取、（2021）京 0491 民初 5094 号判决书中自动化决策基础上的商业推送①等数据分析与算法训练行为。尽管上述变化并不明显，也不宜过度解读为《民法典》的影响力所致，但趋势初显端倪。

个人信息权的第二层限制是私法与民事诉讼的功能边界。人们对个人信息权的真正期待是防范信息过度收集与不当处理，保护弱势自然人的数据人格安全。然而，威胁来自权力、资源、信息、技术上的显著优势方，即垄断性大数据企业、公共机构和地下数据产业。私法宣称保护私权与意思自治，而私权的真正威胁源于权力势差结构下的优势方，不是平等主体间的低水平

---

① 参见北京市海淀区人民法院：华某锋与北京泰和锦益科技有限公司等侵权责任纠纷一审民事判决书（2020）京 0108 民初 14653 号；杭州市余杭区人民法院：北京微播视界科技有限公司与上海六界信息技术有限公司、厦门市扒块腹肌网络科技有限公司、浙江淘宝网络有限公司不正当竞争纠纷诉中行为保全案（2021）浙 0110 民初 2914 号；北京市互联网法院：罗某与北京大生知行科技有限公司网络侵权责任纠纷一审民事判决书（2021）京 0491 民初 5094 号。

互害。然而，私法的实际功能仅限于调整实质平等主体的利益冲突。权力非对称关系的治理从来是由公法和社会法机制承担的。隐私政策与知情同意权系列案件一再说明，无论如何精密设计法定授权机制，只要没有改变力量对比的第三方介入，信息收集者必然有能力架空知情同意权。规则总是沿着阻力最小的方向得到执行或扭曲，而不是主观设想的方向。数据优势方比普通人更欢迎私法的意思自治、产权保护与责任自负原则。民事诉讼对普通信息主体也缺乏吸引力。除非诉讼预期收益远高于忍受个人信息不当处理的成本，否则普通人不会起诉。上述两点是我国个人信息保护体系中，行政执法与刑事司法长期屏障于民事诉讼之前形成倒挂机制的根本原因。保护个人信息安全的根本战略是有效制衡三类信息权力优势者：制衡数据黑产，宜交由行政执法与刑事诉讼负责；制衡企业数据集团，有赖于市场机制带来的“用脚投票”自由与以毒攻毒式的私人集团诉讼；制衡公共机构数据滥权与溺职行为，取决于公法的实际效度。尽管如此，2021—2022 年后期判决中“普通自然人诉（机构）数据处理者”的强弱对抗模式依然是重要的转向。它们包括但不限于围绕知情同意权的线上收集用户信息案件、银行卡第三方支付中的盗刷案件、企业涉嫌不当关联身份信息案件、企业擅自内部分流共享个人信息案件等。这些判决对于直接打击数据侵权的意义有限，但是为社会治理积累了场景素材与判决先例，也为弱势方保留了尽管难以实际享有的底线权利。

刑事诉讼非羁押人员数字监控实证研究

胡雨晴* 罗 澜**

（中国政法大学刑事司法学院，北京 100088；
杭州市西湖区人民检察院，浙江杭州 310012）

摘 要：“非羁码”通过对非羁押人员实施数字监控，从而实现对其遵守刑事诉讼有关规定情况的监督考察。实证分析表明，“非羁码”的使用对降低逮捕率、审前羁押率效果显著，对定罪量刑和办案人员的司法理念也产生了积极的影响，具有正当性基础。这一工作创新目前的合规体系构建需要研究该制度的适用范围及个人信息使用上的管理规则等。未来应当对“非羁码”的使用进行合法性改造和有效性完善，同时在总结地方试点经验的基础上推动立法修改。

关键词：“非羁码”；数字监控；刑事诉讼强制措施；审前羁押；个人信息保护

2020 年年初，突如其来的新冠肺炎疫情，使得全国各地看守所羁押犯罪嫌疑人、被告人的难度陡增。H 市作为全国最智慧的城市,[①] 依托其强大的“城市大脑”，率先开始探索新型非羁押人员数字监控措施。H 市检察机关会同 H 市公安机关经过多次论证，决定借鉴“健康码”对个人基本信息、行程信息等数据集成分析[②]的治理经验，联合 H 市公安局城市大脑技术团队全新研发“非羁押人员数字监控系统”（又称“非羁码”）。“非羁码”数字监控

* 胡雨晴，中国政法大学刑事司法学院博士研究生。

** 罗澜，杭州市西湖区人民检察院第一检察部副主任。

① 《中国城市数字治理报告（2020）》显示，H 市数字治理指数居全国第一。

② 鲍坤：《健康码数据常态化应用的比例原则限制》，载《电子商务》2021 年第 1 期。

措施指公安机关、人民检察院、人民法院在刑事诉讼活动中，依照法律规定和案件具体情况，对符合条件的犯罪嫌疑人、被告人，采用专门的数字监控系统实施监控的措施。“非羁码”的应运而生，不仅有效解决了公共卫生应急事态下非羁押人员的监管难题，更为长期发展受限的我国非羁押诉讼制度提供了全新思路。[①] 为了及时总结实践经验，评估实践效果，发现其中存在的问题，更好地贯彻落实降低审前羁押率的司法文明导向及“少捕慎诉慎押”的刑事政策理念，笔者于2020年7月到2021年6月共历时12个月，对实践中通过建立“非羁码”数字监控系统来降低审前羁押率、强化非羁押人员监管的做法作了全面系统的调查研究。

一、调查地点与研究方法

（一）调查地点概况

H市是全国唯一一个采用“非羁码”数字监控措施的地区，我们主要对H市“非羁码”实施状况进行调查。“非羁码”系统于2020年7月首先在H市X区上线试点运行，后续试点扩大至H市各区。涉及“非羁码”使用的相关数据，主要在H市X区检察院调查中获取，资料的搜集和相关人员的访谈在全市范围内进行。

2020年7月至2022年6月，H市X区检察院使用“非羁码”数字监控系统监控犯罪嫌疑人超过1600人，审前羁押率同比降幅达36%，不捕率同比增幅达107.14%。

（二）研究方法

第一，问卷调查。调查问卷通过小程序“问卷星”向X区司法机关工作人员发放，收回有效问卷66份。其中，公安人员[②]问卷38份、检察人员问卷21份、审判人员问卷7份（见图1）。

① 章安邦：《人工智能时代的司法权嬗变》，载《浙江工商大学学报》2020年第4期。

② 问卷调查的公安人员包括社区民警与办案民警，办案民警涵盖派出所、法制大队、预审大队、刑侦大队、治安大队、禁毒大队等办理刑事案件的民警。

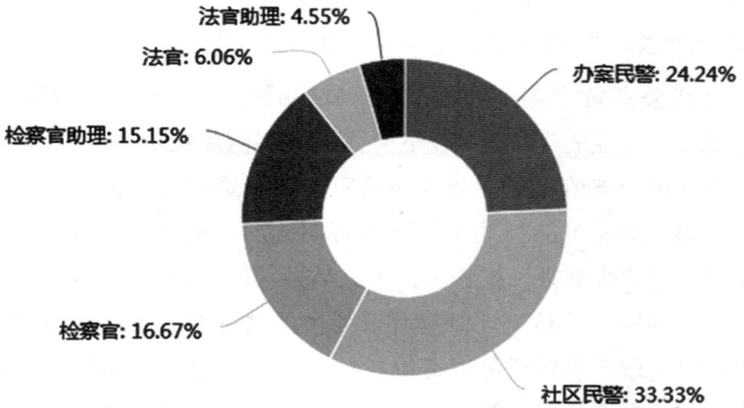

图 1　被调查人员职能分布情况

第二，访谈。对 X 区司法机关办案人员进行了集中访谈和个别访谈，其中集中访谈 3 人次、个别访谈 25 人次，包含警察 11 人次和法检人员 14 人次。

第三，文献分析。对调查过程中收集到的文献资料进行了整理、分析，包括：H 市制定的相关规范性文件，试点单位 H 市 X 区人民检察院存留的个案档案，反映试点情况的报道、总结性材料，随机抽样的案例案卷，其他研究成果。

二、运行状况

（一）“非羁码”数字监控的基本架构

“非羁码”数字监控系统联通了公安网、政务网和互联网，通过定时打卡检查，随机打卡抽查，人员轨迹查询，离开所在市、县、居所及被监视居住人会见、通信在线申报审批，定时定点传唤，电子围栏标定预警以及禁入场所标定预警等监管措施，实现对被数字监控人的全方位监督。负责执行的社区民警及承办案件的民警、检察官、法官通过各自内网登录后台系统后，可开展对被数字监控人的轨迹查询、积分管理、异常预警、审批管理以及用户管理等工作。①

（二）“非羁码”数字监控的适用范围

根据H市公安局、检察院、法院、司法局联合出台的《对刑事诉讼非羁押人员开展数字监控的规定》（以下简称《数字监控规定》），“非羁码”数字监控措施适用于被监视居住或取保候审的犯罪嫌疑人、被告人，具体而言分为两类：第一类是可能判处3年以下有期徒刑、拘役、管制或单处附加刑的未被羁押的犯罪嫌疑人、被告人；第二类是可能判处3年以上10年以下有期徒刑的犯罪嫌疑人、被告人，具有下列情形之一的，经人民检察院不批准逮捕或人民法院取保候审后可以适用：（1）有法定从轻、减轻处罚情节，确有悔罪表现的或自愿认罪认罚的；（2）60周岁以上老年人或盲人、聋哑人等身体不适合羁押的残疾人；（3）具有一定规模的民营企业的负责人或技术骨干，犯罪事实已经基本查清，并认罪认罚、积极退赃退赔的。这三种情形下的人员可以分别概括为认罪悔罪表现好、弱势群体以及能创造较大社会价值的人员。三种情形下的人员的设置既符合《刑事诉讼法》的精神，又有利于鼓励认罪悔罪、节约诉讼资源，同时也平衡了关照社会弱势群体、保护民营经济等价值考虑，相对来说比较科学合理。而且为了避免三种情形人员恶意利用其特殊身份，《数字监控规定》同时规定对于再犯概率大、社会危害性强、可能妨害诉讼、确有羁押必要的犯罪嫌疑人、被告人不得适用。《刑事诉讼法》第81条规定了逮捕的条件，包括：（1）有证据证明有犯罪事实，（2）可能判处徒刑以上刑罚，（3）采取取保候审尚不足以防止发生社会危险性，并对什么情形是“社会危险性”作了说明。《数字监控规定》对“非羁码”第二类适用对象的列举，则是对什么是不具有社会危险性作了列举说明，从具体操作层面细化了人民检察院不予逮捕、人民法院决定取保候审的条件。

（三）“非羁码”的办理与解除

H市公安局《对刑事诉讼非羁押人员开展数字监控措施操作规范（试行）》（以下简称《数字监控操作规范》）对“非羁码”的办理和解除进行

---

① 谢添、李洋：《刑事诉讼非羁押人员数字监控的实践与探索——以浙江省杭州市西湖区“非羁码”使用为视角》，载《中国检察官》2021年第7期；H市公安局、检察院、法院、司法局《对刑事诉讼非羁押人员开展数字监控的规定》；H市公安局《对刑事诉讼非羁押人员开展数字监控措施操作规范（试行）》。

了规定。根据《数字监控操作规范》,“非羁码”的办理需要经县级以上公安机关负责人同意。被取保候审、监视居住人需要阅读并签署《取保候审/监视居住权利义务告知书》《非羁押诉讼犯罪嫌疑人使用监管软件及设备义务告知书》《承诺书》等,在移动通信设备上安装数字监控系统软件,进行注册、认证等操作,并提供人脸、签名、声纹等信息,如实填写居住地、紧急联系人及联系方式等内容。办案民警结合案件情况设定被取保候审、监视居住人等管控区域范围、禁止进入场所、禁止接触人员名单、打卡模式等,并向执行地派出所推送相关信息,确保执行地派出所接收相关信息,以便依法开展执行工作。案件移送审查起诉之后,办案民警将相应的查询、监控权限流转至检察院,执行的派出所权限不变。当犯罪嫌疑人被依法逮捕或者解除取保候审、监视居住时,应立即解除数字监控措施。

(四)对被数字监控人的监督考察管理

根据《数字监控操作规范》,对“非羁码”监控的被取保候审、监视居住人的监督考察管理由执行地派出所和决定机关分工负责,共同纳入非羁押人员数字监控措施档案。监督、考察的具体措施包括:运用数字监控系统制定打卡任务,关注活动轨迹,查看日常表现。监督被取保候审、监视居住人遵守相关规定。被取保候审人有正当理由离开所居住的市、县,被监视居住人有正当理由要求离开住处或者指定居所以及要求会见他人或者通信的,应当事先通过“非羁码”进行报告并通过审批。执行取保候审、监视居住的民警发现被数字监控人违反相关规定,要立即在系统上进行评价、记录。

《刑事诉讼法》第71条规定,被取保候审人未经执行机关批准不得离开所居住的市、县,第77条规定,被监视居住人未经执行机关批准不得离开执行监视居住的处所,但是受执行部门警力资源有限以及在没有相应技术支持的情况下对被取保候审、监视居住人的活动轨迹监管有难度等现实因素限制,实践中被取保候审、监视居住人经常处于“失管”状态。笔者曾在办案中不止一次遇到被取保候审人未经允许到外地去的情况,导致传讯时不能及时到案,一定程度上影响了刑事诉讼的顺利进行。“非羁码”的诞生,借力技术手段弥补了对被取保候审、监视居住人监管的不足,使得被取保候审、监视居住人真正处于刑事强制措施的监管之下,避免取保候审、监视居住流于形式。

（五）评分结果的通报与违反规定的处置

数字监控系统根据被取保候审、监视居住人的执行情况进行评分考核，根据测算分值形成被取保候审、监视居住的“非羁码”，起始分值 80 分（总分不超过 100 分），60 分以上为绿码，30~59 分为黄码，30 分以下为红码。

数字监控系统根据“非羁码”的颜色变化自动向执行民警推送预警信息。执行民警可根据“非羁码”的颜色变化情况，采取变更打卡频率、上门巡视、抓捕收押、上网追逃等处置措施。《数字监控操作规范》还规定，发现被取保候审、监视居住人具有“特定情形”的行为，违反《刑事诉讼法》关于取保候审、监视居住规定的，可采取相应的处置措施，如没收保证金、依法责令具结悔过、予以罚款，情节严重影响案件正常诉讼的，依法予以拘留、逮捕。

上述“特定情形”包括：（1）离开限定区域且未向执行单位或办案单位报备的；（2）切断数字监控系统终端且 24 小时内无法联系，无正当理由的；（3）数字监控系统数据显示同案的犯罪嫌疑人、被告人处于同一位置或互相联系，有串供可能的；（4）故意卸载数字监控系统终端软件或故意关闭数字监控系统终端软件定位功能的。相关设定在法律上符合《刑事诉讼法》对被取保候审、监视居住人义务的要求，在监管的强度上既具有实际可操作性又能实现监管到位，可有效预防犯罪嫌疑人、被告人“脱管”或者实施串供等妨碍刑事诉讼的行为，相对科学、合理。

三、效果分析

（一）对审前羁押的影响

通过对比“非羁码”使用前后西湖区检察院的不捕率、审前羁押率发现，“非羁码”的使用对降低逮捕率、审前羁押率有显著效果。自 2020 年 7 月“非羁码”使用至 2022 年 6 月，在公安机关通过使用“非羁码”数字监控系统减少了移送审查逮捕案件数的情况下，X 区检察院的不捕率同比增幅达到了 107.14%；在起诉人数与前两年基本持平的情况下，审前羁押率较前两年同期降低了 16.98%，降幅明显。调查中了解到，2021 年以来，Z 省检察机关强化了审前羁押率的考核，考核导向必然会给检察机关适用强制措施带来影响。但是在 2020 年 7 月至 12 月、2021 年 1 月至 6 月两个时间段内，X 区检察院办理的案件中审前羁押率基本持平。可见该院审前羁押率的降低主要得力于“非羁码”的使用，受全省考核因素影响较小。

对比“非羁码”使用前后类似案件在审查逮捕处理结果上的差别，也能看出“非羁码”对审前羁押的影响。

案例一：汪某某，33岁，外省人，具备完全刑事责任能力，认罪，初犯，无前科。因在“××扑克”App上开设赌场，于2019年7月27日被依法逮捕。判决认定其吸收赌资达人民币6.8万元，以开设赌场罪判处汪某某有期徒刑10个月，并处罚金。

案例二：李某某，24岁，外省人，具备完全刑事责任能力，初犯，无前科。因在同一App上为开设赌场提供资金结算帮助2000余万元，于2021年3月9日被刑事拘留。X区人民检察院因其系从犯，且具有自首情节，在审查逮捕阶段作出不批准逮捕决定，并建议H市公安局X区分局对其适用“非羁码”进行监控。在审查起诉阶段，李某某签署了建议刑期为1年10个月的认罪认罚具结书。X区法院最终采纳了X区人民检察院的量刑建议。

对比上述两个案件的处理情况，可以发现“非羁码”在降低审前羁押率方面发挥着重要作用。汪某某与李某某在同一App上从事开设赌场犯罪活动，涉嫌罪名相同，犯罪情节相似，均为外省户籍居住人口，有一定监管难度。李某某的犯罪数额远高于汪某某，但因汪某某案发在“非羁码”试点以前，居住在外省，可能被判处有期徒刑实刑，司法机关对其适用了逮捕措施。“非羁码”监控措施的适用促使办案机关对可能判处有期徒刑实刑、居住在外地、监管不便的犯罪嫌疑人适用非羁押强制措施，进而降低审前羁押率。

（二）对定罪量刑的影响

对犯罪嫌疑人使用“非羁码”数字监控，一定程度上影响了办案机关的处理决定。统计发现，在使用“非羁码”的已办结案件中，121人被检察机关作出不起诉的决定或被公安机关撤回案件，不起诉率达50.21%；98人被判处有期徒刑并适用缓刑，20人被判处有期徒刑、拘役实刑，起诉的案件轻刑[①]率达99.17%（见图2）。通过分析上述数据可以发现，办案机关对适用“非羁码”的犯罪嫌疑人通常都作出从轻的处理决定，轻刑化表现较为明显。

---

① 轻刑指被判处3年以下有期徒刑、管制、拘役或者免予刑事处罚，“以下”包括本数。

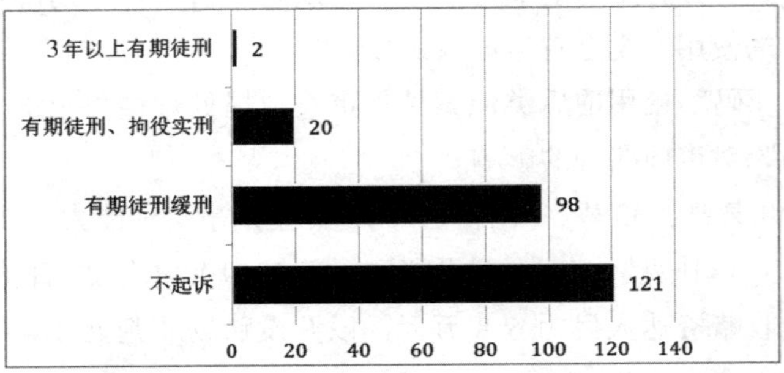

图 2 适用“非羁码”监控犯罪嫌疑人处理结果

通过与办案人员访谈发现，公安机关办案民警在决定是否对犯罪嫌疑人适用“非羁码”管控时，会综合评估犯罪嫌疑人的认罪认罚态度、犯罪情节是否恶劣、是否已退赔并取得被害人谅解等情节。将案件移送至检察院后，检察官通过了解公安机关是否对犯罪嫌疑人适用“非羁码”，查看管控列表中犯罪嫌疑人的打卡频次、打卡情况、预警信息与积分管理情况，推断犯罪嫌疑人在侦查阶段遵守取保候审有关规定的情况和认罪悔罪表现，并把相关情况作为对犯罪嫌疑人作出处理决定、提出量刑建议的依据之一。在法院审理过程中，大多数法官表示会将“非羁码”中显示的相关情况作为判断被告人认罪态度、悔罪表现的标准之一，进而决定是否对被告人从轻处罚。

（三）对办案人员司法理念的影响

司法机关既往的办案理念更倾向于“构罪即捕”。[①] 公安机关通常认为犯罪嫌疑人被刑事拘留期间是突破口供的最佳时期，提请审查逮捕后希望检察机关配合，对犯罪嫌疑人作出批准逮捕决定，便于开展后续侦查工作，防止同案犯罪嫌疑人之间串供、打击报复被害人、干扰作证等。而检察机关出于认罪认罚工作的顺利开展，促使犯罪嫌疑人认罪悔罪、积极赔偿从而实现“案结事了”、修复社会关系的效果，也更倾向于对不认罪的犯罪嫌疑人批准逮捕。如果不批准逮捕，犯罪嫌疑人可能会怠于履行赔偿责任，甚至原本认罪的犯罪嫌疑人因对未来可能面临的刑期预期过高无法接受实刑的量刑建议

① “构罪即捕”指司法实践中检察机关办理侦查机关提请批准逮捕的案件时，对于有证据证明有犯罪事实且可能被判处有期徒刑以上刑罚的犯罪嫌疑人倾向于逮捕的现象。

而拒绝认罪，从而使得检察官面临认罪认罚适用率降低、影响考核的困境。在法院审理阶段，羁押的犯罪嫌疑人更便于送达文书，翻供概率更低，也省去了被判处实刑后收监的诸多环节，给法官的工作带来了一定的便利。不管在哪个诉讼阶段，"羁押"对办案人员来说都是个"诱人"的选择。"构罪即捕"的办案理念造成了过高的羁押率，同时还引发了"超期羁押"、羁押期限"绑架"判决刑期等后果。尤其是在检察机关将"案件比"纳入考核后，犯罪嫌疑人羁押的案件由于审查起诉期限短，如果过多案件犯罪嫌疑人处于羁押状态，将不可避免地导致个别案件仓促结案，甚至带来冤假错案的风险。

问卷调查结果显示，有86.36%的办案人员在决定对犯罪嫌疑人适用何种强制措施时，会考虑使用"非羁码"进行监控（见图3）。在与办理刑事案件的公安、司法人员进行的个别访谈中，多数办案人员表示，"非羁码"对司法理念的更新与优化产生了积极影响。

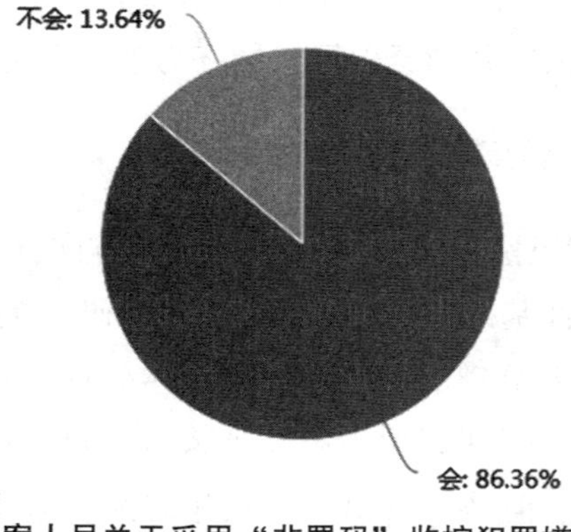

图3　办案人员关于采用"非羁码"监控犯罪嫌疑人的态度

一是修正了既往司法理念中对于非羁押强制措施负面效应的夸大。"非羁码"使用后，办案人员发现，过往的办案中夸大了非羁押强制措施对犯罪嫌疑人接受实刑量刑建议的不利影响。例如，在苏某某诈骗案中，由于苏某某系未成年人，且有不适合采取羁押的疾病，故自公安机关侦查阶段起便对苏某某采取了取保候审的强制措施。在进一步侦查中发现，苏某某诈骗数额特别巨大，基准刑为有期徒刑3年至10年。但非羁押强制措施并没有影响苏某某认罪认罚的态度，让其对于未来刑期产生不切实际的期待。相反，苏某某在取保候审期间，通过亲友与办案人员的教育，认罪态度良好，积极退赃，最终签署了自由刑量刑建议为有期徒刑4年6个月的认罪认罚具结书，现已被顺利收监。

二是提升了办案人员适用非羁押强制措施的安全感。过往的办案工作中，办案人员由于过多地担心犯罪嫌疑人、被告人打击报复被害人、干扰证人作证等，不敢对其适用非羁押强制措施。“非羁码”使用后，通过数字措施监控，为被害人和证人的人身安全提供了保障，减少了办案人员适用非羁押强制措施的顾虑，让办案人员在评估犯罪嫌疑人的社会危险性后敢于适用非羁押强制措施。非羁押强制措施的适用带来的正面社会效应之一是，在犯罪嫌疑人非羁押案件相对较长的办案期限中，有利于促成犯罪嫌疑人与被害人达成赔偿谅解，化解社会矛盾，修复社会关系，实现认罪认罚制度的价值最大化。例如，在项某某故意伤害案件中，被害人起初不愿与犯罪嫌疑人就民事赔偿部分进行和解，既有希望其被提起公诉的因素，也有伤后恢复期较长，无法准确预判恢复情况及人身损害赔偿数额的原因。在适用“非羁码”取保候审长达半年的时间里，犯罪嫌疑人按时打卡报到，认罪态度良好，在其家人、所在学校、检察机关的共同努力下，最终与被害人达成和解。

四、总体评价与问题反思

“非羁码”这一工作创新，符合司法文明进步方向，与整个司法改革的大方向相契合，具有正当性基础。具体而言，“非羁码”的使用具有如下优点：一是利用现代科技手段大幅降低了羁押监管成本。原先检察机关出于担心脱逃脱管、不能及时到案、毁坏证据、威胁证人等，对一些轻罪的犯罪嫌疑人采取了逮捕的强制措施。但是“非羁码”使用之后，对于通过“非羁码”足以监控的犯罪嫌疑人就没必要采取逮捕的强制措施，可以大大降低羁押成本。二是推动非羁押强制措施扩大适用，可以大幅降低羁押率。如前文所述，对于轻罪犯罪嫌疑人减少羁押，降低了羁押成本，同时也降低了羁押率。从调研中获取的数据来看，X区检察院使用“非羁码”数字监控系统两年来，审前羁押率同比降幅36%，不捕率同比增幅107.14%。三是强化了对非羁押人员的管理。“非羁码”的推广使用，一定程度上可以防止犯罪嫌疑人继续犯罪、危害社会，可以防止犯罪嫌疑人脱逃脱管，或实施毁坏证据、威胁证人等妨碍刑事诉讼顺利进行的行为。四是该创新也是检察机关履行检察监督职能的方式。检察机关作为国家法律监督机关，依法对刑事诉讼实行法律监督。检察机关对刑事诉讼的法律监督是全过程、全方位的，自然也包含对刑事强制措施的执行实行法律监督。检察官通过“非羁码”不仅可以监控犯罪嫌疑人是否违反取保候审、监视居住的有关规定，还可以监督执行主体监管是否到位。

“非羁码”改革创新的成果意义重大，对我国司法文明进步发挥了重要作用，体现了司法机关的责任担当，总体而言对该创新应予以肯定。但该项创新在具体的法律适用方面需要具文讨论。

第一，将“非羁码”适用于被取保候审人的法律适用问题。《刑事诉讼法》第78条明确规定，在监视居住中可以使用电子监控和不定期检查等执行方式，为数字监控运用于监视居住提供了法律依据。但是，《刑事诉讼法》没有明确规定执行机关在执行取保候审时可以使用数字监控，能否对被取保候审人进行数字监控存在争议。从法理上讲，一方面执行机关有权对被取保候审人进行监管，监管必然要通过一定的监管手段，“非羁码”就是监管手段之一；且“非羁码”数字监控系统在设计上遵循“谦抑性”原则，只获取被取保候审人打卡时的行踪轨迹而非全程监控，没有达到“监视行踪”的效果，因此“非羁码”适用于被取保候审人具有一定的正当性基础。但是从另一方面来说，如果对被取保候审人实施数字监控符合立法精神，为何立法规定了在监视居住中可以使用电子监控和不定期检查等执行方式，却没有授予执行机关在取保候审中使用相关的执行方式？将数字监控适用于取保候审是否合法值得商榷。虽然取保候审和监视居住的强制措施在司法实践过程中强制力相当，但是立法上对于监视居住和取保候审限制人身自由的限度规定不同，监视居住限制人身自由的程度更高，① 适用的条件也更为严格。② 根据“举重

---

① 根据《刑事诉讼法》第71条、第77条、第78条的规定：取保候审只要求被取保候审人“未经执行机关批准不得离开所居住的市、县”，而监视居住规定被监视居住人“未经执行机关批准不得离开执行监视居住的处所”，且执行主体“可以采取电子监控、不定期检查等监视方法对其遵守监视居住规定的情况进行监督”。可见，监视居住对被追诉人的人身自由限制程度更高。

② 根据《刑事诉讼法》第67条、第74条的规定，取保候审适用于“可能判处管制、拘役或者独立适用附加刑的；可能判处有期徒刑以上刑罚，采取取保候审不致发生社会危险性的；患有严重疾病、生活不能自理，怀孕或者正在哺乳自己婴儿的妇女，采取取保候审不致发生社会危险性的；羁押期限届满，案件尚未办结，需要采取取保候审的”犯罪嫌疑人。而监视居住适用于符合逮捕条件，但是“患有严重疾病、生活不能自理的；怀孕或者正在哺乳自己婴儿的妇女；系生活不能自理的人的唯一扶养人；因为案件的特殊情况或者办理案件的需要，采取监视居住措施更为适宜的；羁押期限届满，案件尚未办结，需要采取监视居住措施的”犯罪嫌疑人。可见，监视居住适用条件更为严格。

以明轻”的法律原则，如果法律规定对于被取保候审人可以使用数字监控措施，则可以据此推定在强制力更高的监视居住强制措施中也可以使用数字监控措施。但是目前《刑事诉讼法》仅规定对于强制力更高的监视居住的被追诉人可以适用数字监控，如果因为实践中适用监视居住、取保候审的强制力相当，就推定对于取保候审的对象可以适用“非羁码”措施，有违司法机关在适用强制措施时应遵循的法治和谦抑原则。

第二，在“非羁码”数字监控措施下，取保候审、监视居住的执行主体有待进一步明确。根据《数字监控规定》的规定，被取保候审、监视居住人的监督考察管理由执行地派出所和决定机关分工负责，社区民警负责落实监督、考察具体措施，运用数字监控系统制定打卡任务，关注活动轨迹，查看日常表现，监督被取保候审或监视居住人遵守相关规定；决定机关协助被取保候审、监视居住人对数字监控措施的执行。《刑事诉讼法》第67条、第74条规定，取保候审、监视居住的执行主体为公安机关。目前，“非羁码”的监管主体除民警外，检察官、法官有时也成为监控非羁押人员的实际执行主体，监督其按期打卡、及时报告等，以防止脱逃。公、检、法三机关“分工负责、互相配合、互相制约”是《刑事诉讼法》的基本原则，法检人员配合公安机关监督考察非羁押人员是“互相配合”的体现，有利于非羁押人员的有效监管和刑事诉讼的顺利进行，但其与“分工负责”的要求相背，执行取保候审、监视居住强制措施不属于法、检的职能。此外，执行主体的混乱也可能带来监管责任主体的混乱。实证研究显示，参与问卷调查的公、检、法工作人员中，有62.12%的人认为“非羁码”数字监控系统应当明晰监管人员主体责任，避免管理真空或混乱。

第三，“非羁码”的使用存在与《个人信息保护法》衔接上的问题。《个人信息保护法》第34条规定：“国家机关为履行法定职责处理个人信息，应当依照法律、行政法规规定的权限、程序进行，不得超出履行法定职责所必需的范围和限度。”《刑事诉讼法》第78条为执行机关对被监视居住人使用数字监控提供了法律授权，但是对被取保候审人使用“非羁码”尚缺乏明确的法律依据。在这种情况下，则不宜在未经过被取保候审人同意时对其使用“非羁码”进行监控，或者因其不同意使用“非羁码”而将原本不应羁押的犯罪嫌疑人予以羁押。《数字监控规定》目前未赋予被取保候审人拒绝使用

“非羁码”的权利，在立法尚未规定对被取保候审人可以进行数字监控的情况下，恐怕会与《个人信息保护法》存在衔接上的障碍。

第四，“非羁码”的适用范围存在局限性。“非羁码”的相关使用操作对于拥有智能手机且能熟练运用的被取保候审、监视居住人来说不存在困难，而且一些原本可能被羁押的被追诉人也因此政策获得了不被羁押的待遇，这部分被追诉人因为“非羁码”的使用而实际受益。但是那些无法熟练运用电子产品的被追诉人，却可能因此与政策红利失之交臂。如果使用电子手环等替代性监管手段进行监管，又将增加监管成本。

五、完善建议

（一）立法修改建议

实践中，对被取保候审人缺乏有力的监管手段，使其存在脱逃的风险。公安司法人员因此对犯罪嫌疑人采取取保候审强制措施存在顾虑，这是此前审前羁押率居高不下的一个重要原因。对于被取保候审人采取一定的数字监控措施进行监管，让办案人员可以放心适用取保候审，能够有效解决刑事诉讼审前羁押率过高的问题。H 市的实践也充分说明，该举措确实行之有效，“非羁码”使用以来，审前羁押率有了较大幅度的降低。出于降低审前羁押率的价值考虑，将数字监控措施适用于被取保候审人纳入立法具有现实必要性。接下来的《刑事诉讼法》立法可以在总结试点地区经验的基础上，考虑赋予取保候审执行机关对被取保候审人进行数字监控的权力。但是取保候审不同于监视居住，其强制力低于监视居住。根据比例原则，办案机关对犯罪嫌疑人的监视程度、犯罪嫌疑人隐私权被剥夺的程度也应予以区别。

（二）严格限定“非羁码”数字监控执行主体

根据《刑事诉讼法》第 66 条、第 67 条、第 74 条的规定，取保候审、监视居住的决定主体包括法院、检察院和公安机关，但是执行主体只有公安机关。“非羁码”授予办案的法官、检察官随时监控犯罪嫌疑人的权力，虽然在实践层面有利于法官、检察官随时掌握犯罪嫌疑人的动态，保障刑事诉讼的顺利进行，也可以在一定程度上弥补因警力不足而无法对犯罪嫌疑人、被告人监管到位的不足，但是毕竟与法不符，且与法院、检察院的职能不相符，因而不应授予法官、检察官通过“非羁码”监控犯罪嫌疑人、被告人的权力。将执行主体明确为公安机关，既符合法律规定，又能避免因互相推诿带来的对被监管人员管理真空的风险，以及因强制措施执行不到位影响刑事诉讼顺利进行时出现责任主体混乱的情形。前文也提到，检察机关具有监督刑事强制措施实施的权力。然而监督无法代替执行，检察机关监督公安机关刑事强制措施的执行，可以通过日常监督、事后监督等方式，如到公安机关抽查，或者在发现犯罪嫌疑人、被告人违反取保候审、监视居住规定时，倒查公安人员是否履行了强制措施执行的职责。但是不宜直接赋予检察官随时查看犯罪嫌疑人、被告人行踪动态的权力，以降低犯罪嫌疑人、被告人隐私被泄露的风险，强化对犯罪嫌疑人、被告人的人权保障。

（三）保证人缺位的弥补

《刑事诉讼法》第 70 条规定了保证人的义务，包括监督被保证人遵守取保候审的有关规定；发现被保证人可能发生或者已经发生违反取保候审规定的行为的，及时向执行机关报告。但是在司法实践中，保证人的设置往往“流于形式”，有时候甚至“形同虚设”。当司法机关因联系不上被取保候审人而联系保证人时，保证人“一问三不知”。究其原因，既有司法机关对保证人作用的忽视，对于保证人违反保证义务追责的疲软，也有客观上保证人难以监督被保证人的原因。同时，对于不会进行“非羁码”相关操作的被追诉人，为避免其错失“非羁码”政策红利，也可以通过保证人参与的形式，让保证人协助其完成“非羁码”要求的打卡等相关操作。“非羁码”的使用原本既可以很好地解决无法发挥保证人保证作用的问题，又能为避免因“非羁码”的使用产生新的司法不公提供有效的对策。但遗憾的是，H 市公、检、法机关在出台“非羁码”数字监控相关制度规范时忽视了这一点，没有授予保证人监督权限。实证研究显示，参与问卷调查的公、检、法工作人员中，有 45.45%的人认为“非羁码”数字监控系统应当吸收保证人参与监控。在接下来的机制完善中，在经过充分论证的前提下，可以给予保证人一定的监督权限以使其能够履行保证义务，强化对被取保候审人的监督，同时也能在一定程度上减轻办案人员的监管负担。当然，在授予保证人数字监控系统的监督权限时，也应做好个人信息保护工作。

（四）更加注重个人信息的保护

“非羁码”数字监控的使用应注意符合《个人信息保护法》的要求。在对被取保候审人使用“非羁码”之前，在充分保障知情权、告知权利义务的前提下还应征得其同意，方可提取相关信息。《数字监控规定》应当赋予被取保候审人不同意使用“非羁码”的权利。在处理获取的相关信息时，“应当依照法律、行政法规规定的权限、程序进行，不得超出履行法定职责所必需的范围和限度”，“不得公开或者向他人提供其处理的个人信息，法律、行政法规另有规定或者取得个人同意的除外”。[①]对于与办案无关的信息，不能使用，更不能公开；对于与案件相关的涉及犯罪嫌疑人隐私的信息，应严格确定知晓范围，不能违法向社会公众公开；对于与案件无关的信息，应严格予以保护，确保相关人员的信息不被泄露。

（五）与办案机关考评考核机制的配合协调

为督促办案人员依法履职，公、检、法内部都有相应的绩效考评考核机制。考核结果往往直接与办案人员的绩效奖金挂钩，并影响办案人员的晋升，与其切身利益密切相关。访谈发现，办案人员在办案时往往会受到考评考核指标的影响。例如，公安机关有时候会受到破案率影响，而倾向于采取羁押的强制措施；又如，检察机关近年来强化了降低审前羁押率的考核，定期对相关数据进行通报，检察官在审查逮捕时也会更加注重非羁押强制措施的适用。“非羁码”数字监控措施的适用，通过对非羁押人员实现有效的监管，让公、检、法办案人员更加放心地适用非羁押强制措施，从而促使羁押措施适用率的降低，与办案机关某些考评考核机制存在一定冲突，与某些考核指标又具有导向上的一致性。随着司法文明的进步，一些违背认识规律和司法规律的口号被逐渐淡化，但“破案”“查明真相”仍然是公安司法机关不懈的追求。司法机关追寻真相的执着无可非议，但在查明案件事实的过程中，万万不可“以捕代侦”，[②] 为了破案将不符合逮捕条件的犯罪嫌疑人予以逮捕。

---

① 《个人信息保护法》第 34 条、第 35 条。

② 所谓“以捕代侦”，是指侦查机关在查办刑事案件过程中，已经对犯罪嫌疑人采取了刑事拘留措施，因拘留期限将尽而向检察机关报请批捕，但由于犯罪证据收集尚不充分，不符合逮捕条件，检察机关按照规定应当不批准逮捕，侦查机关往往出于侦查需要，同检察机关协商，先予批准逮捕，相关犯罪证据待捕后再进行补充收集的行为。

公安司法机关在设定考核考评要求时，应当顺应司法文明的发展趋势，强化对降低审前羁押率的考核，摒弃“构罪即捕”的传统观念，杜绝因为过分追求破案率而出现“以捕代侦”的情况。“非羁码”数字监控措施可以充分借力公安司法机关的考评机制，同时应进一步完善有关机制，克服使用中存在的弊端，以发挥“非羁码”数字监控的最大效用。一个比较好的现象是，在调查中了解到，H 市公安机关近期在考核中强化了使用“非羁码”的要求。2021 年 7 月，“非羁码”监控人员新增 402 人，这其中也包括部分之前就被采取非羁押强制措施但是未使用“非羁码”的被追诉人。虽然公安机关的考核导向是鼓励适用“非羁码”数字监控，而非直接降低审前羁押率，但是强化对于“非羁码”使用的考核也能够促使审前羁押率的降低，因为只有对被追诉人适用非羁押强制措施时才有可能使用“非羁码”进行监控。

六、结语

“非羁码”数字监控措施是司法实践中为解决取保候审、监视居住监管难，审前羁押率居高不下等问题，借助数字科技手段进行的一项有益探索，其推广使用也确实实现了大幅度降低审前羁押率的效果，并在一定程度上强化了对被取保候审、被监视居住人员的监管，推动了司法文明的进步。由于“非羁码”数字监控系统上线使用的时间较短，无论是制度规范还是运维管理都存在一些问题。除前文反映的问题外，笔者在实证调查中还了解到，相关司法实践人员对于加强“非羁码”数字监控系统日常运维、进一步明确“非羁码”变色的后果和责任等问题有技术和制度完善上的需求，相关问题有待研究人员进一步调查研究。

人工智能辅助量刑建议的缺陷审思

彭海青[*]　于　坤[**]

（北京理工大学法学院，北京　100081）

摘　要：人工智能技术在司法实践中广泛应用，对于检察机关提出量刑建议而言尤为重要。检察机关对于人工智能量刑辅助系统的开发应用日益深入。目前的人工智能技术仍处于弱人工智能时代，其发展仍处于初始阶段，不具有人的思维逻辑，仅能按照提前设计好的程序发挥作用。因此，现阶段人工智能在辅助检察机关提出量刑建议时，存在精准性不足、与量刑建议实践部分偏离、“算法黑盒”、算法偏见等缺陷，影响其功能的发挥。在弱人工智能时代，必须提升检察人员的专业素养与能力，完善司法案例数据库以及相关机制规范等，以促进人工智能辅助量刑建议效能的更好发挥。

关键词：人工智能；量刑建议；算法偏见；智能量刑

引言

1956年，约翰·麦卡锡等人在达特茅斯会议上提出了人工智能的概念，认为人工智能是让机器的行为看起来与常人无异，即智能行为，这被公认为是人工智能的起源。在普遍意义上，可以将人工智能分为弱人工智能与强人工智能。弱人工智能是指无法用人的思想推理、处理问题的智能机器，它们不具有像人一样的思考方式，只是在机械地、重复地执行命令，并不拥有独

本文为北京市社科基金项目“基于司法数据分析的量刑建议功能评估与制度优化研究”（17FXB010）研究成果。

* 彭海青，北京理工大学法学院教授，《北理法学》执行主编。

** 于坤，北京理工大学法学院硕士研究生。

立自主的学习意识，[①] 往往只适用于某一特定领域。而强人工智能则能够进行深入学习，根据经验知识进行应急处理，在理性知识基础上进行推理，[②] 具有与人类一般的学习、推理和认知解决问题的能力，并且不再局限于解决特定领域中的问题。另外，在未来还可能出现"超人工智能"。[③] 虽然对人工智能的探索已经过了半个多世纪，但直到现在，人工智能的一举一动仍是为程序设计者设计的程序所驱动，如果出现特殊情况，也需要程序设计者提出相应方案，再由机器加以执行，因此现阶段仍属于弱人工智能时代。需要明确的是，至少在现阶段，对于量刑建议的提出而言，人工智能系统只能处于辅助地位。检察官不能直接依据人工智能系统得出案件的最终量刑建议，智能量刑系统生成的结果只可以作为检察官提出量刑建议的一种参考，或是被当作一种量刑建议提出的依据，最终的量刑建议仍应由检察官把握。所以，本文认为，在量刑建议领域的人工智能系统应被称为"人工智能量刑辅助系统"。

在检察机关进行量刑建议的实践过程中，人工智能技术发挥着愈加重要的作用。因此，应对人工智能在检察机关对量刑建议探索各阶段的作用进行明确。检察机关对于量刑建议的探索大体可以分为三个阶段：第一阶段为20世纪90年代末至2010年左右的自由探索阶段。其间进行的探索最早可以追溯到北京市东城区检察院在1999年开始试行的"公诉人当庭发表量刑意见"工作。在此阶段，各地对于量刑建议并没有明确统一的法律规范，对于量刑建议的形式、幅度、效力等也未达成一致。第二阶段为2010年左右至2018年的初步成型阶段。在此阶段的2010年2月，最高人民检察院公诉厅出台了《关于开展量刑建议工作的指导意见（试行）》，对量刑建议的概念、范围、幅度等进行了统一的规定，要求检察机关所提量刑建议应以相对确定的幅度刑为主，绝对确定的量刑建议和概括性量刑建议只有在极个别情况下才可以

① 刘子玥：《关于弱人工智能与强人工智能的思考》，载《电子元器件与信息技术》2021年第7期。

② 何立民：《人工智能系统智能生成机理探索之六　从弱人工智能、强人工智能到超人工智能》，载《单片机与嵌入式系统应用》2020年第8期。

③ "超人工智能"在几乎所有领域都比最聪明的人类大脑聪明很多，拥有通识、社交与科学创新技能。它具有人的思维，有自己的世界观、价值观，会自己制定规则，拥有人的本能和创造力，并且具备比人类思考效率、质量高无数倍的大脑，懂得灵活多变，甚至可以给自己装上武器，如"超人"一般。

提出。[①] 第三阶段为2018年至今的深入发展阶段。2018年《刑事诉讼法》修改，确立了认罪认罚从宽制度，并要求检察机关在办理认罪认罚案件过程中提出量刑建议。2019年"两高三部"[②] 联合发布的《关于适用认罪认罚从宽制度的指导意见》规定，检察机关对于认罪认罚案件一般应当提出确定刑量刑建议。在量刑建议实践探索的前两个阶段，由于提出量刑建议的幅度较大，检察机关仍可满足其实践要求，因而检察机关在量刑建议方面对人工智能技术的需求较低；此外，在这两个阶段，人工智能技术在司法系统中的应用并不成熟，因此检察机关应用人工智能系统辅助量刑建议的实践并不丰富。直到认罪认罚从宽制度为《刑事诉讼法》所确立以后，在确定刑量刑建议的要求下，检察机关对于应用人工智能辅助量刑建议的需求大幅上升。再加上相关人工智能技术在司法领域早已广泛应用，人工智能辅助量刑建议的实践不断涌现。因此，本文对于人工智能辅助检察机关量刑建议的研究也以量刑建议探索的第三阶段为切入点。

一、人工智能辅助量刑建议的实践考察

（一）人工智能辅助量刑建议的必要性

检察机关应用人工智能辅助量刑建议，在现阶段对于司法实践而言是不可或缺的。首先，"同案不同判"的现象一直被长期诟病，司法裁判的公信力也因此而受到损害。而检察系统对于量刑经验标准的把握较之法院系统而言更弱，所提量刑建议与法院的实际量刑仍具有一定差距。人工智能量刑辅助系统以大数据为基础，其量刑建议是借助深度学习训练模型得出的，因此对类案提出的量刑建议结果较为相似，与量刑标准差距较小。这可以提高量刑建议的说服力，保证司法决策的一致性，进而提升司法公信力。其次，在认

① 《人民检察院开展量刑建议工作的指导意见（试行）》第5条规定："除有减轻处罚情节外，量刑建议应当在法定量刑幅度内提出，不得兼跨两种以上主刑。（一）建议判处死刑、无期徒刑的，应当慎重。（二）建议判处有期徒刑的，一般应当提出一个相对明确的量刑幅度，法定刑的幅度小于3年（含3年）的，建议幅度一般不超过1年；法定刑的幅度大于3年小于5年（含5年）的，建议幅度一般不超过2年；法定刑的幅度大于5年的，建议幅度一般不超过3年。根据案件具体情况，如确有必要，也可以提出确定刑期的建议。（三）建议判处管制的，幅度一般不超过3个月。（四）建议判处拘役的，幅度一般不超过1个月。（五）建议适用缓刑的，应当明确提出。（六）建议判处附加刑的，可以只提出适用刑种的建议。对不宜提出具体量刑建议的特殊案件，可以提出依法从重、从轻、减轻处罚等概括性建议。"

② "两高三部"是指最高人民法院、最高人民检察院、公安部、国家安全部、司法部，下文所指亦同。

罪认罚从宽制度被确立以后，量刑建议在性质上发生了根本转变，不仅承载了检察官、被害人及其代理人、犯罪嫌疑人及其辩护人或者值班律师等各方对量刑的态度和意见，成为凝聚控辩合意的重要载体，还体现了我国刑事诉讼模式从对抗到合作的根本变迁，推动了协商式新型辩护模式的产生。据统计，2020 年全国认罪认罚从宽制度适用率超过 85%，量刑建议采纳率接近 95%。[①] 这意味着在刑事案件辩护方面，控辩量刑协商的形式已占据主导地位，协商式辩护的出现也让刑事审前程序中的辩护，尤其是审查起诉环节的辩护更具有决定性意义。因而通过在认罪认罚案件中应用人工智能技术提出量刑建议，可以为辩护人提供一个明确的量刑建议标准，更好地与检察机关进行量刑协商，从而推动协商式刑事诉讼模式的良性发展。最后，2021 年全国检察机关共办理各类案件 363. 7 万件，同比上升 20. 9%。[②] 在此背景下，广泛应用智能技术辅助量刑建议可以提高检察机关办案效率，极大地缓解“案多人少”的矛盾，在短时间内弥补检察系统量刑建议工作的短板。并且通过人工智能量刑系统得出量刑建议结果，可以减少司法人员对量刑建议提出的参与过程，限制司法人员提出量刑建议的范围幅度，进而减少司法腐败现象。

（二）人工智能辅助量刑建议的具体实践

检察机关应用人工智能辅助量刑建议是随着量刑建议的实践以及检察信息化工作的开展而进行的，相关具体实践主要集中在“智慧检务”部分。2017 年 5 月 22 日，最高人民检察院党组会审议通过了《关于智能语音与人工智能应用的报告》，正式提出“智慧检务 4. 0”的概念。2018 年，检察信息化正式进入“智慧检务”阶段，强调利用人工智能技术实现量刑建议精准化。地方检察院利用智能系统提出精准化量刑建议的实践不断涌现：2018 年，上海市虹口区检察院建立“量刑过程可视化系统”，勾选案件在各个量刑因素上的表现即可生成量刑结果。2019 年 4 月 28 日，全国检察机关在“量刑建议精准化、规范化、智能化”网络培训中强调，各级检察机关要深入推进量刑建议工作有效开展，朝着“精准化、规范化、智能化”的目标努力，并充分发挥大数据智能辅助系统的作用，采取多种措施全面提升检察官量刑建议的能

① 张军：《最高人民检察院工作报告》，载《人民日报》2021 年 3 月 16 日第 3 版。

② 《2021 年 1 至 9 月全国检察机关主要办案数据》，载《检察日报》2021 年 10 月 19 日第 2 版。

力和水平。[①] 2019 年，河北省保定市检察院开发“智能比对系统”，通过智能抓取并对比文书中的关键词，呈现出既判类案中的刑期、缓刑适用比例，罚金数额等裁判结果，供法官参考。2020 年 1 月 2 日，全国检察机关统一业务应用系统 2.0 版在最高人民检察院以及贵州、海南两省检察机关上线试点运行。自此，检察机关步入检察业务应用系统 2.0 版。相较于之前的 1.0 版，检察业务应用系统 2.0 版增加了量刑辅助系统等智能辅助办案工具，并实现与法院系统的数据互通，从而更有助于完善检察机关量刑建议辅助系统的数据库，促进量刑建议精准化、规范化。2020 年，安徽省怀宁县检察院引进“小包公智能量刑辅助系统”，通过选择区域和罪名、敲定量刑情节，即可生成量刑预测报告。[②] 该系统由广东博维创远科技有限公司研发与设计，首创了理论量刑预测和实际量刑分析“双系统”，在刑期预测过程中可以实现刑期展示和法律法规、司法解释等法律依据及指导案例、刑事审判参考等司法观点的推送，提供同地区类案智能推送及大数据可视化分析。并通过量刑规范化表格呈现出量刑计算过程，可以充分考虑个案的法定情节、酌定情节和检察官的裁量权，从而助力量刑建议的提出。[③] 2020 年以来，重庆市检察机关在提高量刑建议精准化水平的过程中坚持做到精细化、规范化、智能化，研发了涵盖 31 个常见罪名的智能办案辅助系统；重庆市武隆区检察院积极利用 25 个常见罪名量刑建议智能辅助系统，合理利用量刑建议辅助、本地类案优先推送、量刑偏离度分析等智能技术，助力量刑建议精准化。[④] 2020 年 7 月 20 日，上海市虹口区检察院“智慧量刑”小程序上线，涵盖交通肇事罪、故意伤害罪、职务侵占罪等 12 类罪名。[⑤] 在小程序上输入“罪名”和“核心量刑情节”后即可直达“量刑可视化图表”，图表中清晰地显示出适用认罪认

---

① 史兆琨：《深入推进量刑建议工作有效开展》，载《检察日报》2019 年 4 月 29 日第 1 版。

② 于淼等：《人工智能在司法量刑中的应用沿革与技术演进》，载《西北工业大学学报（社会科学版）》2021 年第 3 期。

③ 樊崇义：《关于认罪认罚中量刑建议的几个问题》，载《检察日报》2019 年 7 月 5 日第 2 版。

④ 曹人文等：《重庆：量刑建议坚持精细化规范化智能化》，载《检察日报》2021 年 1 月 13 日第 12 版。

⑤ 胡蝶飞：《智慧加持，量刑变得“可视”精准！上海这家检察院有了一个聪明“小帮手”》，2020 年 11 月 30 日，载 https://mp.weixin.qq.com/s?__biz=MzA5MzUwOTYzNQ==&mid=2649603111&idx=1&sn=8fdbab3da2fddd62b1b288084294d28c&chksm=8845dd4bbf32545d3c56863431bfd2819bf2634bb76b9bbcc8e80d22dffba9586c55068d6011#rd，2022 年 4 月 11 日。

罚和未适用认罪认罚两种情况下各类量刑的对比情况。[①] 可见，随着检察信息化建设的开展，量刑辅助系统已在检察系统中逐步推进，尤其是进入“智慧检务”阶段，智能量刑辅助系统已经成为各地检察机关智能化的重点研究开发领域。

（三）人工智能辅助量刑建议的类型划分

按照案件情节输入方式的不同对人工智能量刑辅助系统进行分类，可以将上述具体实践中的相关辅助系统分为“类案推送”型、“量刑因素”型、“常见罪名”型、“罪名与量刑因素综合”型四大类（见表1）。

表1　实践中人工智能量刑辅助系统的分类

类别	“类案推送”型	“量刑因素”型	“常见罪名”型	“罪名与量刑因素综合”型
典型实践	河北省保定市检察院的“智能比对系统”（2019年）②	上海市虹口区检察院的“量刑过程可视化系统”（2018年）③	重庆市检察机关的31个常见罪名的智能办案辅助系统（2020年）④、重庆市武隆区检察院积极利用25个常见罪名量刑建议智能辅助系统（2020年）⑤	安徽省怀宁县检察院的“小包公智能量刑辅助系统”（2020年）⑥、上海市虹口区检察院的“智慧量刑”小程序（2020年）⑦

---

① 袁玮：《“智慧量刑”小程序辅助虹口区检察院精准量刑》，载 http://newsxmwb.xinmin.cn/shizheng/szt/2020/11/05/31840278.html，2022年4月11日。

② 《保定首个！检察机关上新，人工智能“算出”判几年》，载 https://www.sohu.com/a/355203003_100010221，2023年5月22日。

③ 《基层丨让数据“多跑腿”，法律文书一键发送！》，载 https://web.shobserver.com/sgh/detail?id=680298，2023年5月22日。

④ 李立峰、何慧敏：《八个全覆盖　促使“一把手”当好“领头雁”——专访重庆市检察院党组书记、检察长贺恒扬》，载 https://www.spp.gov.cn/spp/zdgz/202103/t20210303_510444.shtml，2023年5月22日。

⑤ 《专访贺恒扬：将认罪认罚从宽制度用好用足、见行见效》，载 https://m.thepaper.cn/baijiahao_7599730，2023年5月22日。

⑥ 胡跃华：《智能“神器”助力检察官办案　量刑建议被采纳率100%》，载 http://k.sina.com.cn/article_1943154142_73d22dde02000uo9n.html，2023年5月22日。

⑦ 王晓阳、袁玮：《“智慧量刑”小程序辅助虹口区检察院精准量刑》，载 https://new.qq.com/rain/a/20201105A0F84Y00? no-redirect=1，2023年5月22日。

续表

类别	“类案推送”型	“量刑因素”型	“常见罪名”型	“罪名与量刑因素综合”型
特点	以类案推送技术为基础，通过智能系统对案件关键词进行抓取，再与司法数据库中的类案进行匹配，进而推送最相关或是判处相同结果最多的判决以供参考	通过人工对案件信息进行输入与勾选，经过系统中已被提前设计确定的量刑建议生成逻辑进行快速运算，直接生成最终结果	以案件罪名为基础，根据案件所适用罪名的不同而匹配不同类案或是适用不同的量刑建议生成逻辑进行运算	以“罪名”和“量刑因素”为基础，对“量刑因素”型以及“常见罪名”型进行细化，不仅依据案件所属罪名适用不同的量刑建议生成逻辑进行运算，还需要输入案件核心量刑情节，使得最终生成的量刑建议结果更为精准

通过表1对检察机关所应用的智能量刑辅助系统四大类别进行分析，可以发现：对于“类案推送”型而言，一方面，其主要依据“自动抓取”与大数据的“类案推送”技术快捷地输入案件信息，检察官在类案的指引下能较为充分地发挥自由裁量权作出最终决定；另一方面，由于现阶段法律文书中的文字表述并不一致，且人工智能技术灵活性较低，因此极易遗漏相关情节，进而影响最终结果的准确性，并且所得结果只是类案判决，较为粗略。对于“量刑因素”型而言，一方面，其通过人工直接对量刑因素进行勾选，能够较为精确地录入案件相关信息，并且系统“输出”的是一种直观、精确的结果，能够更为精准地指引检察机关提出量刑建议；另一方面，其主要依靠检察官手动将案件相关量刑情节录入系统之中，此过程较为烦琐，且对检察官主观能动性的依赖程度较高，易受到人为因素的影响。此外，该系统所依据的量刑建议生成逻辑也较为单一，较难适应复杂的案件情况。对于“常见罪名”型而言，一方面，其根据案件所属罪名的不同而应用不同的量刑建议生成逻辑，依据相关量刑指导意见的指引，所得结果较为合理；另一方面，其只依

据罪名不同而生成量刑建议，导致量刑建议的生成过程较为简单，并且在“输入”端主要也依靠检察官手动将案件相关量刑情节进行录入，仍易受到人为因素的影响。对于“罪名与量刑因素综合”型而言，一方面，其对“量刑因素”型和“常见罪名”型进行了综合，丰富了生成量刑建议所依据的要素，所得量刑建议结果更为合理、精确；另一方面，其仍未避免“输入”端主要依靠检察官手动录入案件相关量刑情节的缺陷。

从总体上看，随着检察机关对人工智能技术研发与应用的不断推进，智能量刑辅助系统运算所依据的要素逐步从单一走向复合，所得结果也从较为粗略变得更为细致，运算逻辑更为严密清晰，所得量刑建议更为科学、合理。但毋庸置疑的是，现阶段检察机关对人工智能量刑辅助系统的探索仍处于初期阶段，其不可避免地存在一定的缺陷，尤其是在相关案件信息的输入过程中（“输入”端），现有智能量刑辅助系统均存在较大缺陷。

二、人工智能辅助量刑建议的缺陷分析

虽然时常会有人谈论人工智能技术可以直接对量刑建议作出一个准确、适当的结果，在未来有极大的可能性取代检察官的工作，并且智能量刑辅助系统在司法实践中已经得到广泛应用，但现在的人工智能仍处于弱人工智能阶段，仍是根据人类预先设定好的程序执行命令，并不具有像人类一样的思考能力。因此，应用智能技术辅助检察机关提出量刑建议，不可避免地存在一些缺陷。

（一）人工智能辅助量刑建议的精准性不足

2018年《刑事诉讼法》修改，确立了认罪认罚从宽制度，规定检察机关对于认罪认罚案件需要提出量刑建议，人民法院对于检察机关提出的量刑建议一般应当采纳；而《关于适用认罪认罚从宽制度的指导意见》更是规定，检察机关所提量刑建议一般应当为确定刑。虽然司法实践对于量刑建议的效力颇有批判，但不可否认的是，认罪认罚从宽制度已经形成了协商式司法模式的框架，要想使认罪认罚从宽制度更好地发挥让犯罪嫌疑人认罪服判的效果，就必须让犯罪嫌疑人能够对认罪认罚的法律效果有直观的预期。① 因此，

① 王爱立：《中华人民共和国刑事诉讼法释义》，法律出版社2018年版，第429—430页。

量刑建议应当具有司法公信力，原则上法官应当受到量刑建议的约束。① 从最高人民检察院公布的量刑建议采纳率来看，量刑建议也确实发挥了此种功能。为实现这一功能，量刑建议必须具有极高的精准性：一方面，检察机关所提量刑建议应当与案件事实相匹配，为不同案件犯罪嫌疑人提供一个准确的预期结果；另一方面，检察机关所提量刑建议应当与法院量刑标准相契合，符合法院的裁判要求。

现阶段人工智能对量刑建议进行的辅助是以大数据技术为基础的。大数据技术虽然可以对海量的数据进行分析，但在精确性方面较为不足，因此人工智能辅助量刑建议不可避免地存在相应缺陷。其一，基于大数据而形成的量刑建议往往是总结海量案件的普遍规律和结论而形成的，是一种系统化、标准化的产物。但完全意义上的同案是不存在的，司法实践中存在的都是类案，不同的案件往往具有独特性。因此，智能量刑辅助系统只会对案件的一般情节进行分析，而对于每个案件的独特情节很难做到精确且全面地把握。在现阶段人工智能并不能用人的思想推理、处理问题的情况下，智能量刑辅助系统所提出的量刑建议往往很难实现个案正义。其二，虽然现在已处于司法大数据时代，但并非与案件有关的所有信息均会被公开。现阶段仍处于认罪认罚从宽制度全面实施的初期阶段，已决认罪认罚从宽案件的数量相对不足，大数据分析的基数达不到“海量”程度，且已决案件的司法文书在数据公开、文字表述等方面也存在不全面、不客观甚至遗漏等问题。② 另外，我国目前司法领域人工智能技术的数据基本来源于中国裁判文书网上的裁判文书。但中国裁判文书网 2014 年才正式启用，上面的裁判文书数量可能只有审结案件的 50%。③ 这些因素导致人工智能辅助量刑系统所依据的大数据不完整，且充斥着大量无效数据，因此人工智能对于量刑建议的辅助作用并不能达到十分精确的程度，只能为检察机关量刑建议提供一个相对模糊的参考结果。其三，我国幅员辽阔，各地经济发展与法治化程度差异较大，这就导致不同地区的量刑标准极为不同。以“法定刑在三年以下有期徒刑、拘役、管制、单

① 熊秋红：《认罪认罚从宽制度中的量刑建议》，载《中外法学》2020 年第 5 期。

② 孙道萃：《人工智能辅助精准预测量刑的中国境遇——以认罪认罚案件为适用场域》，载《暨南学报（哲学社会科学版）》2020 年第 12 期。

③ 马超等：《大数据分析：中国司法裁判文书上网公开报告》，载《中国法律评论》2016 年第 4 期。

处罚金幅度的盗窃罪”量刑为例，广西壮族自治区高级人民法院在其发布的《关于常见犯罪的量刑指导意见》实施细则中规定，增加相应刑罚量的标准之一为“犯罪数额每增加二千五百元，增加一个月至二个月刑期”；而四川省高级人民法院在其发布的《关于常见犯罪的量刑指导意见》实施细则中则规定，“犯罪数额每增加一千五百元，增加一至二个月刑期”。即使在同一地区，由于不同法官之间的专业知识水平与办案经验等有差异，对量刑的把握也会存在差异，因此通过大数据提出量刑建议的精准性有待检验。

（二）人工智能辅助量刑建议与实践存在部分偏离

其一，人工智能辅助量刑建议与检察机关的实践需求脱节。量刑建议的司法实践主要集中于认罪认罚从宽制度中。2019 年 6 月至 12 月，适用认罪认罚从宽制度并提出量刑建议的案件适用率仅用半年时间就从 38.4%提高到 82.9%；[①] 2019 年 1 月至 9 月，认罪认罚案件适用普通程序审理占比为 14.5%，而适用简易程序审理占比为 49.8%，适用速裁程序审理占比为 35.6%。[②] 可见，适用认罪认罚从宽制度并提出量刑建议的案件大部分是轻罪案件，重大疑难复杂案件占比很低，这使得关于重大疑难或者新型案件提出量刑建议的数量较少，轻罪案件数量较多。而检察官对于常见的轻罪案件，因为办理的案件数量极为丰富，因此对于法院处理轻罪案件的量刑标准已相当熟悉，并由此形成轻罪案件量刑建议标准。所以在现阶段，检察机关借助智能量刑辅助系统对轻罪案件提出量刑建议的需求并不高，往往最需要借助智能量刑辅助系统对新型、疑难案件进行处理。但此类案件数量较少，对弱人工智能时代的量刑建议辅助系统而言，大数据作用发挥不充分，最终导致智能量刑辅助系统很难针对新型、疑难案件为检察机关提供相对准确的量刑建议。

其二，人工智能技术的开发应用不完善。一方面，检察系统对于人工智能技术存在一定的僵化追求，在一定程度上一味追求量刑建议科技化而非科

① 姜洪、韦洪乾：《“认罪认罚从宽”一年间：适用率从三成到八成的“变奏”》，2020 年 5 月 8 日，载 http://news.jcrb.com/jsxw/2020/202005/t20200508_2153897.html，2022 年 4 月 12 日。

② 梁爽：《最高检：认罪认罚从宽制度适用率逐步提升 宽严相济刑事政策充分体现》，2019 年 10 月 24 日，载 http://m.cnr.cn/finance/20191024/t20191024_524830891.html，2022 年 4 月 12 日。

学化，这不符合量刑规范化的要求，存在机械主义的倾向。① 检察系统在进入“智慧检务”阶段后，就大力提倡对人工智能技术在办案领域的开发应用。2017 年 12 月 22 日，《最高人民检察院关于深化智慧检务建设的意见》发布，对深化智慧检务的建设目标进行了明确；2018 年 7 月，最高人民检察院发布《全国检察机关智慧检务行动指南（2018—2020 年）》，细化了 2018 年至 2020 年智慧检务的建设任务，② 不仅强调要推进大数据、人工智能等前沿科技在检察工作中的应用，而且对检察系统完成各项智慧建设任务的时间作出了统一安排。加之司法责任制的影响，基层检察系统及其工作人员容易出现“唯科技论”，尤其是在量刑建议提出的过程中，极易依赖于人工智能技术所产出的结果。但科技化并不等于科学化，过度迷信人工智能技术会使得科技代替检察机关作出司法决策。而人工智能技术正处于初始成长阶段，无法替代检察官本身进行量刑建议工作。另一方面，现阶段智能量刑系统的数据兼容性不足，各地检察机关之间以及检察机关与公安、法院之间的智能系统信息对接度不高，难以实现互联互通。③ 人工智能技术不仅在检察系统内部进行应用，公安系统、法院系统均在大力建设，甚至各地律所的智能化建设也在大力推进。就量刑辅助系统而言，虽然检察系统的应用已较为广泛，但最早对其进行研发探索的是法院系统。山东省淄博市淄川区人民法院从 2003 年就开始设计审判系统，以期将电脑量刑应用于司法实践之中。2006 年 3 月，淄川区人民法院与科技公司正式推出了共同研制的电脑量刑软件，之后法院系统应用技术辅助量刑的实践不断涌现。另外，当下各地律所也正在对量刑预测系统进行大力开发。然而这些探索研发基本均是各自进行，各个系统之间彼此独立，数据兼容性不足，难以进行对接与整合；加上不同地区的量刑参数不同，建立统一的智能量刑辅助系统困难重重。在认罪认罚从宽制度全面实施的背景下，检察机关所提量刑建议需与全国各地相似案例大体均衡，但相关数据资源尚不能实现整合，因此该要求难以实现。

---

① 程龙：《人工智能辅助量刑的问题与出路》，载《西北大学学报（哲学社会科学版）》2021 年第 6 期。

② 赵志刚、金鸿浩：《智慧检务概论：检察机关法律监督的科技智慧》，中国检察出版社 2018 年版，第 22—24 页。

③ 杨淑雅：《大数据时代智慧刑检建设研究》，载《做优刑事检察之网络犯罪治理的理论与实践——第十六届国家高级检察官论坛文集》，中国检察出版社 2020 年版，第 149—153 页。

另外，我国人工智能与法学相结合的复合型人才数量远远不足，主要由单一学科背景的技术人员对系统进行研发。研发人员法学背景的缺乏使得智能量刑系统较为僵化，无法与法学专业理论相匹配，进而阻碍智能量刑辅助系统效能的发挥。检察机关对检察工作人员所进行的人工智能技术应用培训也不尽规范，尚未形成一套完整的培训体系，在实践中经常出现各级检察机关重复培训以及部分领域培训空白的情况，这种现象也制约了人工智能时代量刑辅助系统的应用。智能量刑辅助系统主要依据司法案例库的大数据发挥作用，而我国是成文法国家，判例在我国并不具有正式的法律效力。再加之法律也并非一成不变，往往会跟随实践的发展而变化，因此当法律出现变化，甚至前后法律规范之间出现完全相反的立法状况时，人工智能技术由于没有可以依赖的正确案例加以支持，进而难以对量刑建议的提出发挥作用。

（三）人工智能辅助量刑建议自身存在缺陷

其一，人工智能本身存在“算法黑盒”问题。“算法黑盒”，是指人工智能在数据吞吐阶段，根据既定的语法和句法规则，经过半自动或全自动的自然语言生成，将输入的数据整理成一定的结构，因为此阶段所涉及的技术繁杂且用户无法了解或得到解释，故形成“黑盒”。[①] 对于人工智能辅助量刑建议而言，由于“算法黑盒”缺乏透明度，可能会让公众对智能量刑系统所输出的结果产生不信任。国外检察官与法官应用智能量刑辅助系统对被追诉人进行量刑已引发了较大的社会争议，美国的卢米斯诉威斯康星州案就是典型案例。在卢米斯诉威斯康星州案中，检察官依据“COMPAS”[②] 智能量刑辅助系统的评估报告指控卢米斯具有再犯高风险，法官也依据该评估报告判处卢

① 仇筠茜、陈昌凤：《基于人工智能与算法新闻透明度的“黑箱”打开方式选择》，载《郑州大学学报（哲学社会科学版）》2018 年第 5 期。

② “COMPAS”的全称为“Correctional Offender Management Profiling for Alternative Sanctions”，可译为“罪犯矫正替代性制裁分析管理系统”，是由一家名为 Nortpointe 的公司为法院开发设计的。它可根据对犯罪者的访谈和来自司法部门的信息评估再犯的风险，旨在帮助法官作出“更好的”或者至少是以数据为中心的司法决策。它被美国不少州采用，其中威斯康星州采用最为广泛，无论是法庭审判，还是狱政管理，它都能对犯人作出评估，从而决定如何量刑、应否假释等，颇受当地司法部门的青睐。（参见朱体正：《人工智能辅助刑事裁判的不确定性风险及其防范——美国威斯康星州诉卢米斯案的启示》，载《浙江社会科学》2018 年第 6 期。）

米斯 6 年有期徒刑和 5 年的延期监督。[①] 但因为保护商业秘密的需要，法庭在这一过程中只能获得再犯高风险的评估报告，具体的评估过程则不会被展示。卢米斯对此提起了缓解动议，理由是法院使用"COMPAS"评估进行量刑判决侵犯了其获得"个殊化判决"[②] 和基于准确信息获得判决的权利，但被初审法院驳回，驳回结果也得到威斯康星州上诉法院和州最高法院的维持。最高法院认为，虽然风险评估的具体过程没有被公开，但法官利用算法进行风险评估而作出的判决并没有侵犯到被告人的正当程序权利。[③] 即使科技公司不考虑商业秘密，自愿将"COMPAS"评估过程所涉及的技术手段进行公开，但作为一种人工智能时代的量刑工具，"COMPAS"本身就存在不确定性，研发公司也未必可以对该技术的分析、决策过程作出准确详尽的解释说明。[④] 同样，人工智能在辅助量刑建议的实践过程中，其"算法黑盒"问题会与司法决策的公开性产生冲突。尤其是在认罪认罚从宽制度中，量刑建议具有了控辩协商的属性，但由于"算法黑盒"问题的存在，被追诉人及其辩护人无法了解量刑建议的形成过程，进而可能阻碍量刑建议协商的顺利进行。

其二，人工智能可能导致量刑建议存在价值偏见。在司法实践中，智能量刑辅助系统绝大多数是由科技公司研发设计的，这使得科技公司在一定程度上行使着司法权。但科技公司并不是司法机关，很难站在公正、中立等价值角度去判断问题，从而导致智能系统在研发过程中极有可能加入研发者的价值判断。而司法机关中具有计算机、人工智能等技术背景的复合型人才稀少，难以对智能量刑辅助系统进行可视化的审查判断，这就会导致人工智能系统在辅助量刑建议过程中出现价值偏见。这种价值偏见，在本质上并非研

---

① " Criminal Law - Sentencing Guidelines - Wisconsin Supreme Court Requires Warning before Use of Algorithmic Risk Assessments in Sentencing - State v. Loomis 881 N. W. 2d 749 (Wis. 2016)," Harvard Law Review 130, No. 5 (March 2017): 1530-1537.

② "个殊化判决"是指基于规则怀疑主义和事实怀疑主义，在司法审判中强调诉讼案件的个别化和法官的主观性。(详见王虹霞:《个殊性司法之反思——评〈初审法院——美国司法中的神话与现实〉》，载《法律方法》2015 年第 2 期。)

③ Loomis v. Wisconsin, Petition for Certiorari Denied on June 26, 2017, http://www.scotusblog.com/case-files/cases/loomis-v-wisconsin/, Visit on 12 April 2022.

④ 朱体正:《人工智能辅助刑事裁判的不确定性风险及其防范——美国威斯康星州诉卢米斯案的启示》，载《浙江社会科学》2018 年第 6 期。

发者所导致，而是一种社会公众普遍存在的价值偏见。[①] 例如，通过对“COMPAS”系统进行独立测试，发现在美国司法实践中，黑人犯罪者比白人犯罪者更有可能根据该系统获得较高的风险等级评估。黑人被评估出的再犯风险几乎是白人的2倍，但实际再犯的比例仅有20%。[②] 即使不考虑科技公司在研发过程中加入价值偏见的情形，由于以大数据为基础的人工智能系统是通过对之前海量案件进行分析判断而辅助量刑建议的，而在之前的案例之中不可避免地加入了检察官或者法官可能存在的某一时期或者某一地域的偏见观念，这就会影响到量刑辅助系统最终输出的结果，进而使得这些观念和偏见的影响时间与范围都在不断地扩大。这样的后果就是现实社会中原有的量刑实质不平等将不断被复制进而固化，并且不断恶化。而这种存在于智能量刑辅助系统内的价值偏见与一般的价值偏见远远不同，因为其具有不可预测性，[③] 其产生是系统程序依据司法大数据库进行推演的结果，在此过程中需要经历“算法黑盒”的部分，而这种推演过程远远不同于人类之间的互动，是人类通常逻辑所不能理解与预测的。因此，这种不可预测性也不利于被追诉人及其辩护人与检察机关进行量刑协商，进而不利于协商式量刑建议的提出。

其三，现阶段人工智能辅助量刑建议可能存在技术“瓶颈”。根据前文对人工智能辅助系统的类型划分，现阶段的人工智能辅助系统在“输入”端总体上可以分为“手动输入”与“自动抓取”两种类型，但这两种类型的人工智能量刑辅助系统均存在不可避免的缺陷。对于前者而言，其主要依靠检察官对相关量刑情节的手动录入。不仅录入过程较为繁杂、便捷性较低，而且依赖检察官主观能动性的发挥，对检察官专业能力与素养的要求较高，潜藏着“不同检察人员所录入量刑信息也会不同”的风险，从而不利于对“同案同判”的追求。对于后者而言，其对相关量刑情节的录入虽是通过人工智能对关键词的自动抓取技术实现的，但由于现阶段的人工智能技术仍处于弱人

---

① 章小杉：《人工智能算法歧视的法律规制：欧美经验与中国路径》，载《华东理工大学学报（社会科学版）》2019年第6期。

② 朱体正：《人工智能辅助刑事裁判的不确定性风险及其防范——美国威斯康星州诉卢米斯案的启示》，载《浙江社会科学》2018年第6期。

③ 卜素：《人工智能中的“算法歧视”问题及其审查标准》，载《山西大学学报（哲学社会科学版）》2019年第4期。

工智能时代，不具有人类灵活与变通的思维，很难应对现阶段法律文书中存在的文字表述不一致的情形，极易遗漏关键量刑情节，进而对量刑建议的最终结果产生不利影响。因此，上述两种类型的人工智能系统在“输入”端均存在相应缺陷。要想解决上述缺陷，必须借助人工智能技术，实现对相关量刑情节的准确录入，即一方面需要以人工智能代替检察官从而实现案件量刑情节的自动抓取与录入，另一方面又需要赋予人工智能技术准确理解法律文书中文字表述的思维能力。该种设想的实现需要建立在人工智能技术具有较为灵活的思维的基础之上。这种技术要求只能在强人工智能时代实现，而现阶段人工智能技术仍处于弱人工智能阶段，并且仍会存在一段相当长的时间。因而对于现阶段人工智能在辅助量刑建议领域的发展而言，其已出现技术“瓶颈”，需要一段较长的时间来加以突破。

三、人工智能辅助量刑建议的发展设想

正如前文所言，现阶段智能量刑辅助系统还处于弱人工智能阶段，虽然已经广泛应用于检察机关量刑建议的提出过程，但其发展仍处于初始阶段，不可避免地存在一些缺陷，人工智能在辅助量刑建议领域存在很大的进步空间。

首先，要提升检察工作人员的专业能力与素养，培育正确的科技应用观念。在科技崇拜的当下，不少检察官、法官因为司法责任制的影响，可能会过度注重智能量刑辅助系统的作用，但弱人工智能技术并不具有人的判断思考能力，只能按照已经设定好的程序进行推演，不能完全取代检察官提出量刑建议。因此，应对检察工作人员进行专业培训，帮助其树立正确的科技应用观念，让其清楚地意识到不能一味追求量刑建议提出的科技化，而应当追求量刑建议提出的科学化、规范化。智能量刑系统所生成的结果只是提出量刑建议的一种参考，或是量刑建议提出的理由支撑，但最终作出何种量刑建议仍应由检察官决定。检察机关还应定期开展人工智能技术应用的专门培训，提升检察官应用智能量刑系统的专业能力。尤其要对年龄较大的检察官进行专门培训，提升其对智能量刑系统的适应力。

其次，在提高人工智能辅助量刑建议的精准性方面，由于现阶段人工智能量刑辅助系统作用的发挥主要依赖于大数据技术，因此大数据的精准性将

直接决定人工智能辅助量刑建议的精准性。而大数据技术精准性与数据库的案件质量有着密切关系。现阶段，不管是中国裁判文书网还是其他的司法数据库中，均存在大量无效数据和空白数据，导致人工智能辅助量刑建议难以形成高精准化的结果。因而，必须要清除智能量刑辅助系统所依据的司法数据库中的无效数据、空白数据，提升司法数据库的质量。另外，即使为了保密需要或者基于其他因素考虑，部分裁判文书不能上网公开，司法机关也应当联合建立一个专门的裁判文书数据库对其进行储存。裁判文书的内容也不需要全部进行应用，可以把与量刑无关的因素隐藏，只保留与量刑有关的情节。这样就可以在提高大数据精准性的基础上，兼顾司法数据安全与个人信息保护。此外，还需要规范裁判文书的格式。对于通过“自动抓取”录入案件信息的智能量刑辅助系统而言，其面临的主要问题就是很难灵活应对现阶段法律文书中文字表述不一致的情形。对此，技术层面的解决方式可能已遇到“瓶颈”，在较长时间内无法通过人工智能技术的改进加以解决。应对裁判文书的格式与文字表述等进行规范，帮助智能量刑辅助系统较为准确、全面地捕捉相关量刑信息，进而提升人工智能辅助量刑建议的精准性。

再次，针对人工智能与量刑建议司法实践存在部分偏离的问题。司法机关是司法工作的第一线，能够及时精准地把握实践对于人工智能的需求，因此必须由司法机关对智能量刑辅助系统进行开发，这样可以避免科技公司在一定程度上部分行使司法权的问题。另外，鉴于司法机关各自研发量刑辅助系统、难以实现数据整合的现状，需要各个司法机关进行联合研发，这样既可以扩充司法案例数据以提升大数据应用的质量，还可以集中司法机关的复合型人才以进行更好的研发与后期维护。智能量刑辅助系统的研发必须与量刑理论和逻辑紧密贴合，不能完全凭借技术产生的逻辑进行研发。应将提出量刑建议所需要考虑的相关因素都包括在内，不仅需要考虑法定量刑情节，更应尽量补充酌定量刑情节，还应与司法实践中存在的其他人工智能技术进行结合，如社会危险性评估技术以及量刑证据识别技术等。再者，由于现阶段量刑建议领域的智能量刑辅助系统分为“类案推送”型、“量刑因素”型、“常见罪名”型、“罪名与量刑因素综合”型四大类，而这四种类型又有各自不同的缺陷，因此司法机关在系统研发过程中应重点把握与规制不同类型所存在的缺陷。虽然其可能在“输入”端均已出现技术“瓶颈”问题，但现阶段仍是人工智能技术飞速发展时期，可以通过引进尚未在量刑领域应用的其他人工智能技术，来对这些缺陷进行一定程度的弥补。

最后，面对人工智能本身存在的“算法黑箱”，必须提高算法的透明度。在此过程中，需要建立算法解释规则，使那些可能受到算法决策不利影响的当事人能够得到合理解释或者寻求人工干预加以纠正。这就要求检察机关在使用智能量刑辅助系统提出量刑建议之前，告知被追诉人及其辩护人该系统的应用以及可能的结果，并征求他们的意见。当被追诉人及其辩护人认为智能量刑辅助系统的应用可能会对量刑建议的提出产生不利影响或者对此存疑时，可以要求智能系统的研发者对此进行解释，或者要求检察机关对量刑建议进行人为更正。[①] 另外，在智能量刑辅助系统投入运行前，应该对其算法规则以及司法数据库进行检验评估，这一过程不仅需要技术人员、法学专家的参加，更应该吸收社会公众的加入。唯有如此，才能增强人工智能辅助量刑建议的合理性与公正性，产出的结果也更容易为社会公众所接受。[②]

四、结语

近年来，人工智能辅助量刑建议的实践不断涌现，各级各地检察机关都在大力推动人工智能技术与量刑建议的结合。在此背景下，检察机关所研发和应用的智能量刑辅助系统，不仅是人工智能时代的必然产物，而且与检察机关对量刑建议的探索进程相契合，其蓬勃发展具有必然性。然而，针对人工智能辅助量刑建议的具体实践进行探析后发现，该技术的应用在精准性、与司法实践的契合程度以及技术本身等方面存在一定缺陷，这些缺陷的存在直接影响到人工智能在量刑建议领域的具体应用效果。因此，需要提升检察官的专业能力与素养、提高司法数据库的质量以及算法的透明度、建立相应的算法解释机制和救济路径等，使检察机关能够应用智能量刑辅助系统得出准确、适当的量刑建议。鉴于人工智能技术以及检察机关对量刑建议的探索

---

① 张凌寒：《商业自动化决策的算法解释权研究》，载《法律科学（西北政法大学学报）》2020 年第 3 期。

② 马靖云：《智慧司法的难题及其破解》，载《华东政法大学学报》2019 年第 4 期。

仍存在很大的发展空间，并且作为两者结合的智能量刑辅助系统也是近些年的新兴之物，本文对人工智能辅助量刑建议具体实践所进行的审思，由于能力所限，仅是浅尝辄止，期冀能够引起学界对量刑建议领域人工智能技术的关注，推动人工智能辅助量刑建议的良性发展。

论网络爬虫的刑事合规

董文蕙[*]　潘郑伟[**]

（华南理工大学法学院，广东广州　510006）

摘　要：近年来，网络爬虫技术作为一种数据收集手段越发活跃，在给人们提供快速掌控网络数据便利的同时，也随之产生了一系列由于信息高度共享而带来的法律问题。由于目前我国刑法理论对于网络爬虫等类似功能的互联网技术之中立性本质缺乏体系化的理解，在实际的刑事司法实践中，对于该技术的刑事风险评价也开始趋于扩张化。为了解决技术特征给网络爬虫行为犯罪带来的规制难题，同时保证富有价值的数据能够相对不受限地自由流通，应当在数据领域引入刑事合规体系，在厘清数据权利真实权属的前提下，针对不同类型的爬虫行为建立专项合规制度，准确判断爬虫行为所引发的刑事责任，为预防网络爬虫等其他信息技术犯罪提供可借鉴的范式。

关键词：网络爬虫；刑事风险；刑事合规

一、网络爬虫的刑事风险

网络爬虫（Web Crawler）也被称为“网络蜘蛛”，是一种用来自动浏览互联网的网络机器人，通常为一段程序或者脚本。使用者可以通过运行设计好的爬虫程序，在遵守一定规则的情况下，对网站、手机 App、应用程序或

本文系国家社科基金一般项目“金融科技企业融资犯罪风险的刑事合规研究”（21BFX060）、教育部社会科学基金“被害人视角下涉 P2P 集资类犯罪的刑法规制研究”（19YJC820009）和最高人民检察院检察理论研究课题“金融科技犯罪的刑事合规治理研究”（GJ2021D14）阶段性成果。

* 董文蕙，华南理工大学法学院副教授。

** 潘郑伟，华南理工大学法学院硕士研究生。

搜索引擎等进行数据的浏览和抓取，由此获得使用者所需要的相关数据，这段过程即网络爬虫行为。网络爬虫技术作为一项大数据收集技术，可以在未经数据源许可的情况下快速高效地获取互联网上的大量数据，在数据逐渐成为商业资源的信息化时代，其蕴含着庞大的利益发掘潜力。

（一）网络爬虫技术的法律中立性

网络爬虫技术是一项信息网络技术，其具有中立性，本身并不带有违法或合法的属性。但网络爬虫行为并不能与网络爬虫技术混为一谈，在爬虫技术被行为主体使用时，行为人的主观意志便能通过该技术对外显现，在受到商业利益和个人目的的驱使下呈现出善恶之别。换言之，网络爬虫技术具有客观性和中立性，没有法律评价的必要性；而网络爬虫行为具有价值偏好性，即可能存在特定主体将其用于“实质性的侵权用途”，具有法律评价的现实意义。①

（二）网络爬虫行为的刑事风险扩张趋势

由于网络爬虫行为的性质取决于行为人的主观意图，则区分爬虫行为的善意与否自然成为将网络爬虫行为纳入刑法规制领域的重要切入点。有美国学者提出，应确立善意爬虫行为的三项标准，分别为：（1）爬取已经公开且不受代码保护的数据；（2）目的在于合并数据，以高效率和易访问的方式为用户提供有益的数据；（3）不应当损害数据主体的数据权益。② 以此三项标准为基础展开，我们可以大致窥见当前刑事法律对网络爬虫行为进行规制通常考虑的几大要素：被爬取的数据是否公开，爬取数据的目的是否合法，爬取行为是否对数据权利主体有益以及爬取行为是否获得授权。在刑事司法实践中，通过对以上要素的分析可以较为容易地判断出某一网络爬虫行为是否善意，再继续观察其侵犯何种法益，最终据此对行为主体定罪量刑。例如，在易某非法获取华为公司线缆物料的价格数据案③中，易某从华为公司线缆物控部调任后，发现 ERP 系统中的 POL 采购小程序存在漏洞，能通过特定操作

① 童云峰：《大数据时代网络爬虫行为刑法规制限度研究》，载《大连理工大学学报（社会科学版）》2020 年第 2 期。

② Din. M. F.，“Breaching and Entering：When Data Scraping should be a Federal Computer Hacking Crime,” Brooklyn Law Review，Vol. 81，No. 1（2015），pp. 405-440.

③ 参见广东省深圳市中级人民法院（2021）粤 03 刑终 1657 号刑事判决书。

绕过权限控制查看系统数据，便以此方式获取线缆物料的价格信息，并将这些价格信息数据以发短信、打电话、发电子邮件等方式告知深圳市金信诺高新技术股份有限公司（华为技术有限公司的供应商），从而帮助金信诺高新技术股份有限公司在华为公司的招标项目中提高中标率。深圳市龙岗区法院根据最高人民检察院公布的第九批指导性案例（检例第36号——卫某龙、龚某、薛某某非法获取计算机信息系统数据案）中对于“侵入”一词的定义，①认定易某超出授权范围登录系统并利用漏洞获取线缆物料价格信息的行为属于侵入行为，构成非法获取计算机信息系统数据罪。

法院通过指导案例对“侵入”作出定义，同时厘定网络爬虫行为的善意与否，最后作出有罪判决，这一套判断网络爬虫行为是否在刑事上合规的模式本可以囊括大多数滥用网络爬虫行为带来的刑事风险，且判定流程与刑法相关罪名的构成要件同样相吻合。然而，我国刑事理论和司法实践针对网络爬虫技术的刑事处罚却开始出现扩张化的趋势，从2017年晟品公司爬虫入刑案开始，一些试图将民事侵权和没有处罚必要性的网络爬虫行为纳入刑事规制的现象和声音开始涌现，使得网络爬虫技术被过分污名化和妖魔化。如何正确对待中立的网络爬虫技术，使其为科技创新和数据时代的发展助力，而不是将其视为阻碍数据流动的囹圄，将是网络刑法领域亟须解决的难题。

（三）对网络平台获取数据的处罚边界模糊

信息时代最光彩耀人的主角非各大行业的互联网巨头企业莫属，其所控制的网络平台在当今社会各领域扮演了强大的管理者角色，已经远远突破了原2G/3G时代传统网络平台运营商所具有的“从属性、工具性和中立性”，取而代之的是“主观能动性、垄断性和人格性”，成为网络空间里一种新的“社会组织形式”。② 如今的网络平台利用其巨大的社会影响力，通过对各大网络社区规则、罚则的制定，获取平台存储的大量用户的个人信息、交易记录、人脉关系等轻而易举，而目前的《个人信息保护法》《数据安全法》等法律法规对于网络平台的规制并不会做到事无巨细，监管部门也难以对各类

① 非法获取计算机信息系统数据罪中的“侵入”，是指违背被害人意愿、非法进入计算机信息系统的行为，其表现形式既包括采用技术手段破坏系统防护进入计算机信息系统，也包括未取得被害人授权擅自进入计算机系统，还包括超出被害人授权范围进入计算机信息系统。

② 于冲：《网络平台刑事合规的基础、功能与路径》，载《中国刑事法杂志》2019年第6期。

网络平台的用户守则等海量的社区规定做到逐条审查。在这种模式下，若网络平台通过“霸王条款”迫使用户“自愿授权”平台使用其个人数据，与其他主体利用网络爬虫绕过授权爬取他人信息是否具有根本性差异？在这样的合法性外壳下，网络平台利用其垄断地位和中立方身份以不作为形式成立网络犯罪的可能性也显著增加，其所带来的违法犯罪风险并不比传统“侵入型”网络爬虫行为更小。因此，如何结合网络平台自身技术和发展的特点，建立起针对但不限于网络平台利用网络爬虫技术进行违法犯罪行为的捕捉、预警、审查和解决的机制体系，即督促网络平台制订和实施合规计划，合理履行与其经营范围、业务能力、科技水平相适应的网络安全管理义务，将是未来刑事合规与网络平台协同发展的康庄大道。

二、刑事合规介入规制网络爬虫行为的正当性与可行性

结合法律评价对网络爬虫技术的现实意义来看，利用网络爬虫爬取数据刑事责任认定的障碍主要有三个：（1）我国法学界尚未对数据权利的类型进行系统分析，因此难以对数据爬取进行精准的利益考察；（2）我国刑事司法对非法获取和非法访问的行为性质尚未辨明，数据爬取的入罪范围被不当扩大；（3）对于数据爬取带来不利影响的损害结果的定位模糊，导致以网络爬虫为技术支撑的数据爬取极易入罪。① 面对以上障碍，数据爬取行为被包裹上了一层面纱，使得在司法实践中使用“技术中立”的理由难以达到出罪的效果。进一步讲，即使我们能够确定数据的权利内容，也难以回答哪一方主体在数据爬取行为中更应受到保护。此外，被爬取数据的权利所有者在不同的场景和视角下不是静态不变的，网络平台数据常常具有多重属性，且高度依赖具体场景，难以进行明确化的界权。② 网络平台经营者只有在对用户数据享有一定权益时，才具有引入刑事合规的必要性。因此，对数据权益的边界进行前置化界定是一个非常现实的问题。

---

① 李谦：《数据爬取刑事责任的认定难题及其解决方案》，载《北京邮电大学学报（社会科学版）》2021 年第 6 期。

② 丁晓东：《数据到底属于谁？——从网络爬虫看平台数据权属与数据保护》，载《华东政法大学学报》2019 年第 5 期。

（一）不同主体对数据权利的权属争议

1. 用户个人所有说

此观点认为，数据平台不具备任何支配用户数据的权利，只要第三方在获得用户授权的情形下爬取数据平台上存储的用户信息，就不认为该爬取行为属于非法获取数据。例如，在字节跳动诉北京微梦创科公司（新浪微博的运营者）一案[①]中，字节跳动以其获得用户的授权书为由，主张用户的有效授权不应该受到“经平台同意”或“不得授权他人行使”的非法缩限，因而享有该数据的合法权利。

根据《互联网搜索引擎服务自律公约》（以下简称《公约》）第9条的规定，网站设置 Robots 协议应遵循公平、开放和促进信息流动的原则，而搜索引擎服务提供者在抓取网站数据时，应尊重他人数据权益，抵制违法侵权行为。虽然爬虫协议在爬取方与被爬取方之间形成了一种行业规范的约束力，但这种约束力未能有效禁止双方的“越界”行为。[②] 此外，二审法院北京市高级人民法院认为，《公约》仅可作为搜索引擎服务行业的商业道德，而不能成为互联网行业通行的商业道德。[③] 也就是说，尽管 Robots 协议客观上可能造成对某个或某些经营者的“歧视”，但在不损害消费者利益、不损害公共利益、不损害竞争秩序的情况下，应当允许网站经营者通过 Robots 协议对其他网络爬虫的抓取进行限制，这是网站经营者经营自主权的一种体现。可见，虽然字节跳动公然违反了新浪微博根据《公约》制定的 Robots 协议，但法院依然在综合考量、权衡各方利益的框架下，从反不正当竞争法的角度对字节跳动公司的爬取数据行为进行评价，并未实际认可字节跳动关于“经过用户授权即可无视平台对数据的权利”的主张。

2. 数据平台所有说

随着大数据领域的不断扩张，数据量的爆炸式增长使得企业诞生了更多通过分析数据来了解市场需求情况的需要，以此对自身产品进行迭代、改良，吸引更多的用户；接下来，再通过对已有和潜在的用户群体进行画像，为不同的用户群体贴上标签，根据用户的喜好推送相应内容，继续形成“产品—

---

① 参见北京市知识产权法院（2017）京73民初2020号民事判决书。

② 朱峥：《数据时代网络爬虫的内部管理型规制》，载《行政法学研究》2022年第1期。

③ 参见北京市高级人民法院（2021）京民终281号民事判决书。

用户—产品”的良性循环。因此，在这种模式下，基于责利相匹配原则，数据保护与利用的框架体系的构建必须从以用户为中心向以平台为中心转移，平台对于所获得的数据应享有完整的所有权。[①] 我国司法实践也通过一些案例认可了平台对于数据权属的正当性。例如，在深圳谷米公司诉武汉元光公司的案件中，法院认为，“鉴于‘酷米客’App后台服务器存储的公交实时类信息数据具有实用性并能够为权利人带来现实或潜在、当下或将来的经济利益，其已经具备无形财产的属性。谷米公司系‘酷米客’软件著作权人，相应地，也就对该软件所包含的信息数据的占有、使用、收益及处分享有合法权益”。[②]

结合数字经济背景来看数据权属规则，我们固然需要充分考量用户个体的人格尊严与自由的维护，以及用户对数据控制的正当性，但倘若将这种控制放大化甚至绝对化，那无异于走上另一个极端。[③] 若司法实践忽略平台公司对于其收集、整理的数据所享有的权利，将会极大地打击互联网公司对于数据挖掘的积极性，从而无法将大量用户数据在合法框架内进行利用，对大数据本身的价值造成贬损。因此，鼓励数据平台合理合规地使用数据资源，将是数字产业发展的可持续之道。

3. 用户与平台共有说

此观点突出了用户对数据权利“授权”的重要性，认为传统的用户所有说和平台所有说均无法充分保护各方的权益，应当将保护数据自由流通与保护个人信息置于同等地位，即认为数据权益应当在用户的授权基础上，由数据平台和用户所共享。但是，如果认可数据平台在获得用户授权后即可合法使用用户数据这一观点，那么用户个体隐私权受到侵害的风险将会大幅上升。基于法律赋予的合法性和用户授权后的正当性，数据平台会加大对涉及个体隐私数据的开发利用力度，更倾向于实现自身利益最大化，而忽略对个体隐私的保护。[④] 在此基础上，欧盟于2018年5月25日出台的《通用数据保护条

---

① 何波：《数据权属界定面临的问题困境与破解思路》，载《大数据》2021年第7期。

② 参见广东省深圳市中级人民法院（2017）粤03民初822号民事判决书。

③ 彭辉：《数据权属的逻辑结构与赋权边界——基于“公地悲剧”和“反公地悲剧”的视角》，载《比较法研究》2022年第1期。

④ 黄镕：《大数据时代个人数据权属的配置规则》，载《法学杂志》2021年第1期。

例》（General Data Protection Regulation，GDPR）第 6 条[①]规定了数据平台处理个人数据应当遵循的六项法律依据，包括数据主体同意、合同之必要、法律义务之必要等要件，实质上为数据平台设立了一个合规规则基础。企业可以在 GDPR 确立的框架内自由利用数据，既可以保证数据在自由流通状态下对企业形成产权激励，同时又能保护海量的个人数据难以被恶意利用造成用户个人隐私的泄露与流失。

4. 国家所有说

数据作为一种虚拟资源，其价值并不是永恒不变的，在复杂的互联网环境以及高流量的数据处理之下，数据资源集合对于不同的主体存在截然不同的利用价值。此观点认为，与其将数据资源的权属划归个人用户或者数据平台用于私主体的盈利，不如考虑强调数据权属的国家属性，使政府成为承担数据权益保护义务的角色，以解决数据经济时代快速发展的数据资源利用不充分的问题，实现公共利益保障和数据经济相辅相成、协作发展。

例如，在 HiQ 诉 LinkedIn 案中，美国第九巡回上诉法院确认了这样的观点，“抓取不需要授权即可访问的数据和默认情况下免费可得的数据都是正常的行为；没有对数据的‘访问’采取某些步骤进行限制，便意味着抓取这些数据已经获得‘授权’”。[②] 也就是说，美国法院已经确认了互联网上发布的公开数据属于公众数据，任何人可以不加限制地访问、利用。因此，只要遵循 Robots 协议或者遵守与数据权利方明示或暗示的合同约定，爬取公开数据就不会构成违法，这种情形下更不存在刑事规制的必要。

（二）在数据领域引入刑事合规制度

从以上四种平台数据权属的争议中，我们可以看出：一方面，无论采取

---

① 欧盟《通用数据保护条例》第 6 条规定：“只有满足至少如下一项条件时，处理才是合法的，且处理的合法性只限于满足条件内的处理：（a）数据主体已经同意基于一项或多项目的而对其个人数据进行处理；（b）处理对于完成某项数据主体所参与的契约是必要的，或者在签订契约前基于数据主体的请求而进行的处理；（c）处理是控制商履行其法定义务所必需的；（d）处理对于保护数据主体或另一个自然人的核心利益所必要的；（e）处理是数据控制者为了公共利益或基于官方权威而履行某项任务而进行的；（f）处理对于控制者或第三方所追求的正当利益是必要的，这不包括需要通过个人数据保护以实现数据主体的优先性利益或基本权利与自由，特别是儿童的优先性利益或基本权利与自由。”丁晓东译：欧盟《通用数据保护条例》第 6 条。

② 张开平：《HiQ 诉 LinkedIn 案对我国互联网平台反垄断的启示》，2022 年 3 月 18 日，载 http://www.jwview.com/jingwei/html/03-18/472518.shtml，2022 年 12 月 20 日。

哪种数据权属的观点，均不能全面回应各方主体的利益诉求。在司法实践中，法院已经将网络平台的数据权益作为一种财产性利益予以保护。在民法实务中，也倾向于通过隐私权外延的方式保护被网络爬虫抓取的个人数据。[①] 但网络爬虫所涉及的民事权利远远不止财产权和隐私权，通过将数据权利私权化的方式不能解决网络爬虫对于数据造成的一般性危害问题。另一方面，各方主体基于对数据的某项权利内容，都具有一种或多种支配数据权利的正当性基础，这为引入刑事合规创造了良好的理论环境。因为刑事合规的基础在于合规对象本身存在正当活动的空间，才有必要通过合规规则来引导合规对象在该领域内合法活动。[②]

1. 刑事合规的基本理念

合规作为一个事实概念，最初与刑事法律并不相关，它被赋予法律属性源于美国的“合规计划”，作为美国金融行业在政府加强银行金融行业监管背景下所提出的自我监管方案。合规计划与刑事责任相关联，主要基于 1977 年美国颁布的《反海外腐败法》和 1991 年美国出台的《联邦组织量刑指南》，从法律上确认了企业在预防犯罪方面的内部管理义务，将企业合规和刑事责任在刑事立法上明确了关联性。[③] 由于合规计划使得企业的刑事责任在程序和实体层面发生分离，成为影响企业刑罚裁量的重要因素，故被称为“刑事合规”。有德国学者对刑事合规作出了较为具体的定义：“刑事合规包含所有客观上事前必要的或者事后被刑法认可的规范性、制度性以及技术性的属于某一组织的措施，这些措施的相对人既可以是组织的成员、商业合作者，也可以是国家或者社会大众。这些措施的目的是：（1）降低组织或者组织成员实施的与组织有关且违反国内或国外法的经济犯罪行为的风险或者是相应的犯罪嫌疑的风险；或者是（2）与刑事执法机构达成一致而对刑事处罚产生积极影响，并最终借此以提高企业的价值。”[④] 如果金融业的从业者为自身企业设立合规规则能够达到降低犯罪风险的目的，那么数据平台在没有其他技术障

---

① 梁书铭：《网络“爬虫”规制的现实困境及路径》，载《民主与法制时报》2022 年 9 月 8 日第 3 版。

② 孙禹：《论网络爬虫的刑事合规》，载《法学杂志》2022 年第 1 期。

③ 刘伟：《刑事合规的溯源、反思和构建》，载《江海学刊》2021 年第 4 期。

④ ［德］托马斯·罗什：《合规与刑法：问题、内涵与展望——对所谓的“刑事合规”理论的介绍》，李本灿译，载《刑法论丛》2016 年第 4 期。

碍的情况下，效仿制订符合行业特点的网络爬虫合规计划，将是破解数据权属争议带来的法律责任分配混乱问题的一剂良方。

2. 从技术中立到刑事合规

技术中立的特性使得一些新兴互联网技术在很长一段时间内不被部分学者认为具有刑事违法性，网络爬虫本身若不与使用者的主观恶性相结合也难以侵害到实质性的法益，针对网络爬虫行为设立刑事合规似乎有些急功近利。但我们应该剖其本质，不能将行为和自身的性质孤立割裂开来看待。网络爬虫技术作为数据资源获取和利用的重要手段，其技术中立更多是一种理念，现实生活中的技术通常都是行为的工具，通过技术实施的侵权行为与技术本身的中立性不能简单画等号。技术中立有利于技术创新，但技术创新仍有其法律边界。当前，无论是在私法领域的数据确权还是刑法领域的数据法益保护，网络爬虫抓取数据的正当性、有效性都源于数据主体的授权，这种授权与数据的访问权限和开放程度密切相关。① 随着技术的不断扩张，与网络爬虫类似的创新工具会层出不穷，数据主体之间的数据争议会倒逼司法实践找到处理数据资源问题的路径。但这一问题不可能通过一般性的犯罪评估予以解决，而必须“清晰划分相关领域的边界，平衡相应的被保护利益，创立新的均衡机制”。②

3. 从刑事合规到数据合规

随着党的十八届五中全会首次提出“国家大数据战略”，网络强国和数字中国的建设取得了令人瞩目的成就。2017 年颁布的《网络安全法》和 2021 年颁布的《数据安全法》《个人信息保护法》均设置了专章，规定企业数据合规管理义务。我国各级人民检察院在 2021 年办理的所有起诉案件中，帮助信息网络犯罪活动罪涉诉 12.9 万人，占总涉诉人数的 7.3%，是起诉人数最多的 5 个罪名之一。③ 当前，数据领域的刑事犯罪所侵害的法益大多集中于数据安全法益和数据财产法益，刑事司法实践也比较缺乏对网络空间交易秩序法益的关注。如何规制大型互联网数据平台所采取的爬虫行为，民事上可以从

① 杨志琼：《数据时代网络爬虫的刑法规制》，载《比较法研究》2020 年第 4 期。

② 杨志琼：《数据时代网络爬虫的刑法规制》，载《比较法研究》2020 年第 4 期。

③ 最高人民检察院：《2021 年全国检察机关主要办案数据》，2020 年 3 月 8 日，载 https://www.spp.gov.cn/xwfbh/wsfbt/202203/t20220308_547904.shtml#1，2022 年 4 月 24 日。

反不正当竞争的角度入手，而在刑事上更多地只能考虑其对网络空间交易秩序所造成的危害，借此构建刑事规制体系。

在上述三部法律所规定的合规管理义务中，《网络安全法》当属网络爬虫的从业主体合规义务的直接来源。例如，《网络安全法》第 21 条规定，网络运营者应当按照网络安全等级保护制度的要求，履行制定内部安全管理制度等安全保障义务，以此保护网络数据不被泄露、窃取或者篡改。再者，该法第 34 条还要求关键信息设施的运营者应当设置专门安全管理机构和安全管理负责人，承担额外的安全保护义务，这更加凸显从内部设立合规制度来增强数据和网络安全保障的必要性。有学者据此提出了网络爬虫的内部管理型规制的理念和制度设计，将数据隐私保护制度、安全审查制度及分类分级安全保护制度等融入企业内部管理制度，以此加强对政务数据、企业数据和个人数据的保护。① 同时，在是否履行合规义务也是构成某些犯罪要件的法律框架下（如拒不履行信息网络安全管理义务罪），随着“网络安全保护义务”所涵盖的范围不断膨胀，网络运营者因不履行法定义务而须采取改正措施或者承担刑事责任的情形比比皆是。因此，应当将建立充分、有效履行法定安全监管义务的合规机制作为最终目的。② 有学者提出，在判断网络服务提供商是否构成拒不履行信息网络安全管理义务罪的时候，可以通过完善网络服务商的刑事合规体系，确立网络犯罪的合作治理模式，以促使网络服务提供商切实履行安全管理义务，并以此为契机降低网络服务商的风险。③ 因此，在面对网络爬虫给网络秩序带来的威胁时，借助《数据安全法》“建立集中统一、高效权威的数据安全风险评估、报告、信息共享、监测预警机制”④ 的东风，完善数据服务商刑事数据合规体系的必要性呼之欲出。

目前，我国学者关于数据保护合规体系的研究存在两种独立的路径：一是研究数据处理规则的遵守，二是研究数据管理义务的履行。⑤ 前者着眼于对数据的来源以及后续的数据流动与利用等环节的合法性利用问题，主张针对

---

① 朱峥：《数据时代网络爬虫的内部管理型规制》，载《行政法学研究》2022 年第 1 期。

② 周振杰：《刑事合规视野中的拒不履行信息网络安全管理义务罪》，载《河南警察学院学报》2022 年第 2 期。

③ 李本灿：《拒不履行信息网络安全管理义务罪的两面性解读》，载《法学论坛》2017 年第 3 期。

④ 《数据安全法》第 22 条。

⑤ 毛逸潇：《数据保护合规体系研究》，载《国家检察官学院学报》2022 年第 2 期。

企业收集、利用数据和数据的跨境流动等行为建立合规制度;[①] 后者主要讨论企业对已收集到的数据如何履行保护和管理义务，以及相关技术措施的合规问题。[②] 不难看出，以上两条研究路径仍然以数据本身的合法性利用和企业的遵纪守法问题为主体，并未实际涉足企业数据合规的关键领域——合规不是简单地要求企业合规守法地进行经营，而是进一步要求企业建立一套旨在预防、识别和应对合规风险的自我监管机制[③]——因此，数据合规也应当促使数据平台企业针对预防数据被非法窃取、防范数据泄露、监控数据流向、保护数据的物理存储介质安全以及应对各种可能的线上风险建立综合的合规保障机制。

近年来，逐渐意识到数据合规重要性的企业也开始设置“数据合规官”一职。例如，北京 TalkingData 公司在法务团队的基础上组建了数据合规团队，在与数据收集、数据存储、数据商业化相关的业务形态上为公司提供法律支撑。此外，TalkingData 还在传统的数据领域外开发了“安全岛平台”。“安全岛本身是一个安全计算平台，其出发点是让 TalkingData 和客户在平台上实现安全合规的数据价值交换，隔离双方的隐私问题，帮助客户弥补数据能力上的不足，真正释放数据的价值。”[④] 这也让我们看到了未来数据行业发展的新样态，以数据合规作武器为各大数据平台提供数据安全服务的企业，在将来会有更大的发展空间。

4. 企业内部合规规则与刑事责任的关联

基于网络爬虫的技术特征和运行逻辑，要建立旨在维护网络空间秩序的合规保障机制，可以考虑初步采用网络安全领域已经适用的内部管理型规制路径，刑事责任的认定也应当遵循合规规则，不将企业内部符合管理规范的行为认为是犯罪，即使该行为对数据安全造成了一定的危害。只有在某一行为具备处罚必要性和合理根据时才能被规定为犯罪，对形式上被规定为犯罪，但实质上不具备当罚性的行为应当被排除在刑法圈外。[⑤] 因此，网络爬虫的刑

---

① 李玉华:《数据合规的基本问题》，载《青少年犯罪问题》2021 年第 3 期。

② 裴炜:《刑事数字合规困境：类型化及成因探析》，载《东方法学》2022 年第 2 期。

③ 陈瑞华:《论企业合规的性质》，载《浙江工商大学学报》2021 年第 1 期。

④ 郭涛:《从“数据合规官”到“安全岛”，将数据的安全合规进行到底》，载《网络安全和信息化》2022 年第 2 期。

⑤ 刘艳红:《实质刑法观》，中国人民大学出版社 2019 年版，第 235 页。

事规范应当作为维护网络秩序法益的非常规手段，通过引入刑事合规的思想建立企业内部合规制度，降低刑罚的适用频率，确保其只用于惩治违反合规规则、严重危及数据安全和公共利益的行为。

例如，在上海晟品公司爬虫入刑案中，上海晟品公司用技术手段破解北京字节跳动公司的防范措施，使用一个名叫“tt_spider”的爬虫程序抓取北京字节跳动公司服务器中存储的视频数据。法院将该案的中心聚焦在晟品公司的行为上：晟品公司未经字节跳动公司授权，通过伪造 device_id 的方式绕过字节跳动公司服务器的身份校验，再通过伪造 UA 和 IP 地址绕过服务器的访问频率限制等规避或突破计算机系统保护措施的手段恶意爬取数据。[①] 该行为明显超出网络爬虫技术的使用界限，最终法院认定晟品公司构成非法获取计算机信息系统数据罪。该案亦成为确认非法爬虫行为构成犯罪的第一案。

值得注意的是，一方面，该案涉及字节跳动公司被爬取的信息数据，法院并未对其进行分类处理，而是针对晟品公司的行为方式予以刑罚。然而，不当使用网络爬虫所危及的法益远远不止计算机系统安全这一种，若对其所侵害的数据进行详细分类，侵犯公民个人信息罪和侵犯著作权罪也应当被提上法院所应考虑的议程中来。若如此做，会造成刑法适用的无限扩张，漠视刑法的谦抑性，同时，让法院承担对不同类型数据的区分工作也十分不切实际，会极大增加法院审理数据犯罪案件的成本。随着涉及数据权益的刑事犯罪的发展，对侵犯不同数据类型的爬虫行为分门别类规制的趋势不可逆转，而刑事司法资源也难以承载对每一宗案件都进行三重认定的压力：一要考虑网络爬虫抓取的数据类型是否属于以及属于哪一种刑法法益保护范围；二要考虑抓取行为是否采取了规避或者破坏计算机系统保护措施的方式；三要考虑行为的客观结果是否对计算机系统功能运行造成严重影响。[②] 因此，如何在避免刑法过度扩张的前提下对网络爬虫行为进行精准化规制成为亟须考虑的问题，而引入企业内部的刑事合规制度将是一条较为明朗的解决路径。

另一方面，若探究爬虫行为违法性的根源，大多源于企业内部管理制度

---

① 参见北京市海淀区人民法院（2017）京 0108 刑初 2384 号刑事判决书。

② 姜瀛：《论刑法介入网络数据爬取行为的类型与限度》，载《浙江社会科学》2021 年第 10 期。

出现问题，未能遵循合法、正当、必要的原则抓取数据。[①] 在企业未按照刑法规范建立合规规则的情况下，构建企业的违法爬虫行为与应负刑事责任之间的联系，更有利于寻求技术中立与刑事违法性之间的平衡点。例如，我国《刑法》第286条规定的拒不履行信息网络安全管理义务罪，将“拒不履行信息网络安全义务”以及“经责令采取改正措施而拒不改正”作为构成该罪的成立条件。2019年11月1日起施行的最高人民法院、最高人民检察院《关于办理非法利用信息网络、帮助信息网络犯罪活动等刑事案件适用法律若干问题的解释》第2条第2款对“经监管部门责令采取改正措施而拒不改正”进行了明确，“应当综合考虑监管部门责令改正是否具有法律、行政法规依据，改正措施及期限要求是否明确、合理，网络服务提供者是否具有按照要求采取改正措施的能力等因素进行判断”。可见，我国刑事法律为网络服务提供者自身设立事前预防和事后及时纠错措施预留了很大的出罪空间，也为数据服务企业刑事合规计划的开展和实施提供了广阔的天地。

三、建立网络爬虫的专项合规制度

为了应对网络爬虫技术刑事风险不断扩张的趋势，如何从互联网企业平台内部构建防范网络爬虫的刑事合规制度，成为破解网络爬虫等新型网络技术规制困境的“凯尔卡门”。在保证数据能够相对自由流动和交易的情形下，要想给予商业数据更多的可控性和密封性，赋予个人数据更强的隐私性和安全性，不能寄希望于一套千篇一律的规制方案，而是需要针对不同类型的网络爬虫行为建立专项合规制度，坚守网络爬虫技术不能用于犯罪的行为底线。

（一）针对“窃取类爬虫”建立合规制度

顾名思义，“窃取类爬虫”最明显的特点在于其侵犯的法益主要是数据本身。《数据安全法》强调，采用非法手段获取他人数据属于窃取行为，[②] 若非法获取行为造成严重后果或给他人造成较大经济损失应当承担刑事责任。易言之，未经数据权利人允许而爬取他人具有合法权益的数据，存在窃取他人

---

① Din. M. F.，“Breaching and Entering: When Data Scraping should be a Federal Computer Hacking Crime,” *Brooklyn Law Review*, Vol. 81, No. 1（2015）, pp. 405-440.

② 《数据安全法》第32条第1款规定：“任何组织、个人收集数据，应当采取合法、正当的方式，不得窃取或者以其他非法方式获取数据。”

数据的刑事风险。如此来看，数据的公开与否似乎决定了网络爬虫行为的合法性，但数据时代的繁杂性却产生了“公开数据≠无主数据”的难题，爬取公共网络上的公开数据同样可能会陷入违法犯罪的深渊。例如，对于第七次国家人口普查数据，任何人都有权访问和查看，但若涉及使用人口普查数据，则需要在统计局版权规定下进行，任意爬取使用该数据存在违法侵权的风险。有学者认为：数据是否公开不是合法性判断的标准，是否为开放数据才是，公开数据不必然等同于开放数据。① 该观点将“公开数据”与“开放数据”相区分，认为数据公开并不意味着数据完全开放，只有数据权利人放弃数据权益而产生的开放数据，才能阻却网络爬虫爬取行为的违法性，从而更加清晰地厘定了爬取公开数据是否属于非法获取数据的界限。

1. 爬取对象为公开的公民个人信息

若认可“公开数据不必然等同开放数据”的观点，即使是窃取一般的“公开非开放”数据，也仅仅具有民事违法性，而不足以上升到刑事犯罪的层面。但对于窃取非公开公民个人信息的行为而言，侵犯了公民的隐私权和合法数据权益，构成侵犯公民个人信息罪，在此不作过多讨论。因此，面对违法程度更高的“窃取型爬虫”犯罪行为，我们需要将目光聚焦于特殊的角色——公开或开放的公民个人信息。

从目前刑法对“侵犯公民个人信息罪”的相关规定来看，在“违反国家有关规定”的情形下，通过购买、交换、收受等方式获取公民个人信息方可构成此罪。② 根据刑法的体系解释，此处的“违反国家有关规定”必然包含“未经数据权利人授权”，因此，是否取得数据权利主体的合法授权成为是否成立此罪的关键。但从上文可知，数据网站在获得用户授权获取其个人信息后，若第三人利用网络爬虫爬取该数据网站上存储的用户个人信息，即使经过了数据网站的单方授权，但在未获得用户的双重授权时，仍然难以宣称此种情形下的网络爬虫使用者属于“经过数据权利人合法授权”的使用者，其本质是因为数据的权属争议尚未明晰。同理可得，存储在公共网络上的公开

① 肖凤：《爬取数据须遵规》，载《检察日报》2020年2月10日第3版。

② 最高人民法院、最高人民检察院《关于办理侵犯公民个人信息刑事案件适用法律若干问题的解释》第4条规定，“违反国家有关规定，通过购买、收受、交换等方式获取公民个人信息，或者在履行职责、提供服务过程中收集公民个人信息的，属于刑法第二百五十三条之一第三款规定的‘以其他方法非法获取公民个人信息’”。

个人数据，在无法对其数据权利人进行追踪和获得合法授权的情形下，擅自使用网络爬虫对其进行爬取仍然属于犯罪行为，无法免除其刑事可罚性。

因而，爬取公开而非开放的公民个人信息的网络爬虫使用者应当构成侵犯公民个人信息罪。对于爬取开放的公民个人信息，由于具有权利人同意这一民事层面的违法阻却事由而不具有刑事违法性，但鉴于无法确定后者行为主体在收集公民个人信息数据后对于该数据的处理与利用是否仍然保持善意，即难以判断其是否会将收集到的数据进一步出售或者提供给他人，对于侵犯公民个人信息罪所保护的法益形成了抽象威胁。所以，在构建对开放的公民个人信息的合规制度上，需要特别注意防范网络爬虫对个人信息无限制的爬取，同时应当对后续数据的流向设置追踪机制，从源头上预防个人信息通过整合资源包的形式二次流通。此外，有学者提出，虽然单个数据条目不具有秘密性，但可以将大量的信息组合作为一个整体，即大数据集合，由于大数据集合经过数据收集者的补充、筛选、格式调整、数据删减、加密等措施，使得其中数据条目信息的存在状态与公共领域的分散数据形态有很大差别，更加符合商业秘密保护的秘密性要求。[①] 换言之，大量的公民个人信息作为一个组合整体，由于其难以从公共领域中获得，从而具有了秘密性。因此，我们可以另辟蹊径，将爬取大量个人信息的爬虫行为和小量爬取的行为区分开，将大量个人信息视为大数据集，给予与商业秘密同等的保护，以此作为爬取开放数据不可罚的例外来构建合规规则。

综上，为了兼顾对网络爬虫“窃取型犯罪”的源头预防和对公民个人信息的合理保护，并考虑到减少对爬取开放数据的刑事干预，以抑制网络爬虫行为刑事风险的扩张趋势，我们可以从以下角度来构建对公民个人信息的合规规则：（1）建立网络爬虫爬取数据量预警制度，在每次使用网络爬虫对互联网上个人信息数据进行大规模爬取前对数据收集者进行预警，并对该数据包进行标记，在后续使用该数据包时提示使用者不得对外流通；（2）根据使用个人信息数据的不同需求，建立专属于信息收集者内部的“加密数据池”，将每次从互联网上爬取的公开数据纳入数据池，并对每次调用数据池的行为进行追踪，使数据的流向有迹可循，同时集中储存数据也能保证个人数据不

① 崔国斌：《大数据有限排他权的基础理论》，载《法学研究》2019 年第 5 期。

因操作失误等个人原因而流失；（3）由于无法断定在互联网上公开发布大量个人信息的信息披露者是否具有合法权利外观，收集并利用非法泄露的数据集合存在法律风险，原则上应当禁止数据收集者对经过整理的公开数据进行爬取，但涉及权利主体主动公开的除外。

2. 爬取对象为具有独创性的数据

相比于带有可识别性的公民个人信息，爬取具有独创性数据的行为虽然不会侵害到数据主体的人身权益，但却会侵犯信息时代中另一种重要法益，即知识产权。由于数据与知识产权这类“无形财产”具有天然契合性，都卸下了物质载体这一枷锁，以数字代码形式储存、利用与传输，因而几乎所有的知识产权数据都可以被网络爬虫抓取。然而，知识产权数据具有不同于一般数据的典型特征——创造性，其价值主要在于维护所有权人的专有控制力以及排他性处分、使用和收益权能。

数据本身作为实体物，其法定权利最有可能成为我国知识产权下的著作权,① 因此，可以认为数据主体对于自身创造并拥有的数据都享有著作权，网络爬虫对于独创性数据的爬取构成对著作权的直接威胁。但“窃取型爬虫”的特点又决定它只能通过侵犯著作权人的信息网络传播权来达到不法目的，也就是《刑法》第217条所指的“复制发行”和“通过信息网络向公众传播”的行为。传统观点认为，复制发行行为要求以转移作品有形物质载体所有权的方式来提供作品的原件或者复印件，因此网络爬虫的爬取行为不属于刑法及其司法解释规定的“复制、发行”范畴。② 在此基础上，爬取独创性数据的行为本身不会涉及侵犯著作权罪，而是后续的传播行为才可能涉及刑事犯罪。但也有学者认为，网上传播的结果并非是作品有形载体物理空间的变更，而是在新的有形载体上产生了作品复制件，导致复制件数量的绝对增加,③ 即网络传播能够使公众通过电子复制件获得实体复制件，其本质结果与实体复制行为如出一辙。显然，传统观点无法解释实体复制和网络复制带来的结果相同而处罚不同的现象，且“窃取型”网络爬虫的原理就是将互联网

---

① 杨志琼：《数据时代网络爬虫的刑法规制》，载《比较法研究》2020年第4期。

② 欧阳本祺：《论网络环境下著作权侵权的刑事归责——以网络服务提供者的刑事责任为中心》，载《法学家》2018年第3期。

③ 王迁：《论著作权法中“发行”行为的界定——兼评“全球首宗BT刑事犯罪案”》，载《华东政法学院学报》2006年第3期。

上存储在他人服务器上的数据获取到爬虫使用者的存储设备或者云端中，在这个过程中难免涉及复制行为，在刑事法律未对网络复制、发行行为作出明确规定之前，网络爬虫爬取独创性数据是否涉及侵犯著作权的犯罪还有待商榷，不应当过早否定纯粹的爬取行为所隐含的刑事风险。不可否认的是，网络爬虫未经授权爬取独创性数据后的传播和发行行为势必触犯刑事法律。因此在构建独创性数据的合规规则过程中，应当充分考虑网络爬虫在爬取此类数据过程中的系统安全问题，避免网络爬虫爬取的独创性数据因数据收集或存储系统不封闭等问题而对外流出，造成实际上的传播和发行效果，实质侵犯著作权人的信息网络传播权，从而引发刑事责任。

综上，为了保证著作权人的独创性数据不被别有用心者恶意复制、发行，在限制网络爬虫通过信息网络传播此类数据的同时，不能忽略“窃取型”网络爬虫本身的行动机制。因此，合规规则的构建应考量以下两点：（1）网络爬虫程序运行时应当充分保证数据收集和存储系统的安全性和封闭性，防止爬取的他人独创性数据通过其他渠道上传至互联网，造成他人独创性数据的实质性发表，侵犯著作权人的信息网络发行权；（2）严格限制对已爬取的数据集合的复制和拷贝行为，确保网络爬虫爬取的直接数据结果的独立性，避免二次复制行为带来的刑事风险。

（二）针对“破坏类爬虫”建立合规制度

网络爬虫作为一项获取数据的信息网络技术，其本质是运行在计算机信息系统中的一段计算机程序，必然会在计算机系统中留下运行痕迹。所有的互联网数据都存储在各个数据主体的服务器中，每一次对互联网数据的上传和下载都需要通过服务器的处理来进行，而服务器在一段时间内能够承载的并发量往往是有限的，故服务器通常难以处理短时间内爆发的大量数据请求。计算机领域通常用每秒查询率（Queries Per Second，QPS）作为一个特定的查询服务器在规定时间内所处理流量多少的衡量标准。比如，一台服务器同时被1000个用户访问数据，即QPS为1000，此时的并发量就是QPS与服务器平均响应时间之积。显然，由于服务器能够容纳的并发量有限，在同一段时间内服务器处理的数据访问请求越多，平均响应时间就会越长，导致网络堵塞，也就是人们平常所说的“加载太慢”。然而，网络爬虫恰好是通过在短时间内高频次地访问服务器从而获取大量数据的工具，高访问频率的网络爬虫会对网络服务器造成正常运行过程中所不会出现的高压情形，延长服务器对正常用户的响应时间，严重时可能会导致服务器宕机，从而对服务器的运营商造成经济损失。例如，杨某通过“快鸽信贷系统”内置的网络爬虫对深圳市居住证网站进行爬取数据，致使深圳市居住证系统在2个多小时内无法正常运行，极大地影响了深圳市公安局人口管理处的日常运作，间接影响人数达5万余人。① 在上述案件中，杨某使用的网络爬虫能够以每秒183次的频率连续访问深圳市居住证网站，对服务器造成的压力不言而喻。

这类爬虫便是通常所说的“破坏型”网络爬虫，它带来的技术风险不光是造成被爬取数据的网站拥堵甚至系统崩溃，部分爬虫使用者还利用“破坏型”爬虫强行突破计算机信息系统的反爬虫措施，违背数据权益人的意愿爬取数据，构成《刑法》第285条规定的非法侵入计算机信息系统罪中的“侵入”行为。“侵入”行为通常包括两种类型：未经授权强行爬取和超越授权越权爬取。对于前者来说，一般认为只有爬取行为避开或者突破了计算机信息系统所设置的“代码屏障”即反爬虫措施时，其访问行为才被视为承担刑事责任意义上的“未经授权非法访问”。② 由于数据主体出于商业利益的需求，通常不会将自己的网络服务器对所有主体都设置访问障碍，而是赋予特定的目标群体一定的访问权限，如在前文所述的字节跳动诉晟品公司案中，今日头条的视频服务器数据库仅对使用该App的用户开放，便于用户加载视频流。基于此理念，“破坏型”网络爬虫便利用反爬措施留下的绿色通道作为突破口，通过将自己伪装成合法授权的访问者绕过访问限制，完成形式上的“侵入”环节。显然，我们不能苛求反爬措施滴水不漏地对所有访问主体设置访问障碍，而是应当聚焦于“非法侵入”本身。若将反爬措施视作一道授权认证机制，那么能够合法通过反爬措施的主体视为获得数据主体的合法授权，反之则视为“非法侵入”。将反爬措施作为认定爬虫行为合法性的实质标准，便于我们理解和判断“破坏型爬虫”的违法责任来源，也为下一步构建“反爬措施”的合规规则提供了思路。

对于后者来说，超越授权的越权爬取主要包括横向越权和纵向越权两种类型。纵向越权的结构即网络爬虫利用系统漏洞自下而上夺取计算机操作系

① 参见广东省深圳市南山区人民法院（2019）粤0305刑初193号刑事判决书。

② 孙杰：《数据爬取的刑法规制》，载《政法论丛》2021年第3期。

统的高级权限，从而使其从普通授权的一般访问者摇身一变成为高级管理者，达到超越权限处理数据的目的。借助纵向越权机制，网络爬虫使用者往往可以侵入平常的网络爬虫行为所无法触及的加密系统或者机密领域，对数据法益造成更为严重的侵害。横向越权的机理与纵向越权相仿，区别在于横向越权的网络爬虫通常并非通过非法手段取得高级权限，而是超越授权范围和授权事项访问数据，类似于行政法中的幅度越权和种类越权。应当注意到，无论是横向越权还是纵向越权，均无法脱离"获得授权—超越权限—爬取数据"的三段行为模式，其行为性质的转变主要发生在获得合法授权后、爬取数据前的超越权限阶段。但由于该行为并不孤立于其他两个阶段，因此在讨论网络爬虫的越权行为时，不能忽视爬虫使用者的越权动机和合法授权来源。有学者认为，网络安全公开测试等行为虽然可能在未经企业允许的情况下，利用网络爬虫等工具进入了非公开的信息系统，但这样的行为具有"利他"效应，迥异于黑客的恶意侵入和攻击行为，不具有刑事违法性和社会危害性，不是犯罪行为。[①] 此观点肯定了网络爬虫的越权行为需要存在主观上的恶意动机才属于刑法上的"侵入"，即使行为人尚未取得被越权系统的合法访问权限。因此，有必要通过专项合规规则对"破坏型"爬虫的"侵入"行为进行确认，将反爬措施的靶向范围作为数据主体合法授权的排除区，凡是强行破解或绕开反爬措施的网络爬虫，就认定其实施了实质性的"侵入"行为。同时，在未造成系统损害和数据泄露的情况下，赋予合规合理的善意爬虫在越权访问数据上的"刑事豁免权"。

综上，面对具有一定物理破坏力的"破坏型"网络爬虫，在对其制定合规规则时，不应忽视该行为对有形服务器和无形数据的双向危害，也要考虑到限制网络爬虫的措施不能过于严苛。为了兼顾给正常爬虫预留活动空间和防止恶意爬虫强行劫取，应当结合以下要素予以改善：（1）原则上对网络爬虫的爬取频率进行限制，各网站可以根据自身服务器的并发量和承载度设置 Robots 协议，确保网络爬虫的正常工作不会影响普通用户的使用体验。（2）在网络爬虫爬取数据前，预先对被爬取网站的反爬措施进行解读，尊重数据主体对网络爬虫设立的禁令，在反爬措施的授权框架下合法活动。

---

① 孙道萃：《网络"白帽子"的罪责边界审思：从袁某案说开去》，载《法律适用》2017 年第 16 期。

(3) 事后审查网络爬虫的全阶段行为特征，着重监测爬虫使用者的爬取动机。若网络爬虫仅用于测试系统安全度，善意无偿对数据系统进行检测和预警，则不应当追究其刑事责任。善意爬虫的程序编写者也可以在程序中设置突出显示的代码段，以体现善意身份。(4) 建立爬虫使用者与被爬取网站的沟通机制，在被爬取网站发觉网络爬虫违规获取数据时，及时向爬虫使用者发送警告，扼制持续性侵权行为发展成犯罪的可能性。

四、余论

网络爬虫技术从诞生到现在，肩负着高效率获取数据的使命，注定会在为使用者带来快速收集信息便利的同时，给被获取数据方带来数据流失和系统受损的风险。在通过反不正当竞争来规制网络爬虫的民商事争议解决路径日趋成熟的背景下，对于网络爬虫行为的刑事规制不能拘泥于传统的“发现犯罪—量定罪刑—进行处罚”框架，而是需要着眼于结合网络爬虫行为刑事风险日益扩张的趋势，针对网络爬虫犯罪对数据权益的侵害展开溯源，确定数据这种特殊实体的权属，面对不同类型的网络爬虫设立专项合规规则，不断加强对数据隐私性和财产权益的保护，同时保证数据的自由流动性和开放共享性，这将成为未来数据权益保护和网络爬虫合规建设的共识。

数字社会时代数字政府的行政法治课题

刘学涛*

（西北政法大学枫桥经验与社会治理研究院，陕西西安　710063）

摘　要：近年来，数字社会加快建设，以数字化转型整体驱动生产方式、生活方式和治理方式的变革已成为时代潮流。数字社会形态以其特有的优势，借助现代化信息技术手段正在重塑固有的社会治理模式，构成了数字化时代社会治理的动力源，并已成为推动社会治理创新发展的新引擎。数字社会文献概览的现有研究对数字社会建设内容的认识较为准确全面，对数字社会的特征也从不同视角、不同层面作了深刻分析。数字社会建设正在经历迅速发展的阶段，其内容是在实践中不断丰富完善的，数字社会也在不断凸显新的时代特征。数字政府建设作为数字社会的重要一环，也应随着其变化而不断发现新方向，从而完善数字社会体系。数字社会时代下数字政府的行政法治课题应注重以下方面内容：注重科学技术与法律发展的良好互动；加强对传统行政法基础理论的研究；运用新行政法理念促进数字化变革，从而为数字社会时代的发展开展前瞻思考、前瞻研究、前瞻布局。

关键词：数字社会；数字政府；科学技术；行政法学；数字行政法

一、问题的提出

当前，以互联网、大数据、人工智能为代表的数字技术正深刻改变着我

本文为2023年陕西省软科学研究计划一般项目“新冠疫情背景下公民隐私的行政保护机制构建”（2023-CX-RKX-176）、2022年陕西省社会科学基金“更高水平平安陕西法治陕西建设研究”专项项目“深入推进平安系列创建活动路径研究”（2022PZX05）的阶段性成果。

* 刘学涛，西北政法大学枫桥经验与社会治理研究院研究员。

国社会经济的各个领域，社会各界都在深刻思考如何将数字技术更好地服务于社会治理，提高治理能力、提升治理效能。同时，以习近平同志为核心的党中央高度重视数字化发展，明确提出数字中国战略，要加快建设“数字社会”，以数字化转型整体驱动生产方式、生活方式和治理方式的变革。由此观之，数字社会是重要的理论问题，也是当前公众极为关注的社会议题。2017年年底，习近平总书记提出“加快建设数字中国”“要运用大数据提升国家治理现代化水平”。党的十九届五中全会《中共中央关于制定国民经济和社会发展第十四个五年规划和二〇三五年远景目标的建议》提出，要加强数字社会、数字政府建设，提升公共服务、社会治理等数字化智能化水平。明确要求激活数据要素潜能，打造数字经济新优势，加快数字社会建设步伐，提高数字政府建设水平，以数字化转型整体驱动生产方式、生活方式和治理方式变革。党的二十大报告强调，要以中国式现代化全面推进中华民族伟大复兴。这一系列重要论断为各级各部门推动政府数字化转型、建设人民满意的服务型政府指明了方向，提供了基本遵循，开启了电子政务与数字政府发展的新篇章。未来一个时期，面对国家治理体系和治理能力现代化的新需求，我们需守正创新、踔厉奋发，全面开创数字政府建设新征程。

现代数字政府作为数字政府发展的新形式，与传统电子政务、数字政府既有内在联系，又存在本质的提升。电子政务注重政府履职能力，强调制度执行的效率；现代数字政府从公众需求出发，着眼公共价值创造的效能。相对于以“一站、两网、四库、十二金”为代表的电子政务阶段、“放管服、互联网+政务”为代表的数字政府阶段，现代数字政府作为一种数据自驱、动态演进的新型政府运行模式，持续推动数字技术与治理活动深度融合，不断推动数据资产参与数字经济与数字社会的协调发展，打造共治共享的协同型政府。基于此，如何面向数字社会变革的大背景研究数字政府建设的未来新发展，是当前研究的重中之重。本文希望通过对数字社会文献综述的描绘来构建数字政府建设的新指南，从而为下一步的发展提供学识智慧。

二、数字社会文献概览及述评

在农业革命、工业革命和信息革命的引领下，人类社会经过了农业社会、工业社会和信息社会三个发展阶段，开始全面转入数字社会阶段。其中，农业革命中人类掌握了种植、畜养技术，工业革命中人类大规模应用及其替代人类的自然力量，而信息革命中人类发明了计算机和以网络为代表的信息科技，利用信息化大幅提升社会生产力水平。数字社会是在信息社会基础上，在以互联网、大数据、人工智能等为代表的新一代信息技术的赋能作用下，社会的生产方式、生活方式和传播方式发生革命性改变，物理实在社会与数字虚拟社会高度融合的社会形态。

（一）数字社会的概念

目前，业界对于数字社会的专门性探讨比较少，一般将其作为信息社会衍生发展到更高级别的概念，暂时没有通用的统一认可的定义。多数情况下将其作为背景概念提出，借以研究数字化背景下经济发展、数字治理等议题。随着人类步入一个由互联网、大数据和人工智能三重叠加的数字社会，相关研究的重要意义就变得更加凸显。准确、清晰地定义数字社会是数字社会相关研究的基本前提。李智水等认为，数字社会形态是继农业社会、工业社会、信息社会之后，以数字信息技术的广泛应用与迭代发展为时代特点，以人工智能（AI）、区块链（Blockchain）、云计算（Cloud）、大数据（Data）、边缘计算（Edge Computing）、物联网（IoT）（合称“ABCDEI”）等技术为核心要素，集数据挖掘、数据存储、数据分析、数据决策为一体的更高级的社会形态。李一等认为，数字社会是形成并置身于互联网络构织的所谓“赛博空间”里的网络社会，其在经济、政治、文化等整体社会运行上面，呈现出数字化、网络化、智能化等诸多不同于网下社会的形态特征。[①] 董敬畏认为，数字社会是在信息技术包括传感技术、物联网、互动智能终端、人工智能发展基础上，利用网络及其应用积累的海量数据，实现社会关系的网络化并努力推动社会各领域形成网络节点，再通过大数据和网络节点打通现有社会各领域条块分割格局，驱动社会的共建共治共享，实现社会协同和公众参与的目标。[②] 以上关于数字社会的认识呈现了两层内涵。首先，前两种认识将数字社会视为与渔猎社会、农业社会、工业社会、信息社会并列的一种新型社会形

① 李一：《“数字社会”的发展趋势、时代特征和业态成长》，载《中共杭州市委党校学报》2019 年第 5 期；［英］西蒙·庞特：《数字时代：互联网如何改变着我们身边的一切》，杨丽艳、屈云波译，企业管理出版社 2015 年版。

② 董敬畏：《建设数字社会　推进整体智治》，载《学习时报》2020 年 5 月 1 日第 3 版。

态，其与“数字时代”的内涵相近。李一等将数字社会视为网络社会、虚拟社会的一种形象化表达，该认识有失偏颇，没有认识到数字社会实质是虚拟社会与实体社会的融合。其次，董敬畏将数字社会视为与数字政府、数字经济并列进而建设数字中国的一个方面。其对数字社会的定义相对全面，点明了数字社会的“数字”技术支撑方面，同时突出了数字社会的“社会”内容构建方面。不同意义上的数字社会内涵有着本质的区别，现有相关研究却缺少整合与统一，因此使用数字社会概念时往往缺少区分和明晰。

此外，在数字社会与信息社会、智慧社会的关系等方面，也有一些学者进行了研究。例如，陈刚等认为，“信息社会”等概念不适用于描述新的社会形态，“数字社会”则是更准确的概括及表述。信息社会更多地是讲硬件、基础社会以及企业内部的一些改变，而数字社会强调的则是能够实现推动、协调社会治理。信息社会更多地指向信息的丰富性、海量性，以及在技术基础上信息传递的便捷性。而数字社会体现的则是信息的数字化，其中特别包含了数字化技术的逻辑。① 再如，贾开等认为，智慧社会是建立在信息技术基础上，通过制度框架变革激发全社会创造力、汇聚发展合力，以知识生产为核心带动其他生产领域，最终实现创新驱动发展并在此基础上解决发展不平衡不充分的社会主要矛盾的社会形态。② 王文等认为，数字社会主要表现为社会本身的全面数字化，是智慧社会的重要技术支撑③等。

当前，学界对数字社会内涵的理解都较为强调数字技术的要素，这准确把握了数字社会的时代特征，但对数字社会概念的使用缺乏统一性与明确性。综合多位学者和研究机构对于数字社会的研究，其中均包含以下几个要素：数字技术发展及其带来的社会关系、运行模式的变化，以及数字化对于社会生活场景的改造等。基于国家对数字社会建设的目标要求以及业界的不同观点，本文更加倾向于将数字社会定义为以新一代信息技术为基础的全新的经济社会发展形态，其将数字技术全面融入经济、政治、文化、社会、生态文明建设全过程，带来新的生产要素、新的基础设施、新的发展理念、新的经

---

① 陈刚、谢佩宏：《信息社会还是数字社会》，载《学术界》2020 年第 5 期。

② 贾开、张会平、汤志伟：《智慧社会的概念演进、内涵构建与制度框架创新》，载《电子政务》2019 年第 4 期。

③ 王文、刘玉书：《论数字中国社会：发展演进、现状评价与未来治理》，载《学术探索》2020 年第 7 期。

济形态和新的治理格局，从而保障基本社会民生，优化社会运行模式和效率，提升人民福祉。

（二）数字社会的内容与特征

关于数字社会的内容，王文等指出，数字社会建设由新型智慧城市、社会信用、市场监督、民生服务、公共安全、乡村建设、生态环境治理、自然资源监管八个核心部分组成。① 李一认为，建立数字社会应当全面拓展数字业态成长的实践领域，进一步促进数字业态在社会生活各领域的成长，因此要进一步促进产业发展领域、公共服务领域、社会生活领域的业态成长。② 浙江省将推动公共服务智能化、推动社会治理集成化、推动公众消费数字化作为数字社会建设的重点任务。③ 同时，浙江将提高新型城镇化质量、用数字技术打通新型城镇化建设中的壁垒作为数字社会建设的着力点。④ 关于数字社会的特征，学者鲍静、贾开分别从国内和全球两个视角，对数字社会形态的特征进行了总结。他们指出，从一国之内的视角来看，数字世界与物理世界相互影响、融合共生将成为一般趋势；从全球视角来看，网络空间跨越地理疆界而全球互联的事实将长期存在。进而指出，前者在客观上要求“发展与安全并重”，而后者则需要“统筹国内、国际两个大局”。⑤ 李一指出，数字社会下经由数字化、网络化和智能化的发展，经济社会发展和运行中的一些基本问题得以较好解决，从而形成了数字社会运行和网络生活状态的本质特征，具体显现为跨域连接与全时共在、行动自主与深入互动、数据共享与资源整合、智能操控与高效协作等四个方面。⑥ 学者董敬畏认为，数字社会具有社会网络化、治理数字化两方面的特征。⑦ 刘凤等指出，数字社会呈现出时间流动

① 王文、刘玉书：《论数字中国社会：发展演进、现状评价与未来治理》，载《学术探索》2020年第7期。

② 李一：《“数字社会”的发展趋势、时代特征和业态成长》，载《中共杭州市委党校学报》2019年第5期。

③ 《浙江省人民政府办公厅关于印发浙江省数字化转型标准化建设方案（2018—2020年）的通知》，浙政办发〔2018〕70号。

④ 葛亮、董敬畏：《数字社会建设的着力点》，载《浙江日报》2019年6月18日第8版。

⑤ 鲍静、贾开：《数字治理体系和治理能力现代化研究：原则、框架与要素》，载《政治学研究》2019年第3期。

⑥ 李一：《“数字社会”运行状态的四个特征》，载《学习时报》2019年8月2日第8版。

⑦ 董敬畏：《建设数字社会　推进整体智治》，载《学习时报》2020年5月1日第3版。

性、泛联性和场景化等三方面的典型特征。具体而言，宏观上时空界限模糊，颠覆了传统的时空观念；中观上借助信息网络平台实现泛联化，改变了传统的关系结构；微观上产品和服务场景化，扭转了粗放的供给模式。[①] 另外，学者李涛主编的《数字社会》一书对数字社会的特征也作了简要总结。[②] 是故，数字社会依托全面感知的互联网络，从最具有基础性意义的技术保障和运作机制层面，通过搭建前所未有、稳定可靠且成效显著的活动平台、社会场域和通行路径，解决人们在日常生活和社会交往中所面对的一系列民生问题。

（三）行政法学界的数字社会治理

行政法学者基于不同层面也对数字社会治理作出了积极的回应。周佑勇指出，回应数字社会下的治理挑战必须进行法律变革，以“柔性治理”的理念推动技术规制，基于技术逻辑展开法律创新，实现智能时代的良法善治。[③] 学者肖冬梅提出，采取以权力制约权力的直接举措即变革公法，通过强化行政监管权和国家数据主权来制约算法权力。[④] 学者孔祥稳认为，传统的规制体系在应对人工智能问题时存在结构性缺陷，未来应当建立健全符合人工智能事务特点的规制结构，完善部门间的协同机制，发展实验型规制模式，探索基于原则的规制进路，推进场景化治理和多层次立法。[⑤] 学者张恩典指出，克服算法弊端可以考虑赋权规制路径，在合理限定算法决策适用范围的基础上，通过赋予在算法行政自动决策中处于弱势地位的行政相对人免受算法自动决策权利、算法解释权，并赋予特定专门机构算法决策评估审查权利，以确保人工智能算法决策在行政法治框架下作出，进而发挥其助推行政法治建设的作用。[⑥] 学者孙清白指出，为减少算法“公共性”应用给社会造成的负面影响，应当从技术规制和权力规制两个维度调整算法在公共领域的应用。技术

---

① 刘凤、杜宁宁：《数字社会转型背景下城市基层治理逻辑变革研究》，载《湖北民族大学学报（哲学社会科学版）》2020 年第 4 期。

② 李涛主编：《数字社会》，浙江人民出版社 2019 年版。

③ 周佑勇：《论智能时代的技术逻辑与法律变革》，载《东南大学学报（哲学社会科学版）》2019 年第 5 期。

④ 肖冬梅：《“后真相”背后的算法权力及其公法规制路径》，载《行政法学研究》2020 年第 4 期。

⑤ 孔祥稳：《面向人工智能风险的行政规制革新——以自动驾驶汽车的行政规制为中心而展开》，载《行政法学研究》2020 年第 4 期。

⑥ 张恩典：《人工智能算法决策对行政法治的挑战及制度因应》，载《行政法学研究》2020 年第 4 期。

规制策略包括明确算法监管机构、统一算法技术标准以及建立算法备案制度，权力规制策略则包括提升算法透明度、明确算法在特定领域的辅助应用地位以及确立算法问责机制。[①] 另外，基于个人信息在数字社会下的“公共性”特点，孙清白等也曾提出建立个人信息风险管理机制。[②] 针对数字社会中的数据权属争议，学者张玉洁主张，数据资源归国家所有，可对数据资源市场的经营者设定“一般行政许可”，优化数据资源市场主体，对特定规模的市场经营者征收“数字税”，同时通过公共财政“反哺”社会公众。[③] 面对数字化的快速发展与数字政府进程的加速，高秦伟教授认为，从未来的发展来看，组织协同、程序再造、自动化行政、算法、公共数据利用等亦给行政法治带来了挑战，行政法与技术的融合内涵需要进一步深入研究，引入“通过设计的行政法”“良好行政影响”等原则，能否促进形成更高程度的合法性原则值得期待。[④] 笔者也曾指出，未来数字行政法将成为大数据时代法治建设领域全新的行政法学科分支，在法治政府建设的大背景下，行政法法典化的政策指向愈加清晰，未来的研究应抓住行政法法典化的契机来回应数字政府新时代的呼唤。[⑤]

此外，在数字政府、数字经济等相关领域，也有一些学者进行了研究。例如，何圣东等指出，只有实现政府与数字技术之间的良性互动，加快提升国家治理水平，数字经济、智慧社会、智慧城市、智慧交通、智慧医院、智慧教育等构成数字中国的内容才有高质量发展的可能。[⑥] 再如，鲍静、贾开指出，电子治理、维基政府等相关研究受到了开放治理、网络治理、协同治理等相关理论的影响，开始注意到不同治理主体之间边界的模糊，以及调动不

---

① 孙清白：《人工智能算法的“公共性”应用风险及其二元规制》，载《行政法学研究》2020年第4期。

② 孙清白、王建文：《大数据时代个人信息“公共性”的法律逻辑与法律规制》，载《行政法学研究》2018年第3期。

③ 张玉洁：《国家所有：数据资源权属的中国方案与制度展开》，载《政治与法律》2020年第8期。

④ 高秦伟：《数字政府背景下行政法治的发展及其课题》，载《东方法学》2022年第2期。

⑤ 刘学涛：《行政法典编纂进路中数字政府的形塑》，载《法治社会》2022年第1期。

⑥ 何圣东、杨大鹏：《数字政府建设的内涵及路径——基于浙江“最多跑一次”改革的经验分析》，载《浙江学刊》2018年第5期。

同主体参与治理行为的可能性与可行性。[①] 关于数字社会与数字经济之间的关系，学者黄璜在一篇文章中指出，在信息化出现时，业界便按照政府、市场和社会三元关系将信息化分解为电子政务、电子商务和电子社区，因而在地方实践中将“数字中国”分解为数字政府和数字经济、数字社会也是一脉相承的。[②] 中国法学会党组成员、副会长王其江也进一步指出，破解数字中国建设面临的各种问题，需要坚持数字中国与数字法治同步推进，确保数字经济、数字社会、数字政府一体建设在法治的轨道上不断推进[③]等。

智能时代的法律变革无疑又是一个系统工程，除理念、方式的创新外，还需要深层次的法理基础重构与研究范式转型，以及法治思维、法律制度建设层面的全面应对。这将成为今后一段时间法学界所需要认真对待的重大课题。[④] 整体来看，现有研究对我国数字社会建设内容的认识较为准确全面，对于数字社会的特征也从不同视角、不同层面作了深刻分析。数字社会建设正在经历迅速发展的阶段，数字社会建设的内容是在实践中不断丰富完善的，数字社会也在不断凸显新的时代特征。

三、数字社会与数字政府建设关联及其课题

当前，我国数字政府建设已进入全面提升阶段，数字政府成为推进服务型政府建设的重要抓手、一体化政府建设的重要助推器，提升治理智慧化水平的重要工具。在新形势下，深度认识数字政府对经济社会全领域的数字化转型发展的核心作用，对数字政府建设发展的基本问题进行系统性思考，显得尤为重要。

（一）数字社会与数字政府建设的耦合

数字政府与数字社会都是“数字中国”的组成部分，其中数字政府是关

---

① 鲍静、贾开：《数字治理体系和治理能力现代化研究：原则、框架与要素》，载《政治学研究》2019年第3期。

② 黄璜：《中国“数字政府”的政策演变——兼论“数字政府”与“电子政务”的关系》，载《行政论坛》2020年第3期。

③ 王其江：《坚持数字中国与数字法治同步推进 数字经济、数字社会、数字政府一体建设》，载《民主与法制》2022年第4期。

④ 周佑勇：《论智能时代的技术逻辑与法律变革》，载《东南大学学报（哲学社会科学版）》2019年第5期。

键引擎，数字社会是目标和价值实现。数字政府是数字社会建设发展的驱动力，数字社会与数字政府紧密关联，以支撑政府服务的数字化以及建立面向未来转型升级所需的产业能力。数字政府与数字社会是互相融通、相互依存的。数字政府建设核心理念是以人民为中心，核心目标是通过持续制度改革、动力变革、技术创新手段，最大限度地便民惠企，与数字社会的建设目标一致，相互融通。在数字政府与数字社会建设过程中，政府作为主导角色起到重要引导驱动作用。同时，对于数字社会中数字生活的建设，企业基于政府引导，将会发挥更重要的作用。与数字政府相比，数字社会更加关注弱势群体，更加重视“数字鸿沟”，注重破解政府数字服务普惠性、公平性的堵点、难点和痛点，让数字化建设成果更多、更公平地惠及全体人民。

（二）数字社会时代数字政府的行政法方向

行政法必须保持稳定，朝令夕改的行政法势必失去权威性和公信力；但行政法也不能不变，社会关系的变化要求行政法作出相应的变动。随着大数据、物联网等信息技术在政府管理中的应用和发展，数字政府建设成为政府建设的重要课题，成为完善政府职能履行方式、创新政府治理手段、提高政府行政效能、优化政府公共服务、推进法治政府建设的重要路径。数字政府的兴起和发展对行政法提出了挑战，也为行政法的发展提供了机遇。数字政府建设作为一项复杂而艰巨的系统工程，涉及面非常广泛，深入推进相关研究并非易事。目前，数字政府建设的管理学、行政学研究均取得了较大的成就。反观法学（行政法学）对该问题的正面研究尚属不足，或许凸显了该问题在法学领域的新颖性与复杂性。面对数字政府建设如火如荼的实践前景，法学研习者应当正视相关研究需求。数字政府建设不仅带来了行政理念的变化，对于行政体制的变革也带来了新一轮的机遇和挑战。未来关于数字社会时代数字政府的行政法治课题，应注重以下几方面内容，从而为数字社会时代的发展贡献前瞻思考、前瞻研究、前瞻布局。

1. 注重科学技术与法律发展的良好互动

法律科技泛指可以提升法律服务效率和体验的科技、平台与服务。伴随着新一轮科技革命和产业变革加速演进，大数据、云计算、人工智能、区块链等新技术、新应用、新业态不断拓展法律科技的应用边界，不断夯实法律科技产品的细节。法律与科技的融合不仅创造了法律科技这一全新的领域，而且给法律带来一场自动化、数字化、智能化变革。法律拥抱科技、科技重塑法律已然成为这个时代最重大的命题之一。技术是刚性手段，技术是“不留情面”的手段，技术是可以破除“熟人社会”弊端的手段。现代社会高度依赖学术与科技，学术与科技体系中的每个变化都会影响社会的基础。因此，学术的促进、为其组织设定基本规范、协助科技能被接受成为国家重要的核心任务。[①]“如何在中国社会结构变迁的现实背景下，更好地关注真实世界中的真问题，还有待于我们继续努力，因为这样的研究进路，可以将宏观层面的制度考量和微观层面的个案分析较好地结合起来，让行政法学的研究更有生机，对现实有更强的解释力。”[②] 法学研究需要面向未来，未来不是在某个特殊的时点出现的，而是由现在一步步地转化而成的。法学不应满足于反映现实，只跟随着社会已有的事实与结果发展，而不能显著超前，法学要发挥形塑和引导社会的功能。汉斯·彼得斯就认为，法学的目的在于把这些法律制度之演变过程予以阐明，寻找新的概念及范畴，以引导一个新的社会之产生[③]。

1979 年，中国学者骆茹敏提出“科技管理中法律调节系统的建立是客观需要，大势所趋”。[④] 1981 年，中国著名科学家钱学森教授提出，要建立系统科学及其体系，并开创复杂巨系统科学与技术这一新的科学领域。1985 年，钱学森在全国首次法制系统科学讨论会上提出了在法律实务中运用人工智能的构想。[⑤] 2003 年，“中国智能自动化会议（中国香港）”提出了“智能法学”（Intelligent Law）的学科设想。[⑥] 2017 年以来，又相继出现了“未来法

① ［德］施密特·阿斯曼：《秩序理念下的行政法体系建构》，林明锵等译，北京大学出版社 2012 年版，第 124 页。

② 宋华琳：《关注真实世界的行政法研究》，载《法制与社会发展》2003 年第 4 期。

③ 李佳：《行政法学方法论与体系的构造与变革》，中国政法大学出版社 2017 年版。

④ 骆茹敏：《加强科学管理法的研究》，载《自然辩证法通讯》1979 年第 4 期。

⑤ 钱学森：《现代科学技术与法学研究和法制建设》，载《政法论坛》1985 年第 3 期。

⑥ 崔亚东主编：《世界人工智能法治蓝皮书》，上海人民出版社 2019 年版，第 8 页。

治”、[①]“智慧法治”[②] 等。网络化的发展过程为我们正在实施的数字政府阶段奠定了理论性基础。一般而言，行政法学研究有以下三方面的作用：第一，描述行政法的发展历程；第二，建构行政法体系；第三，引导行政法的发展方向。时代转型期对于传统的法律体系而言，无疑是“最坏的时代”，法律的天然滞后性这一固有缺陷被急剧放大，法律真空地带日益扩大。时代转型期对于法学理论研究者而言，无疑又是一个“最好的时代”。随着传统制度和理论的不断变革和突破，法学研究者有了发展法学理念、推动理论更新，甚至成为新时代法学理论奠基者的宝贵契机。公法学最重要之任务，并不只是将法律与法律思想作系统的研究和澄清，更在于明确指出公法将来的走向。[③] 尤其在当今中国处于公法变迁的新时代，如何把握时代脉搏、在公法新的疆域中深耕作业、构建各项具体制度，依旧是我们需要继续探索的重要课题。我们不能故步自封，现有的法律体系只是历史长河中的一朵浪花，需要跟随时代变迁的脚步不断更新。同理，蓬勃发展的数字政府，对行政法的发展也提供了新的机遇。

当今时代，以信息技术为核心的新一轮科技革命正在兴起，互联网日益成为创新驱动发展的先导力量，深刻改变着人们的生产生活，有力推动着社会发展。自党的十九大报告明确提出建设数字中国目标以来，中国的数字化进程正在全面展开。其中，“数字政府”将制度创新与技术创新相结合，可谓成效显著。时代转型期对于法学理论研究者而言，注定是一个追赶的时代，在信息时代变革的漫漫征途中，数字政府建设依然先行一步，每天都在面临着最新的法律挑战。但是，法学家们依然在扮演着一个“追赶者”的角色，甚至还没有准备好去认真地追赶，而抓住宝贵机遇、积极回应时代变革，是法学家必须承担的使命。近 10 年来，全球法律科技飞速发展，科学技术与法律专业之间的融合更为深入，法律与科技之间相互影响、共同发展、彼此成

---

① 张文显：《“未来法治”当为长远发展谋》，载《新华日报》2018 年 12 月 4 日第 15 版；施伟东：《人工智能与未来法治构建》，载《信息安全与通信保密》2019 年第 6 期；王轶：《在未来法治领域发展中国特色法学理论》，载《北京日报》2021 年 1 月 25 日第 19 版等。

② 罗洪洋、陈雷：《智慧法治的概念证成及形态定位》，载《政法论丛》2019 年第 2 期；雷磊：《中国特色社会主义智慧法治建设论纲》，载《中共中央党校（国家行政学院）学报》2020 年第 1 期；彭中礼：《智慧法治：国家治理能力现代化的时代宣言》，载《法学论坛》2020 年第 3 期等。

③ 陈新民：《公法学札记》，中国政法大学出版社 2001 年版，第 22—23 页。

就的趋势也更为明显。伴随着数字技术的运用，我们发现，不管是公民本身的生活还是政府的管理方式都已经发生了结构性的变化。通过本文的诠释与分析，我们可以发现科学技术的发展势必会促进行政法的更新，而行政法的革新又在影响着科技的实践变化。两者相互交织，互相促进。

2. 加强对传统行政法基础理论的研究

如何在新时代的历史起点上重构我国的行政法学理论体系，或者说如何在新时代的历史征程上建构中国特色的行政法学理论体系，是一个值得长期关注的重大基础理论课题。"从古到今，人类发展经历了三次重大革命，人类的生活品质也获得了三次转型升级。"① 第一次是农业革命，使人类从采集活动走向了种植生活；第二次是工业革命，使人类从畜力耕作走向了机械生产；当今的信息革命是第三次升级，将使人类从物理生态走向智能生态，建设数字政府也随之成为全球共识和发展趋势，从此迈入了数字时代和智慧社会。它创造了便捷舒适、丰富多彩、高效智能的社会生活，但同时也带来了一些前所未有的风险和挑战，亟须法学理论来积极面对和回应，进而为数字中国、数字法治建设提供理论支撑。

对于有根深蒂固帝制、科层制和乡绅制的中国而言，以规范政府权力行使、保护人民权益为要旨的行政法无疑是一个舶来品。由于引进来的是已经"去情景化"的观念、规则和制度，移植过程难免出现"时空错位"。为应对这个难题，在其引进之初就有不同的学术观点；自改革开放后，又出现两次关涉行政法理论基础的学术讨论，发生在20世纪90年代初期和2010年前后。其中，最令人瞩目的概念是"平衡论"与"新行政法"。在讨论中，行政法的传统及其复杂性愈加清晰，革新的方向也以"迭代式"呈现。如何结合时代所需和所供，让行政归其位、善其事，是一个恒久又恒新的行政法主题。具有中国本土内在自发的原始理论创新亮点，既是新时代中国特色行政法学理论体系建构的突破口所在，也是中国道路、中国风格、中国气派、中国话语的行政法学理论体系建构的一个着力点。现代行政与传统行政相比发生了很大的变化，行政法学研究也因此面临着由传统向现代的转型。扩展新的视角、增加理论深度，无疑应成为当下中国行政法学研究的重点任务。在推进

① 马长山：《智慧社会治理的五大挑战》，载《学习时报》2019年7月19日第8版。

国家治理体系和治理能力的现代化过程中，行政法理论的现代化必不可少。在数字政府建设深深影响人们的工作、生产与生活的互联网时代，我们应积极反思植根于工业时代传统经济模式中的现有行政法理论，积极构建适应互联网时代的现代化行政法体系，从而实现良好行政，进而实现人性尊严和福利的有效保障。①

我国行政法学学科先天起步较晚，造成了行政法基础理论研究混乱，学界对于行政法基础理论认识不统一。正如美国学者理查德·B. 斯图尔特所言："历史上，行政法的根本前提始终是限制政府权力以保护私人自治。"②本文认为，数字社会时代的数字政府建设研究应该进一步通过平衡论而展开。研究理论必然离不开科学的研究方法，究其本质平衡论还是一种认知方法。为了进一步让平衡论具有理论上的厚重感与方法上的独特性，论者们开始在研究方法与理论借鉴上下功夫。例如，在方法上从侧重于规范分析到侧重于实证研究，可参见罗豪才教授在2000年撰文研究平衡论对行政法机制设计问题的理论见解。③ 在理论借鉴上，不同的平衡论者分别引进哲学、新制度经济学、政治经济学、社会学、公共行政管理学等学科的知识，从不同的方向、以不同的方式，共同构建出博弈、④ 公共选择⑤与利益衡量⑥等组成的一套为平衡论所独有的行政法理论与方法论体系。平衡论可以正确指导实践，解决行政问题。平衡论是对行政法实践经验的客观总结，同时又具有自身的创造性，对行政法实践具有较大的指导作用。为了实现平衡而对行政立法、行政执法中的行政法规和行政政策进行调整，对于保障法律适用、行政法律关系的平衡具有重大的指导意义。正是这样一些努力，使平衡论不断丰富，实现

---

① 沈岿、付宇程、刘权等：《电子商务监管导论》，法律出版社2015年版，第20页。

② ［美］理查德·B. 斯图尔特：《美国行政法的重构》，沈岿译，商务印书馆2002年版，第196页。

③ 罗豪才：《行政法学与依法行政》，载《国家行政学院学报》2000年第1期。

④ 罗豪才、宋功德：《行政法的失衡与平衡》，载《中国法学》2001年第2期；宋功德：《寻找均衡——行政过程的博弈分析》，载《中外法学》2002年第2期；罗豪才：《行政诉讼的一个新视角——如何将博弈引进行政诉讼过程》，载《法商研究》2003年第6期。

⑤ 包万超：《阅读英美行政法的学术传统》，载《中外法学》2000年第4期。

⑥ 甘文：《行政法的平衡理论研究》，载罗豪才主编：《行政法论丛》（第1卷），法律出版社1998年版，第84页以下；沈岿：《平衡论——一种行政法的认知模式》，北京大学出版社1999年版，第228页以下。

了机械平衡、总体平衡、对策均衡、结构性均衡四次飞跃。① 平衡论的价值所在，就是其抓住了行政法中最重要的矛盾即行政权和公民权之间的矛盾。

3. 运用新行政法理念促进数字化变革

从电子政务到数字政府的发展演进绝不是一个偶然事件，这一演进充分显示了我国近年来信息技术水平的快速发展。数字技术的跃进发展和互联网应用的深度普及不断激活新兴业态、构筑新型社会关系，广泛揭示了数字时代极具挑战性的新矛盾、新课题，提供了开展学术研究、推进规范完善的新契机。数字政府建设的发展恰好也印证了行政法的变革趋势，不仅是行政法治的转型、数字治理能力的提升，而且包括了从行政理念到行政组织再到行政职能的嬗变。加快数字政府建设已成为国家治理体系与治理能力现代化的必然要求。为此，我国要深化数字政府改革，不断适应新形势，谋划新思路，提出新理念，构建新模式，发掘新途径，满足新需求，打造新常态。数字政府建设一直在持续，带来的法治风险也始终处于动态的变化之中。要准确把握数字政府建设的核心要义，遵循法治的核心意识，在行政法治的框架内实现数字政府建设的持续向优。

信息革命带来的影响已经通过科学技术对生产力和生产关系的改变而反映和作用到法律关系当中，促使既有的法律关系、法律原则发生变化。例如，在大数据时代，政府数据成为驱动公共治理的重要资源。推进政府数据的透明、开放，构建统一的政府数据平台，可以有效改进公共服务水平，实现公共治理的转型。然而，在这一过程中，如何规范政府对信息的收集、处理、利用过程，如何保障公民个人信息不被滥用，成为行政法学必须面对的新问题。关注现代科技的发展，并探索其给传统行政法甚至行政结构带来的变革，或许会成为行政法发展中需要着力研究的问题。

随着数字政府时代的到来，技术的革新挑战着传统的社会秩序。从行政法层面而言，服务型政府的职能转变更多体现的是给付行政的范式，而在越来越受关注的给付行政下，传统的秩序行政范式在政府治理中体现的比重亦越发减弱。一般而言，这是法治国下行政法的进步。但在数字政府建设高速

---

① 宋功德：《均衡之约：行政法平衡论的提出、确立与发展历程》，载罗豪才等：《现代行政法的平衡理论》（第3辑），北京大学出版社2008年版，第164页以下。

发展与应用下，传统的社会秩序受到了挑战，新技术的广泛应用正在改变着传统的社会秩序。任何事情都应辩证地看待，数字社会时代数字政府的行政法治课题也是如此。其在对政府管理发挥积极效果，如提升政府效益和强化有限政府理念，以及提高公民参与意识与保障公民知情权的同时，也带来了不容忽视的风险。特别需要警惕的是，并非将外来知识、新生的事物杂糅于行政法理论之中，需要对行政法学的体系化展开建构与体系化均衡作深入思考。① “面对日益复杂的法律问题和鲜活的法治实践，行政法学科自身已经很难满足实践需要。”② 未来需要消除不必要的学科壁垒，采纳多元化的研究方法，通过与更多学科融会贯通才能取得更有价值的理论成果。③ 这也迫使人们跨越学科思维定式，在更为广阔的空间梳理数字社会时代数字政府的行政法治课题。

四、未完的结语

数字社会形态是继农业社会、工业社会、信息社会之后，以数字信息技术的广泛应用与迭代发展为时代特点，以人工智能、区块链、云计算、大数据、边缘计算、物联网等科技支撑为特征的信息技术为核心要素，集数据挖掘、数据存储、数据分析、数据决策为一体的更高级的社会形态。数字社会形态以其特有的数字化优势，借助现代化信息技术手段，正在重塑固有的社会治理模式，构成了数字化时代社会治理的动力源，并已成为推动社会治理创新发展的新引擎。本文回顾了数字社会时代的发展历程，讨论在政府治理数字化进程中遇到的热点、难点、痛点，聚焦新模式、新业态，交流思想、汇聚智慧、达成共识，寻求大数据时代政府治理变革之道，为数字经济高质量发展、数字中国建设提供了重要支撑。伟大时代呼唤伟大理论，伟大理论引领伟大时代。深入理解和把握我国数字政府的时代特征和我国行政法治的具体实践，对数字政府背景下行政法的理念、原则、具体层面等问题进行扎实研究探讨，并以更加自信的姿态借鉴一切法治文明成果的有益成分。

---

① 赵宏：《基于原则、抽象概念与法释义学——行政法学的体系化建构与体系化均衡》，载《交大法学》2014 年第 1 期。

② 马怀德：《贯彻中国特色社会主义法治理论繁荣法学研究》，载《新湘评论》2016 年第 11 期。

③ 马怀德、王玎：《2017 年行政法学研究述评：行政法学理论新发展》，载《湖南科技大学学报（社会科学版）》2018 年第 4 期。

在新的时代，数字行政法应当成为行政法学学术研究的重要内容，以提升行政法对社会需求的回应力。在习近平新时代中国特色社会主义思想背景下，行政法的属性和定位需要更加踏实，要以习近平新时代中国特色社会主义思想为指导，让行政法服务于社会的不断发展。行政法治发展的战略重点应当是，建设职责明确、依法行政的政府治理体系，建设与数字中国和数字政府相适应的数字行政法制度，建设适应基本公共服务的公共服务行政法制度，建设适应国家创新体系需要的行政法制度，塑造发展新优势。数字化发展使行政法面临着新的任务，政府对数字政府建设应以何种更有效的方式、规则来进行，才能够促进数字经济和技术的有效发展，同时也能够维护公共利益，这是一个新的课题。我们既要深耕传统行政法，也需同新的领域“双轮驱动”。

行政法历经40多年的风雨，已逐步发展完善。未来行政法的法典化任重道远，需要在行政法学基本概念明晰的基础上，通过社会基本共识逐步形成，从而实现行政法体系化和科学化的目标，迎接2035年法治国家、法治政府、法治社会的基本建成。本文的写作难免有挂一漏万、举一废百之虞，依旧存在许多未竟的问题。例如，数字技术的快速发展给社会生活带来了深刻变革，对传统的政府治理结构、方式和行政法律规范构成了巨大挑战，如何促进政府数字化转型，重新界定数字时代的国家社会边界，规范社会主体的权利义务，构建“数字行政法”体系已成为亟待讨论的重要问题；数字政府建设背景下，行政程序的构成要素权重、行政程序的运行动力、行政程序关涉的法律责任及证明形式发生了重大变化，为此需要重新构建适应数字政府建设的行政程序规则；等等。这些问题都是行政法学下一步需要迎接的挑战，继续深究数字社会时代的数字政府建设新课题是行政法发展与变革的未来之路。